U0918329

2016年度全国教育科学规划青年课题“我国高校国家奖学金奖励政策执行研究”（CIA160222）

Scholarship

高校国家奖学金政策执行与育人研究

范晓婷 著

中国社会科学出版社

图书在版编目（CIP）数据

高校国家奖学金政策执行与育人研究／范晓婷著．—北京：中国社会科学出版社，2022．10

ISBN 978－7－5227－0561－3

Ⅰ．①高…　Ⅱ．①范…　Ⅲ．①高等学校—奖学金—教育政策—研究—中国　Ⅳ．①G649．22

中国版本图书馆 CIP 数据核字（2022）第 132919 号

出 版 人　赵剑英
责任编辑　刘　艳
责任校对　陈　晨
责任印制　戴　宽

出　　版　中国社会科学出版社
社　　址　北京鼓楼西大街甲 158 号
邮　　编　100720
网　　址　http://www.csspw.cn
发 行 部　010－84083685
门 市 部　010－84029450
经　　销　新华书店及其他书店

印　　刷　北京明恒达印务有限公司
装　　订　廊坊市广阳区广增装订厂
版　　次　2022 年 10 月第 1 版
印　　次　2022 年 10 月第 1 次印刷

开　　本　710×1000　1/16
印　　张　15
插　　页　2
字　　数　208 千字
定　　价　78.00 元

目　　录

第一章　导论……………………………………………………………（1）
第一节　研究背景与研究意义……………………………………………（1）
一　研究背景………………………………………………………………（1）
二　研究意义………………………………………………………………（2）
第二节　研究思路与研究方法……………………………………………（3）
一　研究思路………………………………………………………………（3）
二　研究方法………………………………………………………………（5）

第二章　理论基础与研究综述…………………………………………（7）
第一节　理论基础…………………………………………………………（7）
一　激励理论………………………………………………………………（7）
二　委托代理理论 ………………………………………………………（12）
三　行动理论 ……………………………………………………………（14）
第二节　研究综述及述评 ………………………………………………（16）
一　奖学金政策相关研究 ………………………………………………（17）
二　国家奖学金政策相关研究 …………………………………………（20）
三　研究述评 ……………………………………………………………（28）

第三章　高校国家奖学金政策演变与价值取向 ………………………（30）
第一节　高校国家奖学金政策的历史沿革 ……………………………（30）

一　本专科生国家奖学金政策的历史沿革 ……………………（30）
二　研究生国家奖学金政策的历史沿革 ………………………（34）
第二节　高校国家奖学金政策的基本程序 ……………………（38）
一　本专科生国家奖学金政策的基本程序 ……………………（38）
二　研究生国家奖学金政策的基本程序 ………………………（39）
第三节　高校国家奖学金政策的价值取向 ……………………（41）
一　加快实现人力资源强国目标的战略遵从取向 ……………（41）
二　发挥中央财政资助激励作用的引导激励取向 ……………（42）
三　培养全面发展的高素质人才的育人为本取向 ……………（42）
四　增加学术与实践成果产出的鼓励创新取向 ………………（43）

第四章　高校国家奖学金政策的管理体制与机制 ………………（44）
第一节　高校国家奖学金政策的管理体制 ……………………（45）
一　国家财政部、教育部和全国学生资助管理中心 …………（45）
二　中央主管部门和省及省以下财政、教育部门 ……………（46）
三　高校学生资助管理机构 ……………………………………（46）
第二节　高校国家奖学金政策的管理机制 ……………………（47）
一　高校国家奖学金政策的运行机制 …………………………（47）
二　高校国家奖学金政策的动力机制 …………………………（49）
三　高校国家奖学金政策的约束机制 …………………………（50）

第五章　高校国家奖学金政策执行的委托代理关系剖析 ………（51）
第一节　委托代理理论的基本内容 ……………………………（51）
一　委托代理理论的基本观点与前提假设 ……………………（51）
二　代理人问题的表现形式与解决方式 ………………………（52）
三　委托代理理论的内容拓展 …………………………………（54）
第二节　国家奖学金政策执行的委托代理关系 ………………（54）

一　委托代理理论对国家奖学金政策执行的适用性 ………（54）
二　国家奖学金政策执行中的委托代理关系分析 …………（56）
第三节　国家奖学金政策执行中的潜在委托代理问题 ………（62）
一　委托人与代理人执行目标不一致影响政策育人成效 ……………………………………………………（63）
二　委托人与代理人信息不对称致使代理人出现机会主义倾向 ……………………………………………（63）
三　资源供给主体与客体既非委托人也非代理人致使效果打折 ……………………………………………（64）
四　行政体系特点致使委托人政策执行监督乏力 …………（65）
五　政策执行过程中委托代理风险缺失 ……………………（66）

第六章　高校国家奖学金政策的宣传实践分析 ………………（67）
第一节　高校国家奖学金政策宣传的必要性 ………………（67）
一　高校国家奖学金政策宣传的内涵 ……………………（67）
二　高校国家奖学金政策宣传的必要性 …………………（70）
第二节　高校国家奖学金政策宣传实践与成效 ……………（77）
一　高校国家奖学金政策宣传实践典型 …………………（77）
二　高校国家奖学金政策宣传方式 ………………………（85）
三　高校国家奖学金政策宣传成效 ………………………（89）
第三节　高校国家奖学金政策宣传问题与优化路径 …………（90）
一　高校国家奖学金政策宣传存在的问题 ………………（90）
二　高校国家奖学金政策宣传的优化路径 ………………（93）

第七章　高校国家奖学金政策的评审文本分析 ………………（96）
第一节　专科生国家奖学金评审文本分析 …………………（96）
一　专科生国家奖学金评审文本分析 ……………………（96）

二　专科生国家奖学金评审文本存在的问题……………… (101)
三　专科生国家奖学金评审文本的优化建议……………… (107)
第二节　本科生国家奖学金评审文本分析……………………… (109)
一　本科生国家奖学金评审文本分析…………………… (109)
二　本科生国家奖学金评审文本存在的问题…………… (120)
三　本科生国家奖学金评审文本的完善对策…………… (124)
第三节　研究生国家奖学金评审文本分析……………………… (125)
一　研究生国家奖学金评审文本分析…………………… (126)
二　研究生国家奖学金评审文本存在的问题…………… (131)
三　研究生国家奖学金评审文本的优化路径…………… (134)

第八章　研究生国家奖学金政策执行与育人实证分析………… (138)
第一节　研究生国家奖学金政策执行实证分析………………… (138)
一　研究生国家奖学金政策执行的问卷调查概况………… (138)
二　研究生国家奖学金政策执行的基本现状…………… (143)
三　研究生国家奖学金政策执行存在的问题…………… (165)
四　研究生国家奖学金政策执行的优化对策…………… (169)
第二节　研究生国家奖学金政策育人实证分析………………… (174)
一　研究生国家奖学金政策育人评估指标体系的构建……………………………………………… (175)
二　研究生国家奖学金政策育人评估过程与结果………… (185)
三　研究生国家奖学金政策育人的基本成效…………… (194)
四　研究生国家奖学金政策育人存在的问题…………… (195)
五　研究生国家奖学金政策育人问题的原因分析………… (198)
六　研究生国家奖学金政策育人的优化对策…………… (201)

附录 1　研究生国家奖学金政策执行调查问卷 …………………（207）

附录 2　研究生国家奖学金政策育人评估指标体系
打分表 ………………………………………………………………（215）

附录 3　研究生国家奖学金政策育人评估指标权重
专家调查表 …………………………………………………………（217）

参考文献 …………………………………………………………………（221）

后　记 ……………………………………………………………………（230）

第一章

导　论

第一节　研究背景与研究意义

一　研究背景

（一）高等教育普及化阶段的到来呼吁高校夯实人才培养质量

自 1999 年高校扩招政策实施以来，我国高等教育进入政策式快速扩张状态，高校在校生人数大规模增加。教育部统计数据显示，2019 年我国高等教育开始迈入普及化阶段，2020 年高等教育毛入学率进一步升至 54.4%。在高等教育普及化阶段背景下，我们在注重高等教育办学规模的同时，更要注重高等教育办学成效，夯实高校人才培养质量。《中华人民共和国国民经济和社会发展第十四个五年规划和 2035 年远景目标纲要》明确提出建设高质量教育体系，将高等教育毛入学率提高到 60%，建设高质量本科教育，提升研究生教育质量。目前，我国高校学生资助政策体系逐步得到建立健全，资助育人成为新时期学生资助工作的新使命。高校国家奖学金政策作为国家设立的奖励级别最高、奖励额度最大的奖学金，在激励学生学习与发展等方面发挥着越来越重要的育人作用。特别是随着高等教育普及化阶段的到来，充分发挥高校国家奖学金政策的激励育人功能，对于夯实高校人才培养质量具有重要意义。

（二）国家奖学金政策的持续完善要求优化执行过程与育人效果

为鼓励高校学生成长成才，我国于2002年首次设立高校国家奖学金政策，由中央政府出资对家庭经济困难、品学兼优的全日制本专科在校生提供资助，资助总额2亿元，资助名额4.5万名；2005年，国家奖学金政策首次进行调整，在资助总额不变的前提下将资助名额增加至5万名，每人4000元；2007年，国家奖学金政策不再局限于家庭经济困难学生，转为面向全体本专科在校优秀学生，奖励总额4亿元，奖励名额5万名，另设国家励志奖学金，从此确立了国家奖学金政策的奖优功能，并将其与助困择优为标准的国家励志奖学金区别开来；2012年，开设研究生国家奖学金，总金额共计10亿元，奖励名额4.5万名。由此看来，我国高校国家奖学金政策自2002年建立以来逐步调整完善，在奖励群体上由面向家庭经济困难的优秀学生转为面向全体优秀学生；在覆盖范围上由仅仅覆盖本专科生扩大至覆盖研究生；在奖励金额上由2亿元增加至4亿元，后随着研究生国家奖学金的设立提升至14亿元；在奖励标准上由最初的4000元或6000元提升为8000元，随着研究生国家奖学金政策的设立，最高奖励标准达到3万元。随着我国高校国家奖学金政策内容逐步完善，奖励对象愈加明确，覆盖范围逐渐扩大，财政投入力度持续加大，奖励标准也逐步提升，然而我国高校国家奖学金政策在贯彻执行过程中的规范性与效果实际上并不明确。高校国家奖学金政策执行过程是否规范？国家奖学金政策的引导、激励等育人功能是否得到充分发挥？国家奖学金政策执行对在校生的学习与发展是否会产生重要影响？应该如何提升国家奖学金政策的育人成效？本书正是基于上述问题展开系统深入的研究。

二　研究意义

（一）理论意义

本书的首要理论意义在于将国家奖学金政策作为一个相对独立的

奖励系统进行专项研究。已有著作往往将国家奖学金政策与其他类型的奖学金政策合并起来进行奖学金政策研究，或将国家奖学金政策与其他奖助学金政策作为一个整体进行奖助学金政策研究，又或者与其他资助政策整合起来进行资助政策体系研究。本书将国家奖学金政策与其他资助政策区别开来，聚焦于国家奖学金这项奖励政策进行研究，凸显该政策在资助政策体系中的奖优与激励功能，进一步丰富了学生资助领域中关于国家奖学金政策的理论研究。其次，本书将委托代理理论应用于国家奖学金政策执行的理论分析之中，运用该理论分析国家奖学金政策执行中的委托代理关系及可能潜在的问题，进一步丰富了学生资助领域的理论研究。

（二）实践意义

本书围绕国家奖学金政策的执行过程展开研究，并对高校学生的学业成绩、心理行为、能力素质、毕业发展等内容进行评估，探究政策执行以来的落实情况与育人成效，据此提出相应对策建议，能够帮助决策者统观国家奖学金政策的执行成效，通过结果反馈的形式帮助决策者完善国家奖学金政策，帮助高校政策执行者有效规避政策执行过程中可能出现的问题，从而推进国家奖学金政策的有效贯彻落实，提高资金的使用效益，推进高等教育人才培养，为高等教育强国建设战略的实施与高校“双一流”建设提供强有力的人才支撑。

第二节 研究思路与研究方法

一 研究思路

本书围绕国家奖学金政策执行过程与育人情况展开研究，将激励理论、委托代理理论、行动理论作为研究的理论基础，梳理我国国家奖学金政策嬗变过程，剖析国家奖学金政策在不同高等教育内部层次中的价值导向差异。通过官方资料搜集、电话访谈及调查问卷等形式了解国家奖学金政策的执行与落实情况，构建国家奖学金政策育人评估指标体系，基于高校学生视角调查高校国家奖学金政策育人成效，掌握高校国家奖学金政策的执行成效与执行偏差，在总结国家奖学金政策落实成绩的同时，探究政策执行过程中潜在的问题，针对问题提出破解路径以期提高我国国家奖学金政策的执行成效。需要特别指出的是，本书中的国家奖学金政策仅仅指狭义概念的国家奖学金政策，并未将国家励志奖学金政策包含在内。

本书前五章为理论分析部分。在对选题缘由、选题意义、研究思路及研究方法进行论述的基础上，以激励理论、委托代理理论等理论作为理论基础，梳理有关奖学金和国家奖学金政策的相关文献。从历史嬗变的视角阐述我国国家奖学金政策的历史起源、形成与完善过程；分别就本专科生、研究生国家奖学金政策的基本程序进行分析；依据国家政策文件分析国家奖学金政策的育人价值取向；依据国家奖学金政策内容对国家奖学金政策的管理体制与机制进行分析；结合委托代理理论着力剖析高校国家奖学金政策执行中蕴含的委托代理关系与潜在问题。

后三章为实践分析部分。将高校国家奖学金政策的宣传实践与评审文本制定作为两章内容进行重点剖析，重在通过文本资料搜集，分析当前国家奖学金政策执行的宣传情况与评审文本制定情况。其中，第六章内容聚焦高校对国家奖学金政策文件与校级国家奖学金文件的宣传现状，了解当前高校主要通过哪些方式对国家政策、校级文件及获奖情况进行宣传，调查学生对国家政策、校级文件的熟知度，剖析高校国家奖学金政策宣传取得的基本成绩及存在的问题，提出相应的提升路径；第七章围绕高校国家奖学金政策的评审细则进行文本分析，选取专科、本科及研究生教育阶段较具代表性的几所高校，通过查阅官方网站和电话访谈等途径了解高校是否依据国家政策文件结合本校人才培养情况制定了校级国家奖学金评审文本，并对文本内容进行分析，剖析高校国家奖学金评审文本存在的问题并提出优化路径。第八章以研究生国家奖学金政策为例开展实证调查研究，分析研究生国家奖学金政策的执行情况与育人成效，据此提出针对性建议。其中，政策执行现状的问卷调查设有选择题和五级量表，通过对统计结果的分析总结研究生国家奖学金政策执行的现状与问题。研究生国家奖学金政策育人效果则通过专家评议法、德尔菲法构建科学完整的评估指标体系，据此设计五级量表问卷，分析统计结果后总结出高校研究生国家奖学金政策的育人成效、育人问题及提升建议，以期将国家奖学金政策的育人初衷落到实处，充分发挥国家奖学金政策的育人功能。

二　研究方法

（一）文献研究法

本书搜集到大量文献资料，包括专著、学术论文、政策文本、评审细则等，通过对上述文献资料进行归纳分析，为我国高校国家奖学金奖励政策执行与育人研究奠定坚实的文献资料基础。

（二）调查研究法

本书通过问卷发放和访谈等方式对在校生展开调查，了解高校研究生国家奖学金政策的执行情况与育人成效。调查问卷中有关政策育人成效的题目采用李克特五级量表进行设计，并将五个等级分别赋值，依据回收问卷结果计分，得出国家奖学金政策的育人效果均值，据此分析问题并提出对策建议。

（三）个案研究法

本书以 S 高校为研究个案，调查 S 高校研究生国家奖学金政策执行的育人水平，探析政策对研究生学习、思想行为等方面的影响，据此总结政策育人成效与存在的问题，并提出具有针对性的对策建议。

（四）德尔菲法

选取高校学生资助领域中颇有建树的专家作为德尔菲法的征询对

象，采用背对背的通信方式对评估指标体系内容的设计征询意见，以期设计出科学、系统的评估指标体系，从而为高校国家奖学金政策执行研究奠定科学的评估依据。

（五）统计分析法

运用 SPSS17.0、STATA16 等软件分析问卷调查结果，开展研究生国家奖学金政策执行与育人实证研究。一方面开展问卷信效度分析；另一方面依据调查结果开展模型分析工作，以量化的方式探究国家奖学金政策对学生学习与发展的影响，以及学生对政策执行的满意程度。

第二章

理论基础与研究综述

第一节 理论基础

一 激励理论

我国国家奖学金政策作为人才培养的一种激励手段，是一种物质与精神的双重奖励，通过经济奖励的方式激发学生的内在学习动机。因此，激励理论是本书的首要理论基础，对于政策执行与育人成效研究具有重要的理论指导意义。

（一）赫兹伯格的双因素理论

1959 年，美国心理学家、行为科学家赫兹伯格（F. Herzberg）提出双因素理论（dual-factor theory），这是一种内容型激励理论。赫兹伯格通过调查研究提出了五项有利于提高员工工作满意度的因素与六项不利于激发工作热情的环境因素，前者包括个人成就、组织或社会的赞赏、工作的挑战性、明确的职责划分以及个人的成长与发展，并将其统一称作“激励因素”；后者包括公司政策、管理方式、上级监督、工资福利、人际关系以及工作条件，并将其称作“保健因素”。其中，前者属于内在激励因素，是激励机制的基础与先导，后者属于外在激励因素，是激励机制的保障与条件。保健因素主要取决于组织制度与环境，而激励因素在很大程度上属于个人的内心活动，如个人成就感、工作挑战性、上级对自己的赞赏等，组织政策在此只能起到间接作用。

基于此，赫兹伯格提出要想充分调动人们工作的积极性，不应当仅仅依靠物质激励，单纯注重保健因素的优化，而是应当同时注重物质满足与精神鼓励双重层面的激励，才能够充分激发人们的工作热情。

依据该理论的基本观点，要想充分激励高校在校生努力学习、勤奋进取，应当充分运用激励因素与保健因素，给予学生物质与精神层面的双重鼓励，在通过保健因素消除学生不满情绪的前提下通过激励因素的内在激励充分激发学生的学习热情。国家奖学金政策便是一项兼具激励因素与保健因素的政策措施，具备精神激励与物质鼓励的双重功能。一方面，无论专科生、本科生还是研究生，国家奖学金均属于最高级别的奖励荣誉，对于学生而言是一项国家级荣誉的象征，因而具备激励因素特征。对于获奖学生与有志获奖学生而言，具备莫大的精神激励作用。另一方面，国家奖学金是一种高额奖励资金，获奖的本专科生每人奖励 8000 元，获奖的硕士研究生每人奖励 2 万元，获奖的博士研究生每人奖励 3 万元。对于学生而言，这种物质激励的作用是客观存在的，在一定程度上为学生提供了生活保障，因而是学生努力学习的保健因素。

（二）戴维·麦克利兰的成就需要理论

美国心理学家戴维·麦克利兰（David C. McClelland）于 20 世纪 50 年代初提出了一种新的内容型激励理论，即成就需要理论（achievement motivation theory），也称作激励需要理论。麦克利兰认为，当人的生理和安全需要得到满足后，人最主要的需求体现为成就需要、权力需要、合群需要。其中，成就需要的高低对个人和企业发展尤为重要。成就需要理论认为，具有成就需要的人，会对自己的工作效率与工作成就产生强烈要求，为自己设立具有一定挑战性的工作，在追求成就的过程中努力克服困难并享受努力奋斗的乐趣。基于

此，高校国家奖学金政策的设立对于具有成就需要的在校生而言能够发挥重要的激励作用，推动具有成就需要的学生努力学习，追求自我人生价值的实现，充分发挥学生潜能，提高其综合素质能力。

（三）维克托·弗鲁姆的期望理论

1964 年，美国心理学家维克多·弗鲁姆（Victor Vroom）提出了期望理论（expectancy theory），属于过程型激励理论。该理论认为激励力量由效价和期望值共同决定，效价是指目标满足个体需要的价值，期望值则是根据个人经验主观上判断达到目标的把握程度，并通过现实生活中一系列的心理变化与行为活动表现出来。目标满足个体需要的价值越大，则对个体的吸引力越强；期望值越高，个体的行为动机就越强。因此，国家奖学金政策能够满足学生个人需求，与不同学生个体的期望值相结合实现对学生发展的激励力量。一方面，国家奖学金奖励额度较高，且荣誉级别在高校内属于国家级奖励性质，从物质与精神的双重维度吸引着高校学生，因而具备高效价；另一方面，学生结合自身情况依据评审标准来确定期望值，调整未来努力的方向。但具体到不同学生个体而言，其对国家奖学金政策的效价判断与期望值因人而异。该理论对于分析国家奖学金政策执行的育人成效具有重要的理论指导意义，有助于分析政策为何对不同学生个体产生不同的激励效果。

（四）目标设置理论

1968 年，美国心理学家洛克（E. A. Locke）与其同事共同提出了目标设置理论（goal setting theory），该理论认为将行为结果与既定目标进行比较，并以此对行为进行调整修正能够有助于达成目标。目标设置理论以往主要应用于管理学领域的相关研究，今后可以进一步应用到教育领域之中，特别是高等教育人才培养领域，以此激发高校学生的学习动机，实现高等教育领域人才培养质量提升的目的。该理论认为，目标通过四大机制影响人的行为绩效：“一是目标引导注意和努力指向目标行为而脱离非目标活动；二是目标决定努力付出的多少，高目标比低目标要付出更多的努力；三是目标影响行为的持久性；四是目标会通过唤醒、发现、目标任务知识和策略的使用来间接地影响行为。”[①] 影响目标与绩效的中介因素包括目标承诺、目标明确性、目标难度、反馈等。当个体做出承诺时目标与绩效的关系最为密切，应注意使个体明确目标达成的重要性，使其产生对目标达成后的期望，并强化目标达成的信念；明确的目标有助于减少行为的盲目性；目标难度会影响满意感；反馈有助于个体明确在努力过程中如何改进；由目标设置理论的基本元素组成的综合设置模型被称为高绩效循环模型，如图 2－1 所示。其中，明确的具有挑战性的目标能够产生更高的绩效；目标与绩效间的关系还会受到目标承诺、目标重要性、个体自我效能感、反馈、任务难度等中介因素的影响，并通过四

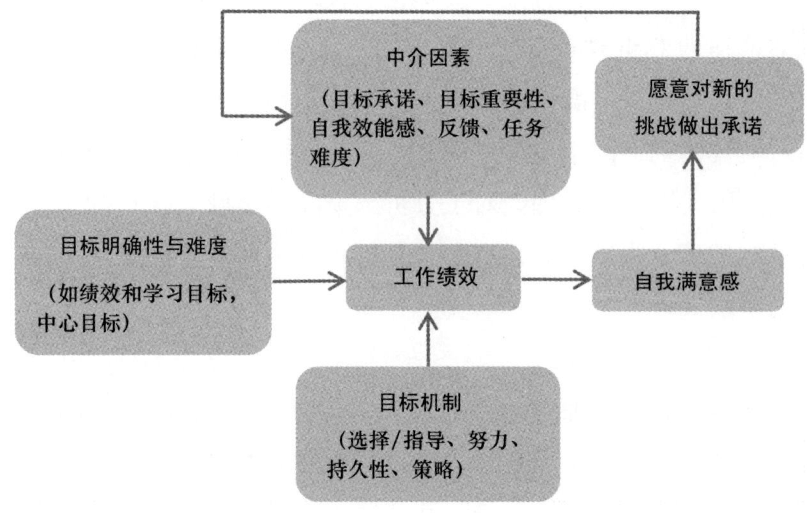

图 2－1　高绩效循环模型

① 王华、王光荣：《目标设置理论对学生学习动机激发的启示》，《沈阳教育学院学报》2005 年第 1 期。

大机制影响人的行为绩效的实现。除此之外，奖励对目标与绩效的关系具有重要的调节作用，洛克认为高目标导致高绩效，而高绩效进一步导致奖励获得机制。奖励能够使个体产生高满意度，高满意度进一步帮助个体提高目标设置水平，愿意对新的挑战做出承诺，从而形成高绩效循环模型。

目标设置理论的基本内容启发本书将其运用到高校国家奖学金政策执行过程中，通过有效激励高校学生进行目标设置，结合其他类型和层级的奖学金促进高校学生通过设置分解任务目标逐个完成绩效，以高绩效循环模型为理论依据，鼓励高自我满意感的同学通过合理设置目标和任务难度以国家奖学金为目标，督促其通过结合国家奖学金评审标准设置符合自身要求的目标与任务难度，最终实现激励育人的目标。

（五）综合型激励理论

1968 年，美国行为科学家爱德华·劳勒（Edward E. Lawler）和莱曼·波特（Lyman Porter）提出了一种激励理论，这种理论是双因素理论、期望理论、公平理论等的综合，被称为综合型激励理论。

综合型激励理论主要研究个人努力程度与工作绩效、奖酬及满足感之间的关系。由综合型激励理论的基本元素组成的综合激励模型详见图 2-2。该理论的基本内容表现为以下四个方面：第一，个人努力程度是指个人面对激励时发挥出的能力，其大小主要取决于个人对某项奖励（例如，奖金、工资、晋升、认可、荣誉等）价值大小的主观判断，以及个人对努力后能够获得奖励可能性的主观估计。因此，奖励的价值大小因人而异，取决于不同个体对奖励的主观判断和兴趣程度。当个体努力行为获得满足后会进一步影响个体对奖励价值的判断，所以个人对获得奖励概率的估计受到个体上次努力结果的影响。第二，工作绩效取决于个人努力程度、能力与素质高低以及对完成任务的理解程度。第三，奖酬是以绩效为前提的各种奖励和报酬，是在完成组织任务的基础上才能获得的物质奖励与精神奖励，主要分为外

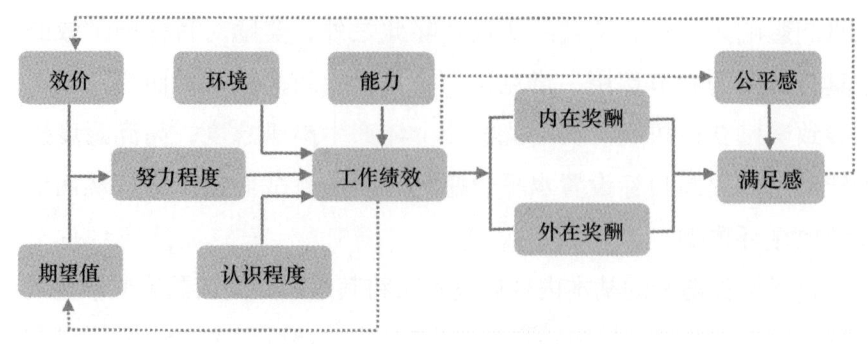

图 2－2　综合激励模型

在性奖酬和内在性奖酬。外在性奖酬对应低层次需要，如工资、地位、晋升、安全感等；内在性奖酬对应高层次需要满足，且与工作成绩直接相关，例如工作中感受到对社会的贡献度以及对自我价值与能力的肯定等。两种奖酬和个体主观感受到的奖酬公平感共同作用于个体满足感的大小。第四，满足感是个体实现预期目标时的主观体验，是一种内在的认知状态，也是各种内在因素的总和，例如在努力过程中个体所体验到的责任感、胜任感及成就感等，个体的满意感会反馈到下一任务的努力过程之中。综合上述观点可以发现，该理论包含了期望理论、公平理论及双因素理论的主要观点，对于教育教学及员工管理具有重要的现实意义。该理论对本书具有至关重要的指导意义，启示我们高等教育人才培养并非单纯通过设置激励政策便可达成预期目标，而是应当在政策落实过程中实现“激励—努力—绩效—奖励—满足与回馈”的良性激励循环路径，兼顾政策内容合理性、政策执行规范性与公平性、个体主观价值判断、个体获得概率判断等，从而最大限度地实现政策育人功能的有效发挥。

二　委托代理理论

委托代理理论兴起于 20 世纪 60 年代末 70 年代初，是现代契约理

论的一个重要组成部分，其理论创始人包括威尔森（1969）、斯宾塞和泽克海森（1977）、罗斯（1973）、莫里斯（1974、1975、1976）、霍姆斯特姆（1979、1982）、格罗斯曼和哈特（1983）等。在现代经济学中，委托代理关系被视作一种契约关系。① 委托代理关系就是委托人和代理人基于契约形式就某件事达成共识，代理人应当依据契约内容规范个人行为并实现委托人的目标。② 目前，委托代理理论已被广泛应用于行政管理、教育管理等领域的问题分析中，尤其对于公共政策执行中的主体关系及政策执行分析具有重要启示。该理论认为，委托人和代理人的契约关系分为对称信息和不对称信息两种类型。在信息对称的契约关系中，双方信息互通，不存在隐瞒行为，委托人可以观察到代理人在履行契约关系中的所有行为，并可根据其行动的实际情况进行奖惩，因而比较容易实现帕累托最优，达到资源配置效率的最优化。但通常而言，委托人和代理人的契约关系往往是信息不对称的，且与此同时存在利益冲突。委托代理理论的两个前提条件为："一是委托人与代理人之间利益相互冲突；二是委托人和代理人之间信息不对称。"③ 当双方存在利益冲突但信息对称时，能够找到最优策略以解决代理问题；当双方不存在利益冲突，即使信息不对称，代理问题也不会产生；当双方存在利益冲突且信息不对称时，便会产生代理问题。代理问题主要具有两种表现形式：一是逆向选择，二是道德风险。为此，通过建立健全激励与约束机制，能够在一定程度上抑制代理人的不良行为，减少其道德风险，激励代理人采取适当的行动，最大限度地增进委托人的利益，实现委托人与代理人双方的"帕累托

① 任勇、李晓光：《委托代理理论：模型、对策及评析》，《经济问题》2007 年第 7 期。

② 杨玉兰：《我国研究生教育民族招生政策的执行困境及其破解——基于委托代理理论视角》，《中南民族大学学报》（人文社会科学版）2018 年第 3 期。

③ 刘有贵、蒋年云：《委托代理理论述评》，《学术界》2006 年第 1 期。

最优”。[①]

国家奖学金政策是国家为激励学生勤奋学习、努力进取设立的面向高校全日制本专科生及研究生的国家级奖励政策，该项政策由中央政府出资设立，用于奖励高校全日制本专科学生、研究生中特别优秀的学生。依据委托代理理论的基本观点，我国国家奖学金政策的执行以政策文件为纽带，相关主体共同贯彻政策原则以保障目标顺利达成。[②] 鉴于此，委托代理理论的解读对于本书中分析国家奖学金政策执行中存在的委托代理关系与问题具有重要的理论指导意义，为本书的政策执行研究提供了重要的分析思路。

三　行动理论

高校国家奖学金政策作为我国高校学生资助体系的重要组成部分，是隶属于我国的一项教育公共政策。本书围绕高校国家奖学金政策执行与育人成效展开研究，政策执行理论的相关内容为本书的撰写提供了至关重要的理论基础。实际上，政策执行环节在早期并未引起政策学者们的重视，人们片面地认为政策制定是政策实施的决定性环节，从而使得执行环节在相当长一段时间被忽视。至20世纪七八十年代，美国学术界开始反思政策执行被忽视的现状。后来，随着“政策执行运动”的开展，学者们相继提出一系列政策执行理论，丰富了学界政策理论与实践领域的相关研究。在此我们主要介绍其中的行动理论，该理论对本书研究具有良好的启示意义。

行动理论认为行动是政策执行的关键，主张聚焦行动过程与性质来开展政策执行研究。该理论的代表人物查尔斯·琼斯指出，政策执

---

① 刘以安、陈海明：《委托代理理论与我国国有企业代理机制述评》，《江海学刊》2003年第3期。

② 杨玉兰：《我国研究生教育民族招生政策的执行困境及其破解——基于委托代理理论视角》，《中南民族大学学报》（人文社会科学版）2018年第3期。

行是将政策付诸实施的活动，“解释活动指将政策内容以民众便于理解和接受的方式予以展现；组织活动指设立执行机构并拟定执行办法、落实政策；实施活动是指执行机构提供例行性的服务和设备，支付费用并完成政策目标”①。

整体而言，行动理论注重政策执行的行动过程和环节，强调坚强有力的政策行动和切实可行的政策方法可以推动政策目标的实现。同时，该理论也具有一定的局限性，即注重政策执行过程，而忽略了行动主体和其他更广泛的社会性因素对于政策执行的影响。依据范霍恩和范米特的观点，高校国家奖学金政策执行是指高校学生、高校、地方及中央政府通过国家级奖励的方式激励高校学生勤奋学习、努力进取、全面发展以提高高等教育培养质量而采取的一系列行动，其中既包括中央政府、地方政府、高校、各院（系）为规范执行国家奖学金政策而制定的政策执行方案，也包括其为实现政策目标而付诸的连续的努力，以及高校学生对国家奖学金政策执行过程的参与。结合爱德华三世对于政策执行过程环节的认识，本书认为高校国家奖学金政策执行过程如下。发布命令：由中央政府发布政策命令；执行指令：地方政府及各高校、院（系）负责执行政策指令；拨付款项：自上而下拨付、发放国家奖学金款项；订立契约：各级政策执行主体制定政策实施具体方案；收集资料：评审过程中的资料信息收集或上传下达；信息沟通：政策执行过程中的信息沟通，例如政策宣传、评审标准征集意见、评审过程多方参与、评审结果公示；创设机构：成立专门的组织机构（国家级层面由参与研究制定并推动落实全国学生资助政策的全国学生资助管理中心下设的高校学生资助工作处负责，地方层面由各地方成立的地方学生资助管理中心负责，高校层面由校级学生资

---

① Charles O. Jones, *An Introduction to the Study of Public Policy*, 2nd ed, North Scituate, Mass: Duxbury Press, 1977, p. 139.

助管理机构负责。在国家奖学金评审过程中，各层级政策执行主体均应设立国家奖学金评审领导小组或评审委员会）；委派人事：各层执行主体委派相应工作人员负责各层级政策执行工作，例如高校多将学生资助管理中心附设在校学生工作处，由校内工作人员负责相应工作；雇佣人员：高校成立组织机构后存在人员数量不足的情况可聘用专职人员。依据查尔斯·琼斯的基本观点可将我国高校国家奖学金政策执行活动划分为政策解释活动、政策组织活动及政策实施活动。其中，政策解释活动包括国家出台相关政策文件将国家奖学金政策的内容予以清晰准确的描述，为推进政策的进一步贯彻落实，地方政府、高校乃至院（系）依据国家政策出台相应的管理办法或实施细则以保障下级执行机构及高校学生能够掌握政策核心内容与要求，确保政策得以有效贯彻落实。政策组织活动则指中央政府、地方政府、高校乃至院（系）设立负责国家奖学金政策执行的组织机构，配套组织人员，负责日常国家奖学金管理工作。政策实施活动则包括政策宣传工作、资金款项拨付工作、评审工作、奖金发放工作等。依据行动理论划分的六类政策执行行动，我们认为高校国家奖学金政策执行活动是一种权威性活动、目的性活动和组织性活动。国家奖学金政策是经国务院批准，教育部和财政部研究出台的一项奖励制度，因此属于经过合法授权的行动；国家奖学金政策执行活动效果如何要以是否最大限度实现奖励育人的政策目标为判断标准，因此属于目的性行动；国家奖学金政策执行活动是中央政府、地方政府、高校乃至院（系）通过成立资助管理中心、评审领导小组及评审委员会等组织来采取行动的，而非政府或高校人员开展的个人行动，因此属于组织性行动。

第二节　研究综述及述评

自2002年我国国家奖学金政策出台以来，由于其奖励级别高、奖励金额大而受到高校学生的广泛关注，也引起学者对其政策实施过程与成效的高度重视。通过对文献进行归类梳理后发现，部分学者将国家奖学金政策纳入奖学金政策体系进行研究，较少学者单独对国家奖学金政策进行专项研究，因此结合已有文献特点，本书从奖学金政策研究、国家奖学金政策研究两个方面梳理相关文献。

一 奖学金政策相关研究

（一）关于奖学金政策改革的理论研究

左显兰围绕高校奖学金改革是否符合现代教育发展需求展开思考，认为奖学金制度改革符合市场经济对人才培养的需要，适应了现代教育发展需要，并在现代教育教学中发挥着重要功能。[①] 潘玉驹等提出奖学金政策应当随着高校教育思想与教育方式的变化而不断创新和完善。[②] 蒋笑莉等认为研究生奖学金政策在管理模式、资金来源等方面无法适应收费制度的顺利实施，主张拓宽奖学金的获取来源、优化奖学金管理办法。[③] 孔丽丹等结合研究生收费制度改革分析研究生奖学金政策改革的必要性，认为研究生奖学金政策改革能够满足研究生生活需要，激励研究生勤奋学习、全面发展，培养工作能力，等等。[④] 廖志丹指出研究生奖学金金额级差明显化、设置类别多样化及评定细则规范化能够更好地发挥奖学金的激励作用，实现奖学金制度改革的目标。[⑤]

---

① 左显兰：《对新时期我国高校奖学金制度改革的思考》，《黑龙江高教研究》2000 年第 6 期。

② 潘玉驹、嵇小怡：《高校学生奖学金制度的改革与思考》，《现代教育科学》2002 年第 1 期。

③ 蒋笑莉、李琦芬、董宏、王健：《改革奖学金制度 促进研究生教育收费制度的顺利实施》，《学位与研究生教育》2001 年第 5 期。

④ 孔丽丹、顾晓峰、徐黛岩：《研究生全面收费和研究生奖学金制度改革的思考》，《江南大学学报》（教育科学版）2008 年第 2 期。

⑤ 廖志丹：《对研究生奖学金制度改革的思考》，《教育探索》2009 年第 7 期。

（二）关于奖学金政策的执行研究

1. 关于奖学金政策执行的评审环节研究

现有关于奖学金政策的执行研究大部分聚焦于评审环节研究，针对评审过程中出现的问题进行分析并提出相应对策。例如，曲海富基于现代治理理论对高校奖学金的评审主体模式展开研究，提出应由教师一元主导型走向多元主体合作治理型，将奖学金的评审过程转变为学生自我管理、教育及服务的育人过程。① 韩晓雨指出奖学金评审过程中存在信息发布平台不够完善、申报程序自我意识弱化、评审标准不科学、种类叠加、覆盖面不合理、评审体系滞后等问题，提出进一步完善高校奖学金评审制度，提高评审标准和评审流程的公开性。② 欧旭理、罗方禄认为奖学金在评定过程中存在“马太效应”，削弱了奖学金的激励导向作用。③ 于忠海、谢亚悦基于公平观的视角，提出当前奖学金的评审标准否定了个体差异性，无法促进学生自由发展，认为奖学金的评定应从既定资源分配公平观转变为以尊重个体自由发展为导向的关系正义观。④

2. 关于奖学金政策执行的综合效果与问题研究

部分学者围绕不同类型的奖学金政策在执行过程中出现的综合问题与效果进行分析。例如，王光大认为奖学金政策在实施过程中存在作用发挥受到限制、评价标准尚需完善、金额设置有待调整、奖金使用不尽理想等问题，提出加强教育宣传、体现奖励层次、规范奖金使用、确保评选高效，以期改进高校奖学金政策

① 曲海富：《基于治理理论的高校奖学金评审主体模式研究及应用》，《河北农业大学学报》（农林教育版）2011 年第 4 期。

② 韩晓雨：《浅谈奖学金的教育功能及评审中存在的问题》，《长春教育学院学报》2012 年第 11 期。

③ 欧旭理、罗方禄：《高校奖学金评定中的马太效应分析及其规避对策》，《思想教育研究》2011 年第 8 期。

④ 于忠海、谢亚悦：《高校奖学金评定制度转型：从分配公平到关系正义》，《黑龙江高教研究》2015 年第 4 期。

的实施效果。[①] 徐刚等围绕研究生学业奖学金政策实施过程进行研究，认为该项制度的实施存在等级标准与比例划分不一、评价标准难以把握、覆盖范围和具体发放存有争议等问题，并据此提出应当做好学业奖学金评定工作需要激发研究生主体作用，制定科学合理的评价体系，发挥奖助体系综合政策效果，加强研究生思想教育等完善对策。[②]

（三）关于奖学金政策的育人研究

关于奖学金政策的育人功能研究。奖学金政策实行的初衷是提高人才培养质量，对于学生的学习与生活产生重要影响。王光大认为奖学金具有激励、资助、引导三种功能，是学生奋斗的原动力、学生前进的强心剂、学生行为的导航仪。[③] 韩晓雨指出奖学金的教育功能可包括资助功能、激励功能、示范功能、导向功能及氛围营造功能。[④] 周佳玲等通过对中南财经政法大学的学生进行实证调查发现，奖学金政策具有激励学生潜心于科研与学习的积极作用。[⑤] 廖志丹基于奖学金政策改革的变化，认为现行的奖学金政策使全体学生获得公平参与竞争的机会，产生努力学习的动机，能够有效发挥其激励功能。[⑥] 郑安波认为高校奖学金政策具有导向、激励及培育三大功能，并提出通过开设相应的单项奖学金、不断完善德育在奖学金评定中的考核机制、进一步加强对奖学金政策的宣传及在评定奖学金的过程中要公开

---

① 王光大：《试论高校奖学金制度的实施效果及改进策略》，《中国轻工教育》2011 年第 3 期。

② 徐刚、马海波：《研究生学业奖学金实施过程中几个问题的思考》，《学位与研究生教育》2015 年第 12 期。

③ 王光大：《试论高校奖学金制度的实施效果及改进策略》，《中国轻工教育》2011 年第 3 期。

④ 韩晓雨：《浅谈奖学金的教育功能及评审中存在的问题》，《长春教育学院学报》2012 年第 11 期。

⑤ 周佳玲、石龙：《中南财经政法大学研究生培养机制改革绩效评价——以学业奖学金制度为例》，《高等教育评论》2013 年第 1 期。

⑥ 廖志丹：《对研究生奖学金制度改革的思考》，《教育探索》2009 年第 7 期。

透明等措施来促进奖学金德育功能的发挥。[①] 总之，现有研究认为高校奖学金政策具有重要的资助、激励及导向等育人功能，能够促进高校学生积极开展学习和科研活动。

关于奖学金政策的育人问题及策略研究。奖学金政策自实施以来有效提升了高等教育人才培养质量，并成为高校育人工作的有效激励机制，然而在具体实践过程中一些育人问题逐渐涌现。左显兰聚焦于因政策实施不当而导致的育人问题，例如由于指导思想不明确等原因导致政策的导向、激励及资助功能发挥出现问题，表现为导向功能的盲从性和失真性、激励功能的消极性和功利性以及资助功能的忽略性和缺失性。[②] 邢晓英围绕学生的心理展开研究，认为国家和高校在奖学金政策执行中往往忽略学生的心理发展问题，导致学生在学习与科研活动的开展上产生功利化的价值取向，既无益于科研质量水平的提升，也会对学生的心理健康与长期发展造成影响。[③] 陈亚丽指出，在设置奖励的等级方面缺少均衡性，容易导致科研兴趣降低、同学关系淡化等问题。[④] 郭文凤认为，"先学后奖"的奖励模式具有较强的被动性，对学生的激励作用持续时间较短，缺乏激励效应的长效性。[⑤] 周佳玲研究发现奖学金评定导致科研成果创新不足，重产量而不重质量，学习目的趋于功利化等。

二　国家奖学金政策相关研究

鉴于国家奖学金政策是我国中央政府出资设立的用于奖励高校全

① 郑安波：《高校奖学金制度的德育功能研究》，《黑龙江科技信息》2010 年第 25 期。

② 左显兰：《对新时期我国高校奖学金制度改革的思考》，《黑龙江高教研究》2000 年第 6 期。

③ 邢晓英：《现行研究生奖学金制度的利弊与发展趋势》，《教育教学论坛》2015 年第 23 期。

④ 陈亚丽：《奖学金制度下硕士研究生心理压力分析》，《扬州大学学报》（高教研究版）2011 年第 1 期。

⑤ 郭文凤：《关注研究生奖学金制度激励作用》，《科技信息》（科学教研）2008 年第 19 期。

日制本专科生及研究生中优异学生的一项政策，不同于地方政府奖学金、校长奖学金等其他类型的奖学金，且国外也没有与此性质完全相同的奖励政策，在此聚焦于我国学界关于国家奖学金政策的相关研究，分别从政策理论研究、政策执行研究、政策育人研究和获得者研究四个层面进行梳理归纳。

（一）国家奖学金政策变革的理论研究

目前国内仅有少部分学者针对国家奖学金政策的特点及变革展开理论研究。例如，韦丽红等基于国家奖学金改革的政策背景，将国家奖学金、国家励志奖学金及国家助学金结合起来进行分析，认为国家设立的国家奖学金制度表现出政府投入资金、帮困奖优宗旨、资助强度增加的特点。① 张景阳指出国家奖学金对于学生而言不仅是一种荣誉，更是一种肯定和自我审视，应当使国家奖学金成为所有大学生为之奋斗的目标，才能充分发挥政策的教育功能。② 谯利平以新时代为背景梳理了中华人民共和国成立 70 年来我国高校本科生国家奖学金政策的历史沿革，并指出在此历史过程中国家奖学金政策的价值观逐渐体现出由助困（公平）向奖优（效率）的变化。③

（二）国家奖学金政策的执行研究

1. 关于国家奖学金政策执行的评审研究

国家奖学金评审问题研究一直是学界关注的热点问题，学者纷纷采用理论或实证调查的方法展开研究。例如，周莉等以福建省为例，对国家奖学金与国家励志奖学金评选制度进行分析，提出通过数学模型科学分配名额、细化评选指标、开发信息管理系统、加强宣传教育工作等举

---

① 韦丽红、陈志庆：《论新国家奖助学金制度对大学生思想的影响及其对策》，《高教论坛》2008 年第 6 期。

② 张景阳：《国家奖学金不仅是一份“奖励金”》，《科技日报》2018 年 11 月 22 日。

③ 谯利平：《新时代本科生国家奖学金评审策略探析》，《西华师范大学学报》（哲学社会科学版）2020 年第 4 期。

措充分发挥国家奖学金的激励、导向及助学功能。[①] 滕明荣等聚焦国家奖助学金评定中的争议问题，选取十所高校开展问卷调查，针对评审主体、评审条件和资格、申请次数及评审程序方面存在的争议展开具体分析。[②] 潘红祥等认为国家奖学金在评定过程中简单地以成绩高低来确定获奖对象，对于基础教育环境差、教育背景不同且第一语言为非汉语的民考民、民考汉大学生而言不公平，有违宪法规定的平等原则，并通过数据分析了此类大学生在评定过程中的实际生存状态与原因，基于此提出修改国家奖学金政策的相关建议。[③] 除此之外，还有部分学者聚焦于研究生国家奖学金的评审问题展开研究，例如，郭静虹等指出研究生国家奖学金评审存在信息公开不够全程化、国家奖学金和校级奖学金能否同时获得不明确、研究生参评动机功利化，提出设置不同等级国家奖学金等建议。[④] 王爱芝等以东北林业大学生命科学学院为例，构建了由学习成绩、科研成绩、综合素质组成的研究生国家奖学金综合评价指标体系，经过三年实践后发现该评价体系能够激发研究生的主观能动性，有效提高了学生的科研成绩及导师对学生培养的责任感。[⑤]

2. 关于国家奖学金政策执行状况与效果的研究

关于国家奖学金政策的执行状况与效果的研究有一部分蕴含在大学生资助政策执行研究之中，另一部分则围绕国家奖学金政策进行专项研究。

---

① 周莉、陈润华、游跃：《我国高校国家奖学金评选制度探析》，《发展研究》2010 年第 4 期。

② 滕明荣、丁磊：《高等学校国家奖学金、助学金评定争议解决途径探究》，《宁夏大学学报》（人文社会科学版）2010 年第 6 期。

③ 潘红祥、黄艳：《实质平等视域下国家奖学金评审机制的完善》，《中南民族大学学报》（人文社会科学版）2019 年第 2 期。

④ 郭静虹、苏佩尧：《研究生国家奖学金评定的问题及思考——以福州某高校为样本》，《长春工业大学学报》（高教研究版）2014 年第 2 期。

⑤ 王爱芝、王晶英、崔玉红：《多层次综合定量评价研究生国家奖学金体系的建立与实践——以东北林业大学生命科学学院为例》，《高教论坛》2015 年第 12 期。

在大学生资助政策执行研究方面，王世忠对大学生资助政策的执行效果进行实证评估研究，从资源分配和资助效果两大维度展开，构建了由“资助政策知晓度、获得资助机会、资助政策满意度及对受资助学生学业的影响”4个一级指标及24个二级指标构成的资助政策执行效果评估指标体系，其中对受资助学生学业影响的评估包括资助政策对专业选择、专业学习、完成学业及学习成绩提高四个层面的影响，以某所民族大学为例进行抽样调查，共获得1600份有效问卷。研究发现，城市学生比农村学生更容易获得优势；女生比男生的政策熟知度高，但获得资助机会并不如男生；资助政策对汉族学生专业选择影响程度低；获取奖学金等资助机会并不能够直接提高大学生学习成绩。① 余春玲采用财务指标、客户满意度指标、学习与发展指标、内部流程指标评估高校学生资助体系，其中，客户满意度评估了学院、任课教师、学生代表群体、社会实践单位对受助学生的满意度，学习与发展指标则考核受助学生的专业认可度、专业知识结构、获奖情况、学习成绩、科研情况、社会兼职、人际沟通能力及计算机应用能力等指标。② 陈绵水等构建了由政府、高校及学生三方利益主体组成的国家奖助学金制度评价指标体系，分别评估了奖助学金制度的目标绩效、过程绩效及效果绩效，共计3项一级指标、9项二级指标、21项三级指标，以此对全国9所高校进行实证评价，研究发现国家励志奖学金制度绩效优于国家奖学金制度绩效，且国家奖助学金制度的引导教育效益不佳。③

在国家奖学金政策执行的专项研究中，刘文政对重庆市5所高校的

---

① 王世忠：《大学生资助政策执行效果评估研究》，中国社会科学出版社2014年版，第120—121页。

② 余春玲：《基于平衡记分卡的高校贫困学生资助评价体系》，《江苏高教》2009年第1期。

③ 陈绵水、付剑茹、施文艺：《国家奖助学金资助制度绩效评价》，经济科学出版社2013年版，第243—244页。

国家奖学金政策综合实施情况进行了问卷调查，研究结果发现 90.5% 的大学生表示积极关注国家奖学金政策；81.2% 的大学生认为所在高校的国家奖学金评选合理；87.9% 的获奖同学表示奖金能解决自身学习和生活费用，但在消费方面存在一定的不合理之处；16.8% 的获奖同学表示获奖对人际关系和心理有造成一定影响。[①] 陈艳华通过在江西省六所高校发放 850 份调查问卷，探究研究生国家奖学金政策执行状况，研究存在学生对政策不甚了解、评选中学生干部优势明显、导师名望影响评选公平度、评选制度不规范、量化评定存在异议、存在负面效应六大问题。[②] 徐伟等以北京市 15 所高校为例，分析研究生国家奖学金政策实施情况，发现所有学校国家奖学金评选工作均落实到位，较好地发挥了政策指挥棒及育人作用，并提出加强宣传力度、优化评选标准、挖掘导师作用、把关学术道德、完善心理辅导等建议。[③] 洪柳借鉴美国科学基金会研究生国家奖学金项目经验，指出我国研究生国家奖学金制度存在与国家需求结合不紧密、评审合理性欠缺、评审标准操作性不足、评审机制有失公平、竞争不充分等问题。[④]

（三）国家奖学金政策的育人研究

学界现有文献倾向于将本专科生和研究生的政策育人功能区分开来进行分析，由于本专科生和研究生的培养目标不同，因此国家奖学金政策的育人功能各有特点。

1. 关于国家奖学金政策的育人功能研究

关于本专科生国家奖学金政策的育人功能研究。例如，苏伟刚指

① 刘文政:《重庆市国家奖学金实施状况的调查分析》,《中国青年研究》2006 年第 3 期。

② 陈艳华:《研究生国家奖学金政策执行状况探究——基于江西省内六所高校调研情况》,《江西科技师范大学学报》2015 年第 5 期。

③ 徐伟、吕佳慧、庞瑀锡:《研究生国家奖学金实施情况及效果调研分析——以北京市 15 所高校为例》,《北京教育》(高教) 2018 年第 12 期。

④ 洪柳:《我国研究生国家奖学金制度现存问题研究——以美国科学基金会研究生国家奖学金为借鉴》,《学位与研究生教育》2018 年第 12 期。

出高校国家奖助学金肩负着资助和育人两大功能，资助功能体现为物质资助，育人功能则体现为激励性、导向性及教育性，引导学生的思想和行为，让学生在良性激励竞争机制中摒弃依赖和索要心理，积极主动参与竞争，自立自强，塑造自身高尚的人格和品质。[①] 翁文香阐述了国家奖助学金的育人功能，认为该项政策的根本宗旨在于奖助育人，体现为“帮扶”和“育人”的功能。[②]

关于研究生国家奖学金政策的育人功能研究。部分学者聚焦于研究生国家奖学金，将其与本专科生国家奖学金政策区别开来，有针对性地探究其政策育人功能，取得了诸多有益成果。例如，胡元林等认为国家奖学金是一种至高无上的荣誉，具有重要的榜样与示范教育功能，是物质与精神激励的重要载体，可以充分利用该载体开展研究生思想教育活动。[③] 马世洪着力剖析了研究生国家奖学金政策的价值功能，认为能够有效激励学生将学习研究转化为自觉的内在行动，通过获奖宣传能够充分发挥引领示范作用，在研究生教育过程中建立良好的学术氛围。[④] 曹雷等基于某所大学研究生国家奖学金评定工作的实践，指出国家奖学金政策能帮助研究生形成强大的心理需求与内驱力，促进研究生整体素质的提升。[⑤]

2. 关于国家奖学金政策的育人效果研究

关于国家奖学金政策的育人问题研究。苏伟刚认为国家奖学金育人功能的发挥面临着重“学业”轻“实践”、重“形式”轻“内容”、

---

① 苏伟刚：《高校国家奖助学金育人功能探析》，《贵州师范大学学报》（社会科学版）2015 年第 3 期。

② 翁文香：《国家奖助学金育人功能的实践反思与提升路径优化》，《锦州医科大学学报》（社会科学版）2019 年第 1 期。

③ 胡元林、郑大俊：《论国家奖助学金的育人功能》，《江苏高教》2015 年第 3 期。

④ 马世洪：《研究生国家奖学金的价值导向、现实错位及改进对策探析》，《当代教育科学》2017 年第 2 期。

⑤ 曹雷、邢蓉、张喜臣、才德昊：《研究生国家奖学金的价值取向、评定原则及制度探究——H 大学研究生国家奖学金评定的实践》，《学位与研究生教育》2014 年第 8 期。

重“发放”轻“效果”等问题，究其原因在于国家制度缺失且监管不到位、高校疲于应付且注重事务性工作、学生缺乏感恩意识和社会责任。[①] 王管认为国家奖学金政策的设立容易诱发学生功利化、教育碎片化、宣传短期化及参与边缘化的育人问题，要求从保障机制、阵地机制、监管机制、动力机制及考核机制等方面加强学生对奖学金政策实施的参与度。[②] 翁文香通过调查研究发现，国家奖学金政策在实践过程中并未有效发挥其育人功能且已偏离制度定位，表现为物质利益诱导下失信行为、受益学生感恩与责任意识彰显不足、缺乏奖金发放后的持续性教育监督。[③]

关于国家奖学金政策的育人效果研究。韦丽红等侧重于对国家奖学金政策的思政教育效果进行研究，认为新国家奖助学金政策体现出对大学生求知求学的人文关怀，对于大学生而言不仅能够收获利益，更能够获得荣誉；但同时也有部分学生无法正确对待奖励，面对他人获奖容易产生嫉妒或失落心理，认为高校应当加强大学生思想政治教育工作，通过开展感恩教育和友爱教育塑造学生团结友爱、积极上进的品质。[④] 冯涛等认为研究生国家奖学金在增强学生科研实践活力等方面具有较显著的绩效，但仍存在部分学生为获得国家奖学金而采取学术不端行为的问题。[⑤] 魏红梅等认为我国研究生国家奖学金政策只

① 苏伟刚：《高校国家奖助学金育人功能探析》，《贵州师范大学学报》（社会科学版）2015 年第 3 期。

② 王管：《国家奖助学金受益群体激励与参与机制探究》，《教育理论与实践》2015 年第 9 期。

③ 翁文香：《国家奖助学金育人功能的实践反思与提升路径优化》，《锦州医科大学学报》（社会科学版）2019 年第 1 期。

④ 韦丽红、陈志庆：《论新国家奖助学金制度对大学生思想的影响及其对策》，《高教论坛》2008 年第 6 期。

⑤ 冯涛、陆根书、柳一斌：《硕士研究生国家奖学金绩效实证研究》，《黑龙江高教研究》2017 年第 3 期。

能对少数优秀学生产生积极作用，难以实现政策激励育人的初衷。[①]刘佳则进一步聚焦到博士研究生国家奖学金政策对博士研究生的学术行为所产生的影响，认为该项政策增加了博士生的学术投入时间，提高了对学术产出的重视程度，但同时也导致博士生投机行为增加，博士论文有效投入减少。[②]

（四）国家奖学金获得者研究

1. 关于本专科生国家奖学金获得者的研究

部分学者针对本专科生国家奖学金获奖群体开展了性别差异和能力素养研究。李文道等较早针对大学生国家奖学金获得者进行性别差异研究，通过网络搜集个别年份国家奖学金获奖名单来统计获得者的性别频次分布状况，研究结果表明，国家奖学金获得者中的男生人数及比例远远落后于女生，反映出大学男生的学业落后问题突出。[③] 程化琴等则围绕国家奖学金获得者的能力素质结构进行研究，采用质性研究方法，通过深度访谈和焦点团体等技术，以北京大学医学部近5年来的23位获得者为研究对象展开研究，以能力素质模型为理论基础提出国家奖学金获得者的能力结构包括处己力、处人力、处事力和处学力，提出应当针对上述核心能力开展针对性人才培养。[④] 李玉文等通过对“双一流”高校的国家奖学金评审条件进行扎根分析，依据2014年提出的中国学生发展核心素养，构建起以自主发展和社会参与为基础，以自主学习、自我管理、实践参与、责任担当四大素养为框

① 魏红梅、邓黎颜：《我国研究生奖助制度：问题与改进——基于美国的经验》，《教育发展研究》2014年第9期。

② 刘佳：《从学术行为视角探讨博士生国家奖学金的评选标准问题》，《上海教育评估研究》2019年第3期。

③ 李文道、孙云晓、赵霞：《中国大学生国家奖学金获奖者的性别差异研究》，《青年研究》2009年第6期。

④ 程化琴、魏戈、庄明科、何瑾、叶初阳：《他们何以如此优秀？——国家奖学金获得者能力素质结构研究》，《教育学术月刊》2016年第3期。

架的国家奖学金获得者能力素养模型。①

2. 关于研究生国家奖学金获得者的研究

不同于本专科生国家奖学金获得者研究，研究生国家奖学金获得者的相关研究主要聚焦于研究生的科研创新能力研究。尹晓东等以西南大学为例，对以首届博士研究生国家奖学金获得者及部分导师为调查对象，对国家奖学金获得者的科研创新能力影响因素进行实证分析，研究发现获奖者本科阶段主要就读于“985”和“211”高校，硕士阶段就读于“211”高校的获奖者占84%。除此之外，参与课题研究和学术会议、导师指导等均有助于提升科研创新能力。②

三　研究述评

综上所述，相较于高校奖学金研究而言，目前学界围绕国家奖学金政策进行的专门研究相对较少，绝大部分文献或将国家奖学金政策纳入高校奖学金政策体系进行研究，或将国家奖学金政策与国家励志奖学金政策合并进行研究，或将国家奖学金政策与国家励志奖学金、国家助学金等政策统一起来作为奖助政策体系进行研究，或将国家奖学金政策纳入大学生资助政策体系进行研究，只有极少数学者围绕本科生或研究生国家奖学金政策进行专门研究。现有关于国家奖学金政策的研究主要聚焦于国家奖学金政策变革、政策执行、政策育人及获奖者能力素质研究。

上述文献为本书的相关研究奠定了良好的基础，通过文献综述可以发现，现有文献尚存在以下几点不足之处：第一，聚焦于国家奖学

---

① 李玉文、张晶晶：《国家奖学金获得者能力素养的模型构建与实践理路——基于“双一流”高校评审条件的扎根理论分析》，《扬州大学学报》（高教研究版）2020年第4期。

② 尹晓东、高岩：《博士研究生科研创新能力培养主要影响因素的调查分析——以西南大学首届博士研究生国家奖学金获得者为例》，《西南师范大学学报》（自然科学版）2014年第3期。

金政策进行专项研究的文献数量较少，自 2002 年政策颁布至今仅有五十余篇文献，且高质量文献极为有限，绝大部分文献倾向于将国家奖学金政策与其他奖助政策合并起来进行研究。国家奖学金政策作为一项中央政府出资设立的高校学生奖学金中最高级别荣誉的政策，显著不同于其他类型的奖学金政策与助学金政策，若研究时不加以区分容易忽视国家奖学金政策本身的价值取向与育人功能。例如，将国家奖学金政策纳入大学生资助政策体系中研究，往往会忽视其政策本身的奖优功能，在分析政策实施对学生成长成才的影响时可能会出现“一刀切”倾向；将国家奖学金政策与国家励志奖学金政策合并研究也忽视了国家奖学金政策本身的特点，国家励志奖学金政策面向家庭经济困难且表现优秀的大学生，而国家奖学金政策则不限制家庭经济情况，两种政策的奖励范围存在差异，且只有本专科生群体中设有国家励志奖学金政策，研究生则不设。第二，现有文献多采用理论分析或经验思辨的方法开展研究，而真正通过实证调查方法进行研究的文献相对较少。第三，现有的关于国家奖学金政策的实证调查类研究在调查广度和深度方面存在不足，大多数研究以某一所学校或学院为研究对象，研究结论和对策建议的推广意义有限，还需扩大调查范围并加大调研基数，以加强研究问题的代表性与对策建议的科学性和针对性。

本书聚焦于高校国家奖学金政策，系统梳理政策历史起源与演变过程，深入剖析国家奖学金政策的管理体制机制及委托代理关系，采用文献分析法分析高校国家奖学金政策宣传实践与评审文本内容，结合问卷调研与访谈调研情况针对国家奖学金政策的执行情况与育人成效展开实证分析，旨在探究国家奖学金政策的执行现状与问题以及育人成效与问题，通过结果反馈的形式推动我国国家奖学金政策的有效执行，充分发挥政策育人价值导向，提升我国高等教育人才培养质量。

第三章

高校国家奖学金政策演变与价值取向

第一节 高校国家奖学金政策的历史沿革

中华人民共和国成立后，我国高校学生资助政策先后经历了“免费上学阶段”（1949—1982 年）、“奖助并存阶段”（1982—1986 年）、“奖贷共行阶段”（1986—1993 年）、“多元混合阶段”（1993 年至今）。[①] 在此依据高校学生资助政策的演变阶段分析本专科生国家奖学金政策的历史起源与建立健全过程。

一 本专科生国家奖学金政策的历史沿革

（一）本专科生国家奖学金政策的历史起源（1949—2001 年）

在“免费上学阶段”，我国主要实行单一的人民助学金制度。1952 年，政务院、教育部分别颁发了《关于调整全国各级各类学校教职工工资及人民助学金标准的通知》和《关于调整全国高等学校及中等学校人民助学金的通知》，标志着我国全面实行免费上大学，在高校中实行人民助学金的资助政策也就此正式确立。

在“奖助并存”阶段，十一届三中全会召开以后，我国进入改革

① 曲绍卫、范晓婷、刘晶：《中国高校大学生资助绩效评估研究》，中国社会科学出版社 2016 年版，第 91—100 页。

开放新时期，随着高等教育开始步入大众化阶段，政府财政已无力支持以往普遍性的高校学生资助政策，传统的学生资助模式不得不进行改革。1983 年 7 月，《人民助学金暂行办法》和《人民奖学金试行办法》确立了人民奖学金与人民助学金两种形式，建立了奖助并存的高校学生资助模式。其中，人民奖学金政策设立的初衷在于激励学生积极进取、成长成才，用于奖励全体学生中的优秀学生，资金来源于国家、学校、社会团体及个人。人民奖学金的出台体现着国家资助理念的深刻变化，在社会主义市场经济体制逐步建立的过程中，激励竞争机制被逐渐引入到高等教育学生资助领域，效率优先的原则逐步得到认可，普适性的资助既无法真正体现教育公平，也不利于优秀人才脱颖而出。

进入“奖贷共行阶段”后，随着人民助学金制度的弊端逐步暴露，国家于 1987 年 6 月开始实施奖学金和贷款制度。其中，奖学金包括三类，分别是优秀学生奖学金、专业奖学金及定向奖学金，由此开始，我国正式意义上由国家政府出资设立的奖学金制度建立起来。

（二）本专科生国家奖学金政策的建立与完善（2002 年至今）

高校学生资助政策进入“多元混合阶段”以来，我国市场经济体制逐步建立，高校收费制度改革的力度不断加大，以往的奖学金与贷学金制度难以适应新的形势，国家对高校学生资助制度做出进一步改革，形成多种资助方式有机结合的多元混合资助模式。与此同时，本专科生国家奖学金政策也经历了多次调整，具体见表 3－1。

首先，我国本专科生国家奖学金政策首次设立于 2002 年。随着高校扩招政策的实行，我国高等教育规模实现重大跨越式发展。2002 年，财政部、教育部印发《国家奖学金管理办法》（财教〔2002〕33 号），标志着我国国家奖学金政策的正式设立，进一步丰富发展了高校大学生资助政策体系。该文件规定了资助对象和申请条件、资助人数和资助金额、申请和评审程序、奖学金发放、奖学金监督和检查，明确指出国家奖学金由中央政府出资设立，资助总金额 2 亿元，资助名额 4.5 万名，分为两个等级：一等奖学金为每年每人 6000 元，奖励 10000 名特别优秀的学生；二等奖学金为每年每人 4000 元，奖励 35000 名学生。因此，2002 年首次设立的国家奖学金政策旨在帮学生顺利完成学业，助学性质显著，兼具“助困”与“奖优”的资助特点。

其次，本专科生国家奖学金政策于 2005 年进行初步调整，增加了资助名额。为进一步健全高校贫困家庭学生资助政策，财政部、教育部于 2005 年印发《国家助学奖学金管理办法》（财教〔2005〕75 号），由中央政府出资设立国家助学奖学金，面向全国高校家庭经济困难学生，包括国家奖学金和国家助学金。同时规定了资助金额、资助人数和申请条件、评审程序、上报名单与资金拨付、发放与管理、检查和监督等内容，将国家奖学金调整为不分资助等级，资助额度为每年每人 4000 元，每年资助 5 万名学生，相较于 2002 年的政策而言，此次本专科生国家奖学金的资助总金额虽未增长，但资助名额增加了 5000 名学生。

再次，国家于 2007 年对本专科生国家奖学金政策做出重大调整，进一步凸显奖优功能并加大奖励力度。2007 年 5 月，为建立健全高校家庭经济困难学生资助政策体系，国务院出台了《关于建立健全普通本科高校、高等职业学校和中等职业学校家庭经济困难学生资助政策体系的意见》（国发〔2007〕13 号）。由于我国高校学生资助面偏窄、资助标准偏低，文件提出国家奖学金用于奖励全日制本专科在校生中特别优秀的学生，每年 5 万名，每人 8000 元；国家励志奖学金则面向家庭经济困难的优秀学生，资助标准为每年每人 5000 元。该文件的出台标志着以择优为主的国家奖学金与助困择优并重的国家励志奖学金两种奖励形式的正式确立。此后，《普通本科高校、高等职业学校国家奖学金管理暂行办法》（财教〔2007〕90 号）、《普通本科高校、高等职业学校国家励志奖学金管理暂行办法》（财教〔2007〕91

号）先后印发，对国家奖学金和国家励志奖学金的管理办法做出规定。2007 年 12 月，为保证评审工作的公开、公平、公正，《国家奖学金评审办法》（教财〔2007〕24 号）出台，明确了国家奖学金评审的组织、职责、程序、内容等事项。2008 年 9 月，为提高国家奖学金评审工作效率，教育部制定并印发《国家奖学金申请审批表》（教财厅函〔2008〕49 号），进一步规范了本专科生国家奖学金的评审工作。由此可见，国家在 2007 年对国家奖学金政策做出以下两方面重大调整。一方面，以往家庭经济困难的优秀学生不再由国家奖学金奖励，而是由国家励志奖学金来对此部分群体进行资助，国家奖学金转而面向所有品学兼优的高校本专科学生，不再局限于家庭经济困难的学生。另一方面，在保持资助名额不变的基础上加大国家奖学金的资助力度，由以往的每年每人 4000 元翻倍增长为每年每人 8000 元，资助总金额也由 2 亿元增加至 4 亿元。除此之外，为规范国家奖学金评审工作，在此轮国家奖学金政策调整过程中，国家专门出台政策文件来详细规定国家奖学金的评审办法，充分体现出国家对于评审工作的重视程度，表明国家奖学金政策执行的规范性在不断提升。

最后，国家于 2019 年增加高职院校学生奖励名额。响应 2019 年《政府工作报告》提出的“扩大高职院校奖助学金覆盖面”的要求，财政部、教育部印发《关于调整职业院校奖助学金政策的通知》（教财函〔2019〕105 号），规定自当年起，本专科生国家奖学金名额总量由 5 万名增加至 6 万名，所增加的 1 万个名额全部用于奖励高职院校中的优秀学生，奖励标准仍为 8000 元，以此激励高职院校学生努力学习、实践，提升自身技能水平。为进一步规范本专科生国家奖学金评审工作，教育部、财政部于 2019 年 9 月印发《本专科生国家奖学金评审办法》（教财函〔2019〕105 号），对本专科生国家奖学金的评审程序与内容、申请条件、对各地各校的评审要求、公示期、评审结果的报送审批时间等提出了要求。

表 3－1　　本专科生国家奖学金政策设立调整简表

时间	政策文件	资助对象	资助总金额	资助人数	资助标准
2002 年 4 月	《国家奖学金管理办法》（财教〔2002〕33 号）	家庭经济困难、品学兼优的全日制在校本专科生	2 亿元	4.5 万名	一等：6000 元/人/年，10000 名；二等：4000 元/人/年，35000 名
2005 年 7 月	《国家助学奖学金管理办法》（财教〔2005〕75 号）	家庭经济困难、品学兼优的全日制本专科生	2 亿元	5 万名	不分等级：4000 元/人/年
2007 年 5 月	《建立健全普通本科高校、高等职业学校和中等职业学校家庭经济困难学生资助政策体系的意见》（国发〔2007〕13 号）	全日制本专科（含高职、第二学士学位）学生中特别优秀的学生	4 亿元	5 万名	不分等级：8000 元/人/年
2007 年 6 月	《普通本科高校、高等职业学校国家奖学金管理暂行办法》（财教〔2007〕90 号）				
2007 年 12 月	《国家奖学金评审办法》（教财〔2007〕24 号）				
2019 年 6 月	《关于调整职业院校奖助学金政策的通知》（财教〔2019〕25 号）	全日制本专科（含高职、第二学士学位）学生中特别优秀的学生	4.8 亿元	6 万名	不分等级：8000 元/人/年
2019 年 9 月	《本专科生国家奖学金评审办法》（教财函〔2019〕105 号）				

二　研究生国家奖学金政策的历史沿革

我国研究生资助政策体系的发展过程大致分为三个阶段：免费读研的人民助学金资助阶段、研究生奖助并存的资助阶段、研究生资助改革完善阶段。[①] 在此依据上述三个阶段分析研究生国家奖学金政策的历史起源与建立完善过程，详见表 3－2。

① 朱嫚嫚：《教育公平视角下研究生资助政策研究》，硕士学位论文，南京邮电大学，2017 年。

（一）研究生国家奖学金政策的历史起源（1977—2012 年）

首先，研究生人民助学金政策阶段。1977 年 12 月，《普通高等学校、中等专业学校和技工学校学生实行人民助学金制度的办法》（〔77〕教计字 530 号、〔77〕财事字 180 号）规定，研究生、高等师范、体育和民族学院学生，一律享受人民助学金，享受比例按 100% 计算。从此，免费读研的人民助学金资助模式开始形成。随着改革开放的不断推进，我国经济发展水平逐步提高。为更好地解决研究生学习期间的物质生活条件，保证研究生能够安心学习，1981 年 12 月和 1985 年 12 月，国家教委、财政部先后印发《关于改变研究生学习期间生活待遇问题的通知》（〔81〕教计财字 266 号）、《关于研究生在校学习期间生活待遇等问题的规定》（〔85〕教计字 180 号），对脱产研究生的生活待遇等事项做出规定，入学前未参加过实际工作的博士研究生和硕士研究生的生活补助费标准相继得到提高。

其次，研究生奖学金政策阶段。1991 年 12 月，《普通高等学校研究生奖学金制度试行办法》（教财〔1991〕98 号）的出台标志着我国研究生资助政策步入奖助并存阶段，首次试行研究生奖学金政策。研究生奖学金包括普通奖学金和优秀奖学金，其中，普通奖学金的奖励范围为 100%，相当于对研究生的生活补助；而研究生优秀奖学金则限定了评定比例，仅奖励在专业学习和研究中成绩突出的研究生。此次研究生奖学金改革同时彰显着“补助”与“奖励”的性质。1994 年，鉴于社会物价水平和生活水平的不断变化，国家决定对研究生奖学金制度进行修订，国家教委、财政部于当年 9 月印发《普通高等学校研究生奖学金办法》（教财〔1994〕50 号），提升了普通奖学金和优秀奖学金的奖励标准。1996 年 10 月，为保障研究生在校期间的基本生活需要，《关于提高普通高等学校研究生奖学金标准的通知》（教财〔1996〕85 号）决定进一步提升研究生奖学金奖励额度。

（二）研究生国家奖学金政策的建立与完善（2013 年至今）

随着高等教育成本分担理论在我国高等教育理论与实践领域的传播，我国高等教育收费制度在全国推广开来，研究生全面收费制度也日渐提上议事日程。2002 年，《关于研究生教育收费的研究与建议报告》印发，要求对研究生收费机制进行改革，这是首次提出研究生收费机制改革。自 2006 年起，一批“985 工程”“211 工程”高校相继开展研究生收费试点工作。2010 年 7 月，《国家中长期教育改革和发展规划纲要（2010—2020 年）》要求健全学生资助政策体系，建立健全研究生教育收费制度，设立研究生国家奖学金。

2012 年 9 月，《研究生国家奖学金管理暂行办法》（财教〔2012〕342 号）的印发标志着我国研究生国家奖学金政策的正式出台。研究生国家奖学金由中央财政出资设立，奖励名额共计 4.5 万名，分别包括 1 万名博士研究生和 3.5 万名硕士研究生；奖励经费共计 10 亿元，其中博士研究生 3 万元，硕士研究生 2 万元。相对于本专科生国家奖学金而言，研究生奖学金具有奖励标准较高、奖励比例相对较大的特点。2014 年 2 月，《普通高等学校研究生国家奖学金评审办法》（教财〔2014〕1 号）出台，详细规定了研究生国家奖学金的评审组织、评审原则、名额分配、评审标准、评审环节、公示及申诉等内容。

由此看来，我国研究生国家奖学金政策的基本特点包括：第一，奖励额度大，能够有效帮助获奖者减轻经济压力，更好地投入到科研学习当中；第二，在名额设置上，覆盖面小且名额相对较少，因而更具有选拔性；第三，在荣誉级别上，属于研究生培养阶段最高荣誉奖项，能够有效激励研究生成长成才。

表3-2　**研究生奖学金政策设立调整简表**

时间	政策文件	奖学金名称	资助对象	资助总金额	资助人数/比例	资助标准
1991年12月	《普通高等学校研究生奖学金制度试行办法》(教财〔1991〕98号)	普通奖学金	普通高等学校的研究生(不包括非脱产在职研究生)	—	100%	博士研究生：每生每月90元、100元、110元，硕士研究生：每生每月70元、80元、90元
		优秀奖学金	在专业学习和研究中成绩突出的普通高等学校研究生(不包括非脱产在职研究生)		博士比例不超过15%，硕士不超过10%	博士研究生：200元/人/年，硕士研究生：150元/人/年
1994年9月	《普通高等学校研究生奖学金办法》(教财〔1994〕50号)	普通奖学金	普通高等学校的研究生(不包括非脱产在职研究生)	—	100%	博士研究生：每生每月190元、210元、230元，硕士研究生：每生每月147元、167元、187元
		优秀奖学金	在专业学习和研究中成绩突出的普通高等学校研究生(不包括非脱产在职研究生)		各学校自定	各学校自定
1996年10月	《关于提高普通高等学校研究生奖学金标准的通知》(教财〔1996〕85号)	普通奖学金	普通高等学校的研究生(不包括非脱产在职研究生)	—	100%	博士研究生：每生每月240元、260元、280元，硕士研究生：每生每月200元、220元、240元
		优秀奖学金	在专业学习和研究中成绩突出的普通高等学校研究生(不包括非脱产在职研究生)		各学校自定	各学校自定
2012年9月	《研究生国家奖学金管理暂行办法》(财教〔2012〕342号)	国家奖学金	普通高等学校中表现优异的全日制研究生	10亿元	博士研究生1万名，硕士研究生3.5万名	博士研究生：3万元/人/年，硕士研究生：2万元/人/年
2014年2月	《普通高等学校研究生国家奖学金评审办法》(教财〔2014〕1号)					

续表

时间	政策文件	奖学金名称	资助对象	资助总金额	资助人数/比例	资助标准
2013 年 7 月	《研究生学业奖学金管理暂行办法》	学业奖学金	全日制研究生	—	各学校自定	各学校自定

第二节　高校国家奖学金政策的基本程序

本节依据相关政策文本详细剖析本专科生国家奖学金政策和研究生国家奖学金政策的基本程序，为后文的管理体制机制研究及政策执行实证研究奠定基础。

一　本专科生国家奖学金政策的基本程序

本专科生国家奖学金政策执行主要包括三个环节：奖励名额分配与预算下达；评审、公示与报批；奖学金发放、管理与监督。具体流程分中央高校和地方高校而略有区别。

（一）名额分配与预算下达

本专科生国家奖学金名额分配与预算下达的基本程序包括：第一，确定中央高校和地方高校的奖励名额，其中，中央高校的名额由国家相关部门确定，地方高校名额由各省级主管部门依据名额总数及高校在校生数、办学质量等因素确定。第二，由全国学生资助管理中心提出中央高校和地方高校的名额分配建议方案，并上报审批。第三，财政部与教育部将确定的名额分配方案及预算在每年 7 月 31 日前下达中央和省级相关部门。第四，在每年 9 月 1 日前将国家奖学金名额与预算下达至中央高校和地方高校。

（二）评审、公示与报批

本专科生国家奖学金评审、公示与报批环节的基本程序包括：第

一，教育部、财政部成立评审领导小组，设立评审委员会。第二，高校依据国家政策制定评审细则，成立评审领导小组，设立评审委员会。第三，高校资助机构组织开展评审具体工作，将获奖学生名单上报学校评审领导小组并公示。第四，每年10月31日前，中央高校和地方高校将评审结果报至中央和省级主管部门；经审核后于当年11月10日前上报教育部审批。

（三）资金发放、管理与监督

本专科生国家奖学金资金发放、管理与监督环节的基本程序包括：第一，每年11月30日前，高校将奖学金一次性发放给获奖学生并颁发证书、记入档案。第二，省级主管部门及高校应当按照政策文件和相关管理办法对资金进行监督管理。

二　研究生国家奖学金政策的基本程序

研究生国家奖学金政策的基本程序同样包括三个环节：奖励名额分配与预算下达；评审、公示与报批；资金发放、管理与监督三个环节，中央高校和地方高校在具体流程上有所不同。

（一）名额分配与预算下达

研究生国家奖学金政策的名额分配与预算下达分为四个步骤：第一，依据高校研究生培养规模与质量，结合上年度政策执行情况来分配当年奖励名额与预算。第二，每年3月底前，由全国学生资助管理中心提出中央高校和地方高校的名额分配建议方案，并上报审批。第三，财政部和教育部将名额分配方案和预算于每年4月30日前下达中央和省级主管部门。第四，每年5月31日前，中央和省级主管部门按程序将研究生国家奖学金分配名额和预算下达相关高校。

（二）评审、公示与报批

研究生国家奖学金的评审、公示与报批环节的基本程序包括：第一，高校组建校级与基层单位研究生国家奖学金评审组织，成立研究生国家奖学金评审领导小组，由校主管领导、相关职能部门负责人、研究生导师代表等组成。评审领导小组负责按照本办法有关规定制定本校研究生国家奖学金评审实施细则；制定名额分配方案；统筹领导、协调、监督本校评审工作；裁决学生对评审结果的申诉；指定有关部门统一保存本校的国家奖学金评审资料。高校下设的基层单位（院、系、所，下同）应成立研究生国家奖学金评审委员会，由基层单位主要领导任主任委员，研究生导师、行政管理人员、学生代表任委员，负责本单位研究生国家奖学金的申请组织、初步评审等工作。第二，评审与公示的具体程序如下：符合规定条件的全日制在读研究生填写申请表提出申请；基层单位评审委员会本着公开、公平、公正、择优的原则进行初步评审，过程中尊重基层单位学术组织、研究生导师的推荐意见；确定获奖学生名单后，基层单位进行不少于 5 个工作日的公示，若有学生持有异议，可向基层单位评审委员会提出申诉，评审委员会应及时予以答复；公示无异议后提交学校研究生国家奖学金评审领导小组审定，并将结果在全校范围内进行不少于 5 个工作日的公示，若有学生仍持有异议，可向研究生国家奖学金评审领导小组提请裁决。第三，评审结果上报审批：中央高校和地方高校将评审结果上报中央主管部门和省级财政、教育行政部门，经审核后于每年 10 月 31 日前上报备案。

（三）资金发放、管理与监督

研究生国家奖学金资金管理与监督环节的基本程序包括：第一，每年 11 月 30 日前，高校将当年研究生国家奖学金一次性发放给获奖学生，并颁发荣誉证书。第二，中央、省级主管部门和高校须严格执行国家相关规定，加强资金管理，专款专用，不得截留、挤占、挪用，并接受财政、审计、纪检监察等部门的检查和监督。财政部、教育部委托全国学生资助管理中心加强对研究生国家奖学金的日常管理。

第三节　高校国家奖学金政策的价值取向

教育政策体现了教育利益的分配，因而与其他公共政策相比，带有更明显的价值倾向性，[①] 国家奖学金政策作为一种教育政策同样具有价值倾向性。在政策落实过程中，由于上级颁布的政策文本主要通过凝练的文字语言来呈现，加之各高校发展情况、领导者与管理者理解情况的差异，导致政策的应然价值取向难以把握与达成共识，政策的实然价值取向出现一定程度的异化。为此，本节通过对相关政策文本的分析，提炼出我国高校国家奖学金政策的价值取向，为后续的政策育人成效研究奠定基础。

一　加快实现人力资源强国目标的战略遵从取向

人才是科学技术发展的关键，无论是发达国家还是发展中国家，都注重人才的培养与开发，而教育则是人才开发最基本、最有效的途径。[②] 中共中央、国务院在《国家中长期教育改革和发展规划纲要（2010—2020 年）》中指出，要把教育放在优先发展的战略地位，加快实现我国从教育大国、人力资源大国向教育强国、人力资源强国的转变。实现高等教育强国、人力资源强国的战略部署目标是设立国家奖学金的落脚点，也是政策文本中文字语言渗透出的基本价值取向。除此之外，奖学金的名额分配倾向也体现出战略遵从的价值取向，例如，研究生国家奖学金政策要求向基础学科和国家亟须学科适当倾斜，凸显出对于服务与支持国家基础产业和新兴产业发展战略的遵从与融合。

---

① 刘红熠：《教育政策评估范式选择问题研究》，《当代教育科学》2013 年第 3 期。

② 王战军、李明磊：《研究生质量评估：模型与框架》，《高等教育研究》2012 年第 3 期。

二 发挥中央财政资助激励作用的引导激励取向

引导和激励学生成长成才，促进全面发展，是国家奖学金政策的重要价值追求。从政策文本中可以看出，国家奖学金具有奖励额度大、覆盖比例小、荣誉级别高的特点，激励作用显著，对于高校在校生而言具有较高的效价，能够激发其内在潜力，激起内心努力积极向上的学习动机。在此动机作用下，在校生会更加积极主动地投身于学习、实践活动及学术研究，不断提高自身能力与素质，将评审标准内化为自己的思想和行为准则，以实现更高的价值追求。国家奖学金不仅可以为获奖者带来至高无上的荣誉，还可以为其抵免学费、生活费等支出，帮助获奖者减轻经济压力，从而全身心地投入到科研当中。此外，获奖者具有很强的事实说服力、行为规范力和感染力，如若对其他学生产生榜样示范作用便能有效激发其内在学习潜能。相较于助学金而言，国家奖学金的奖励对象不限制家庭经济条件，因而覆盖范围更广泛，更加有利于激发全体学生的参与积极性，彰显国家奖学金激励先进、鞭策后进的作用。

三 培养全面发展的高素质人才的育人为本取向

国家层面出台的国家奖学金政策文本具备一定的刚性，使政策推行的强制力和实效性得到保障。各高校根据教育部、财政部下发的政策通知，结合自身情况，制定相应的具体规章制度，对参评者的学习成绩、思想道德品质、行为规范、科研创新能力等方面提出要求，对于激励学生努力学习、不断提高科研本领、纠正和约束自身行为、提升道德修养起到重要作用。通过这种制度规定的方式，一方面可以引导学校在人才培养过程中更加注重以人为本，关注德、智、体、美的全面发展，另一方面能够有效引导监督学生在日常生活和学习过程当中约束自身言行举止，保持积极进取、虚心学习、严于律己的人生

态度。

四　增加学术与实践成果产出的鼓励创新取向

高校在人才培养和知识创新环节占据主导地位，通过培养具有创新能力的大学生，为推动经济社会发展输送和储备高层次人才，提供创新性成果，极大地提高了教育资源投入的产出效率与效益。[①] 当前我国正处在全面建设小康社会的决胜期，对高层次人才有着大量需求，而高校大学生，特别是研究生位于人力资源金字塔的顶端，是创新知识和科研实践的工作者，是增强国家科研和创新实力的人才关键。无论本专科国家奖学金还是研究生国家奖学金均注重学生的创新能力与素养，特别是研究生国家奖学金尤为重视学生的科研能力、科研水平，增加科研产出成果，并体现出科研主导的价值取向。在各高校的研究生国家奖学金评定实践工作中，是否在专业领域内较高级别刊物上发表论文是研究生参与评选的硬指标。这一举措有助于鼓励研究生努力提高自身知识与技能，积极潜心于学术研究，取得更多应用于文化、经济、社会等各个领域的创新性研究成果。[②]

---

① 曹雷、邢蓉、张喜臣、才德昊：《研究生国家奖学金的价值取向、评定原则及制度探究——H大学研究生国家奖学金评定的实践》，《学位与研究生教育》2014年第8期。

② 本节内容已发表：张茂聪、陈萍、范晓婷：《我国研究生国家奖学金政策的价值取向分析：应然、异化及回归之道》，《学位与研究生教育》2018年第12期。

第四章

高校国家奖学金政策的管理体制与机制

高校国家奖学金政策执行的组织活动是指设立执行机构，用以拟定执行办法和落实政策。具体而言是指中央政府、地方政府、高校乃至院（系）设立负责国家奖学金政策执行的组织机构，配套组织人员，负责日常国家奖学金管理工作。为深刻剖析国家奖学金政策执行的组织活动，为后文分析政策实施奠定基础，本章主要分析我国高校国家奖学金政策的管理体制与机制。

对国家奖学金政策管理体制与机制的解析需要从“体制”和“机制”入手。据《辞海》记录，体制是指“国家机关、企事业单位在机构设置、领导隶属关系和管理权限划分等方面的体系、制度、办法、形式等方面的总称”①；机制“原指机器的构造和动作原理，生物学和医学在研究一种生物的功能时常借指其内在工作方式，包括有关生物结构组成部分的相互关系，及其间发生的各种变化过程的物理、化学性质和相互联系。现已广泛应用于自然现象和社会现象，指其内部组织和运行变化的规律”②。《现代汉语词典》指出，“体制”

① 夏征农、陈至立：《辞海》（1999 年缩印版），上海辞书出版社 2000 年版，第 644 页。
② 夏征农、陈至立：《辞海》（1999 年缩印版），上海辞书出版社 2000 年版，第 3548 页。

是指“国家、国家机关、企业、事业单位等的组织制度”[①]，“机制”则“泛指一个工作系统的组织或部分之间相互作用的过程和方式”[②]。两者的基本关系是：机制的建立一靠体制、二靠制度，要通过建立或改革体制和制度，使机制在实践中发挥作用。[③] 据此，本书将国家奖学金管理体制定义为国家奖学金政策的管理结构、组成方式以及各个分管部门的主要职责，主要体现在国家奖学金的预算、名额分配如何确定，各层级管理机构的设置，高校采取何种方式确保政策实施等。国家奖学金管理机制则是针对部门与部门之间相互作用的过程与方式，对管理系统的内在相互联系和运行原理进行解析。

第一节　高校国家奖学金政策的管理体制

国家奖学金政策执行的组织结构主要由国家财政部、教育部和全国学生资助管理中心，中央主管部门和省及省以下财政、教育部门，高校学生资助管理中心或高校学生工作部这三级管理机构构成。如图4－1所示，该三级管理机构在不同的时间点，通过层层审定反馈，相互之间形成制约与监管机制。

一　国家财政部、教育部和全国学生资助管理中心

财政部负责国家奖学金名额分配和预算下达，并与教育部等部门协同制定预算草案等。教育部负责完善学生信息管理系统，对全国学生资助管理中心和各省级单位上报的数据进行审核，并制定奖励名额

---

① 中国社会科学院语言研究所词典编辑室：《现代汉语词典》，商务印书馆2012年版，第1281页。

② 中国社会科学院语言研究所词典编辑室：《现代汉语词典》，商务印书馆2012年版，第597页。

③ 张庆杰、申兵、汪阳红、袁朱、贾若祥、欧阳慧：《推动区域协调发展的管理体制及机制研究》，《宏观经济研究》2009年第7期。

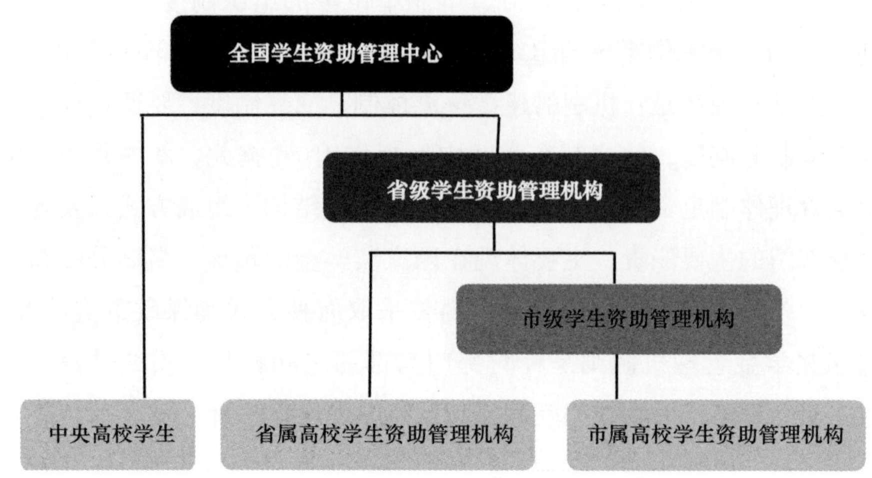

图 4－1　高校国家奖学金管理体制演示图

和预算分配方案，同时开展监督管理工作。全国学生资助管理中心属于教育部直属单位，负责统筹国家奖学金政策的实施，高校国家奖学金评审工作的监督审查工作和协助开展政策宣传工作。

二　中央主管部门和省及省以下财政、教育部门

国家奖学金资金纳入各级政府预算管理后，各级财政部门会按照预算管理有关规定加强资金预算编制、执行、决算等管理；地方各级教育部门负责资金管理与发放、审核上报数据等工作，对高校学生资助工作进行监管。各级财政部、教育部接收上级部门的政策指示再将其传达至下一级部门。因此，中央主管部门和省及省以下的财政、教育部门能够起到中转作用，将全国学生资助管理中心与各个高校的学生资助管理中心或学生工作部联系起来。

三　高校学生资助管理机构

以往高校对于国家奖助学金的管理均由校内学生工作部完成。直到

2003年，教育部作出指示，要求“每所高等学校都必须建立资助经济困难学生工作责任制，落实专门机构，明确领导分工”。自此，各高校开始设置校级学生资助管理机构，国家奖学金政策管理逐渐走向专门化。各高校学生资助管理机构往往不尽相同，其成立时间、管理模式都存在一定差异。部分学校学生资助管理机构成立时间较长，管理、运行等各方面较为完善；也存在一些学校，该机构设立时间比较晚，独立性相对较差，各个方面仍需进一步改革。尽管如此，高校学生资助管理机构的工作内容是相同的，主要包括政策内容宣传、评审文本制定与执行、名单公示与上报、资金管理与发放、管理监督等。

第二节　高校国家奖学金政策的管理机制

本节从运行机制、动力机制及约束机制三个层面分析我国高校国家奖学金政策的管理机制。“运行机制指代一个机构或组织的运转原理和系统功能，动力机制是其管理动力产生和运转的机理，约束机制则是对管理系统行为进行限定与修正的功能与机理。”①

一　高校国家奖学金政策的运行机制

如图4-2所示，我国高校国家奖学金政策的运行机制通过其由上至下的执行过程体现出来。具体来看，高校国家奖学金政策的管理主要体现在三个层面：国家奖学金名额分配与预算下达、国家奖学金评审、国家奖学金的发放、管理与监督。这三个层面恰恰与国家奖学金的三级管理机构工作相对应。首先，财政部、教育部同全国学生资助管理机构进行商定，以往年国家奖学金执行情况为基础，结合各高

① 刘朝刚、罗丽萍、卢卫仪、李志：《广东省创新方法工作机制研究》，《科技管理研究》2011年第17期。

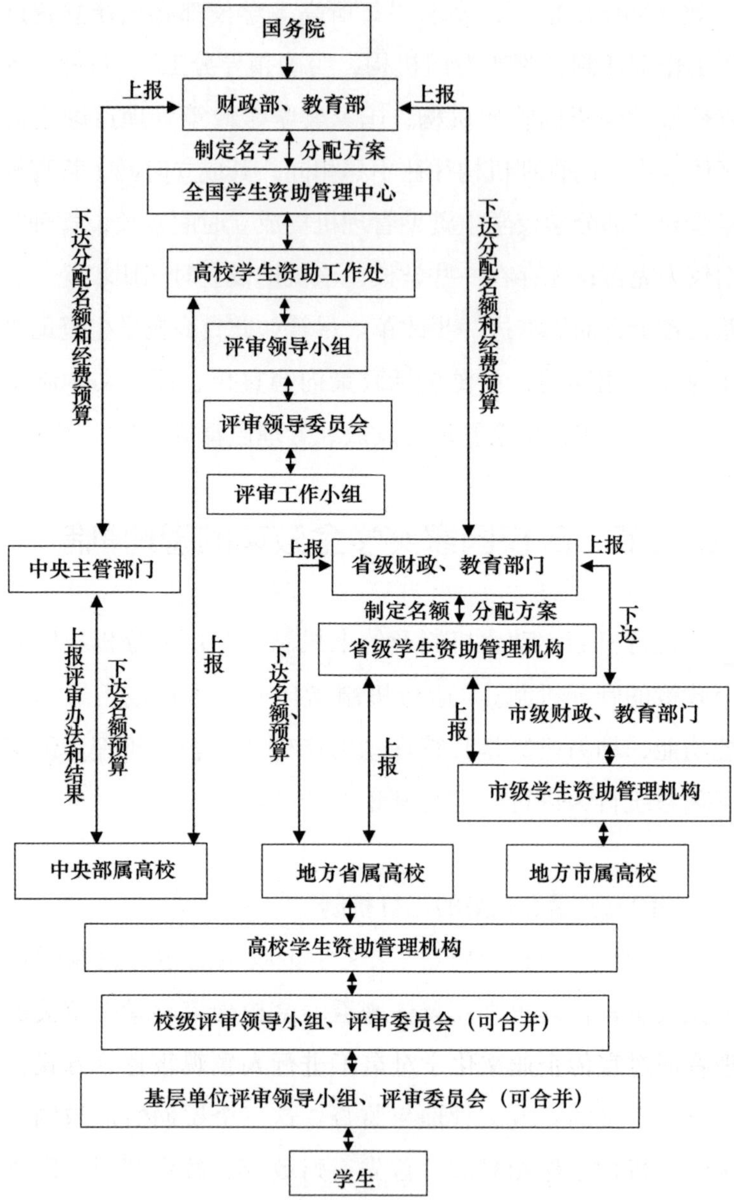

国务院

上报　财政部、教育部　上报

制定名字　分配方案

全国学生资助管理中心

高校学生资助工作处

评审领导小组

评审领导委员会

评审工作小组

下达分配名额和经费预算　下达分配名额和经费预算

中央主管部门

上报评审办法和结果　下达名额、预算　上报

中央部属高校

上报　省级财政、教育部门　上报

制定名额　分配方案　下达

省级学生资助管理机构

下达名额、预算　上报　上报

市级财政、教育部门

市级学生资助管理机构

地方省属高校　地方市属高校

高校学生资助管理机构

校级评审领导小组、评审委员会（可合并）

基层单位评审领导小组、评审委员会（可合并）

学生

图4－2　高校国家奖学金政策运行机制示意图

校当年培养学生的实际要求和国家奖学金财政预算，通过沟通审核，确定当年国家奖学金的名额分配。国家财政部、教育部将其下达至中央主管部门和省级财政、教育部门。中央部门所属高校和各省（自治区、直辖市）所属高校从中央主管部门和省级财政、教育部门处得到各个学校的具体名额及预算分配情况，各高校通过本校学生资助管理中心或学生工作处对国家奖学金展开具体的评审工作。其次，教育部、财政部成立评审领导小组和评审委员会，各省级主管部门和高校结合本部门、本校实际情况制定评审细则，成立评审领导小组和评审委员会，由校级资助管理机构组织评审工作，并将评审结果逐级上报。最后，各省（自治区、直辖市）、有关部门和高校依据规定，对国家奖学金实行分账核算，专款专用，各高校学生资助管理中心与校内财务处资产管理处等部门负责奖学金发放。

二　高校国家奖学金政策的动力机制

动力驱动是创新的动力来源和作用方式，是一种能够推动优质、高效的国家奖学金政策执行并为实现政策意义提供激励的机制，主要包括利益驱动、政令驱动、社会心理驱动。“其一，利益驱动是社会组织动力机制中最基本的力量，由经济规律决定，以多劳多得为例；其二，政令推动由社会规律决定，例如管理者采用下达命令等方式，要求员工完成工作；其三，社会心理推动由社会与心理规律决定，例如，管理者通过宣传企业文化、对员工进行人生观教育等方式，培养员工对企业的认同感，调动员工的积极性。”① 据此而言，政令驱动和社会心理驱动是国家奖学金政策的主要动力来源。首先，国家奖学金政策的执行主要依据中央财政部、教育部颁布的政策文件，要求省级

① 曲绍卫、范晓婷、刘晶：《中国高校大学生资助绩效评估研究》，中国社会科学出版社2016年版，第114页。

财政、教育部门及高校按照规定开展相应工作，因此政令驱动是国家奖学金政策的首要动力来源。其次，社会心理驱动是国家奖学金政策执行的第二大动力来源。近年来，国家奖学金政策的价值功能已得到社会各界的广泛认可，特别是学生、用人单位及家长等主体对于政策的熟知度及认可度逐渐得到提高，这种社会心理驱动力量能够有效增强各级机构人员的工作责任感、使命感，有效推动国家奖学金政策的持续、良性运行。

三　高校国家奖学金政策的约束机制

高校国家奖学金政策的约束机制由权力约束、利益约束、责任约束及社会心理约束四种约束机制组成。首先，高校国家奖学金政策的管理体制是一种自上而下的行政管理体制，必然存在权力的运用与约束，从而有效保障政策的贯彻执行以及育人成效的提升。其次，高校国家奖学金政策作为学生资助政策体系的组成部分，是学生资助管理绩效评估的重要组成部分，政策执行成效关涉到下一年奖学金名额的数量与分配，关涉到省级主管部门及高校学生资助管理的工作绩效，因而具有利益约束作用，能够有效督促国家奖学金政策的规范落实。再次，国家奖学金政策的管理体制决定着不同层级的管理主体均具有相应的工作责任，顶层设计文件中也明确了各级教育部门和高校的责任，从而构成了国家奖学金政策执行的责任约束机制。最后，国家奖学金政策的约束机制还来自社会各界，随着国家奖学金政策宣传力度的持续加大，社会熟知度不断提升，来自社会各界的关注与监督对国家奖学金政策执行的管理者与工作人员形成了社会心理约束机制。通过社会心理约束，强化社会舆论监督、道德监督，进一步明晰国家奖学金政策意义与现实意义，以增加工作人员社会责任感，有助于提高国家奖学金评审过程中的效率与公平。

第五章

高校国家奖学金政策执行的委托代理关系剖析

委托代理理论作为现代契约理论的一个重要组成部分，逐渐被应用到公共政策执行问题分析领域。该理论关于委托人与代理人存在利益冲突与信息不对称的前提假设及其由此产生的代理人问题作出了系统的理论分析，成为分析既定条件下代理人激励问题的经典理论，对于国家奖学金政策执行分析具有重要启示。本章通过阐述委托代理理论的基本内容，结合理论分析国家奖学金政策执行中的委托代理关系，为后文开展政策执行研究奠定基础。

第一节　委托代理理论的基本内容

一　委托代理理论的基本观点与前提假设

委托代理理论认为，委托人和代理人所形成的契约关系分为对称信息和不对称信息两种类型。在信息对称的契约关系中，契约双方的信息互相对称，委托人能够获得代理人在契约关系中的所有行为，并可根据其行动的实际情况进行奖惩，因而比较容易实现帕累托最优，达到资源配置效率的最优化。但通常而言，委托人和代理人的契约关系往往是信息不对称的，且与此同时存在利益冲突。

因此，该理论以两个基本假设为前提条件：“一是委托人与代理人之间利益相互冲突；二是委托人和代理人之间信息不对称。”[①] 一方面，假设委托人和代理人之间具有利益冲突。委托代理理论认为，委托人和代理人作为“经济人”，其行为目标均在于获得自身效用最大化。在此前提之下，契约关系往往无法实现帕累托最优，导致资源配置效率下降。另一方面，假设委托人和代理人存在信息不对称。从类型上来看，非对称信息主要分为外生性非对称信息和内生性非对称信息。[②] 所谓外生性非对称信息是指在契约关系产生前，交易对象本身的特征、性质等信息不对称；而内生性非对称信息是指在契约行为发生后，委托人不能正确获知代理人行为而产生的信息不对称。因为代理人的工作努力程度具有不可观察性或不可证实性，委托人往往不能确切知晓其工作努力程度，而代理人便可能利用自己拥有的信息优势，谋取自身效用最大化，从而可能产生代理问题。总之，当双方存在利益冲突但信息对称时，能够找到最优策略以解决代理问题；当双方不存在利益冲突，即使信息不对称，代理问题也不会产生；当双方存在利益冲突且信息不对称时，便会产生代理问题。

二　代理人问题的表现形式与解决方式

代理问题主要具有两种表现形式：一是逆向选择，二是道德风险。其中，前者发生在双方签订合同之前，而后者则在签订合同之后产生。所谓逆向选择是指代理人采用隐瞒或者谎报真实情况的方法，谋取不该占有的职位和不该得到的利益[③]，导致素质和能力相对低劣的代理人占据岗位，形成劣质者驱逐优秀者的逆向选择局面。所谓道德风险是指代理人利用自己的信息优势，采取减少要素投入或其他影

① 刘有贵、蒋年云：《委托代理理论述评》，《学术界》2006 年第 1 期。

② 何自力：《比较制度经济学》，高等教育出版社 2007 年版，第 69 页。

③ 刘以安、陈海明：《委托代理理论与我国国有企业代理机制述评》，《江海学刊》2003 年第 3 期。

响组织效率的机会主义方法，以委托人效用的损失为代价，追求自身效用最大化。①

解决上述代理问题的方法有三种：“其一，通过一定的激励方式，代理人出于团结考虑而与委托人的目标保持一致；其二，通过直接监管和强制命令的方式来控制代理人的行为；其三，通过一般规则产生激励，促使代理人基于自身利益考虑而追求委托人的利益。”② 因此，为解决委托代理关系中的代理人问题，提升资源配置效率和代理人的工作努力程度，委托代理理论认为，委托人可以通过契约的形式对代理人进行监督、激励，从而保障自身利益的最大化。为此，可以通过建立高效的激励与约束机制，抑制代理人的不良动机和行为，减少其道德风险，激励代理人采取适当的行动，最大限度地增进委托人的利益，实现委托人与代理人的“帕累托最优”。一方面，激励机制是指委托人用来调动代理人积极性的各种方法和手段，是设法把代理人追求个人效用最大化转变为追求企业利润最大化的一种制度安排。激励的方式可以分为实物激励和非实物激励。实物激励也可以称作物质激励或外在激励，分为即期激励和预期激励，即期激励包括工资收入、奖金、福利、在职消费等形式；预期激励包括员工持股、认股权证、退休计划等。非实物激励也可以称作精神激励或内在激励，例如晋升机会等。另一方面，约束机制则包括内外双重约束：内部约束机制指形成一种内部治理结构以协调内部成员利益关系的制度安排；外部约束机制是指依靠充分竞争的代理人（主要是经理人员）市场、资本市场、产品市场等实施对代理人的约束，迫使其努力工作，提高代理

① 张淑敏、刘军：《委托代理理论与中国国有企业改革模式构建》，《财经问题研究》2006 年第 7 期。

② ［德］柯武刚、史漫飞：《制度经济学：社会秩序与公共政策》，韩朝华译，商务印书馆 2000 年版，第 79 页。

绩效。[①]

三　委托代理理论的内容拓展

随着委托代理理论在社会各个领域中的应用越来越广泛，为更好地解释复杂的经济社会现象，其理论内容逐渐得到丰富和扩展。学者们的研究成果逐渐由最初的双边委托代理理论拓展为多代理理论、共同代理理论、多任务代理理论。第一，双边委托代理理论。双边委托代理理论的构建是以单一委托人、单一代理人、单一事务为假设前提的，是委托代理关系的理想形式，是其他拓展理论的基础，对于现实问题的解释力实则有限。第二，多代理理论。多代理理论的前提为存在多个代理人且代理人之间存在相互影响，产出可以比较；某一代理人的行为可以提供其他代理人行为或特征的信息。因此，当一个代理人的产出与其他代理人的行动相关时，最优激励契约设计一般可根据其他代理人的产出确定对该代理人的支付。[②] 第三，共同代理理论。共同代理理论主要针对多个委托人将单一事务委托给同一代理人的问题，这种委托代理关系中涉及多个委托人，理论研究的核心问题在于多个委托人与单一代理人如何有效产出以及生产剩余的分配问题。第四，多任务代理理论。该理论假定代理人需要同时完成委托人委托的多项任务，委托人和代理人均需要依据任务性质来做出决策。

第二节　国家奖学金政策执行的委托代理关系

一　委托代理理论对国家奖学金政策执行的适用性

现如今，许多学者纷纷认识到，委托代理理论的内容与方法除适

---

① 刘以安、陈海明：《委托代理理论与我国国有企业代理机制述评》，《江海学刊》2003年第3期。

② 刘有贵、蒋年云：《委托代理理论述评》，《学术界》2006年第1期。

用于企业管理领域外，还可用于行政管理和教育管理等领域的政策执行问题分析。现已有诸多研究基于委托代理理论对政府资源配置、地方政府机会主义行为、社会养老服务供给主体关系、食品安全激励机制、教师激励机制、“双一流”政策执行、民族招生政策、大学治理等问题进行了专门的系统分析，取得了众多有益成果。

委托代理理论同样适用于教育政策分析范畴的国家奖学金政策执行问题分析。依据委托代理理论的基本观点，我国国家奖学金政策的实施主要以政策协议为纽带，协议中相关主体共同贯彻国家的政策原则以保障政策目标的顺利达成。① 因此，基于契约形式得以实施的高校国家奖学金政策便在实践过程中以委托代理的方式贯彻执行。为了激励我国本专科生勤奋学习、努力进取、全面发展，推动我国研究生培养机制改革与培养质量提升，财政部、教育部设立国家奖学金政策，并将政策执行事宜委托给全国学生资助管理中心、中央主管部门及省级财政、教育部门及其各高校，并且赋予地方政府及高校较大的决策权力。地方政府（各省、自治区、直辖市、计划单列市）要根据中央下发的文件制定具体管理办法，各高校制定具体评审实施方案。

除此之外，国家奖学金政策执行活动满足委托代理理论的两个前提假设，因而表明该理论适用于本研究。一方面，国家奖学金政策执行活动中的委托人与代理人的目标函数不一致，即存在利益相互冲突。从理性人假设出发，中央政府与地方政府、地方政府与高校之间的利益诉求并不完全一致。各级政府官员和政策执行代理都是利益最大化追求者，其目标与上级或初始委托人不同。② 比如，各级政府官员可能将追求政绩与升迁作为自己的目标，而非考虑政策指定初衷。另一方面，国家奖学金政策执行活动中的委托人与代理人之间存在信

① 杨玉兰：《我国研究生教育民族招生政策的执行困境及其破解——基于委托代理理论视角》，《中南民族大学学报》（人文社会科学版）2018 年第 3 期。

② 包海芹：《教育政策执行中的委托代理问题》，《江苏高教》2004 年第 3 期。

息不对称。由于委托人很难断定代理人的政策执行努力程度与效果，因而无法有效监督代理人行为。利益冲突与信息不对称的存在致使国家奖学金政策执行过程中存在产生委托代理类问题的可能性。因此，利用委托代理理论的分析框架围绕国家奖学金政策执行过程中的委托代理关系、委托代理问题及其矫正路径进行分析具有重要的研究意义。

二　国家奖学金政策执行中的委托代理关系分析

在明确理论分析工具及其适用性的基础上，在此对国家奖学金政策执行过程中的委托代理关系进行剖析。有学者曾于 2004 年基于委托代理理论，对教育政策执行过程中的委托代理关系与问题进行了系统分析，为本书分析国家奖学金政策执行中的委托代理关系提供了良好的借鉴与参考。该学者指出，“从委托代理的角度来看教育政策，可以将教育政策的制订机构与人员看作政策执行委托人，而将政策的各级执行机构和人员看作是政策执行代理人，教育政策执行就是政策执行代理人为实现委托人所设定的政策目标，取得预期效果，而采取的各项措施或做出的执行行为”①。

依据前文中有关国家奖学金政策基本程序与管理体制机制的分析，国家奖学金政策是由国务院设立，财政部、教育部、全国学生资助管理中心、中央主管部门、省级财政部门、省级教育部门、高校、高校资助部门及其工作人员负责执行，中央财政资金支持的一项教育政策。结合前文对国家奖学金政策的基本内容、执行程序及管理体制机制的分析，该项政策的初始委托人为国务院，提取中央财政资金设置覆盖专科、本科及研究生的国家级奖学金政策，委托全国和地方学生资助管理中心与高等教育培养单位，在制定本单位国家奖学金管理

① 包海芹：《教育政策执行中的委托代理问题》，《江苏高教》2004 年第 3 期。

办法与评审细则的基础上将国家奖学金政策落实到位。高校内部设立的学生资助机构及其基层单位评审工作人员可以视作最终代理人。在初始委托人和最终代理人之间，存在层层衔接的委托代理关系，从国务院、两部委、全国学生资助管理中心到中央主管部门、省级财政与教育部门、高校以及校内学生资助管理机构，从而形成了一个行政委托代理链条。其中，每一层级的执行机构和人员既是上级委托人的代理人，同时也是下级代理人的委托人，从而具有双重身份。如图 5－1 所示，我国高校国家奖学金政策执行的委托代理关系呈现出层层嵌套的特点。

在此过程中，全国学生资助管理中心作为委托人分别委托中央高校和地方学生资助管理中心负责中央高校和地方高校的国家奖学金政策执行；地方学生资助管理中心作为委托人委托地方高校负责国家奖学金政策的贯彻执行；高校委托校级学生资助部门或学生工作处等负责具体工作的开展。因此，在该项政策的执行过程中，同时存在显性和隐性的委托代理关系。因此，本节关于委托代理理论的解读为本书的政策执行理论分析提供了重要的分析思路，对分析国家奖学金政策执行问题、推进政策执行力度具有重要的理论指导意义。

（一）首层委托代理关系：国务院、财政部、教育部与中央主管部门和地方政府部门

第一层委托代理关系存在于国务院、财政部、教育部与负责中央部属高校政策实施的中央主管部门和负责地方高校政策实施的地方政府（省级教育行政部门、财政部门）之间。财政部、教育部是国务院的组成部门，按照国务院的要求制定高校国家奖学金政策的管理办法与评审办法，委托教育部下设的全国学生资助管理中心制定名额分配建议方案与日常管理工作，报财政部、教育部审批通过后，由财政部、教育部将分配名额和预算下达至中央主管部门和省级财政、教育部门。其中，存在层层嵌套的委托代理子链条，具体关系如下。

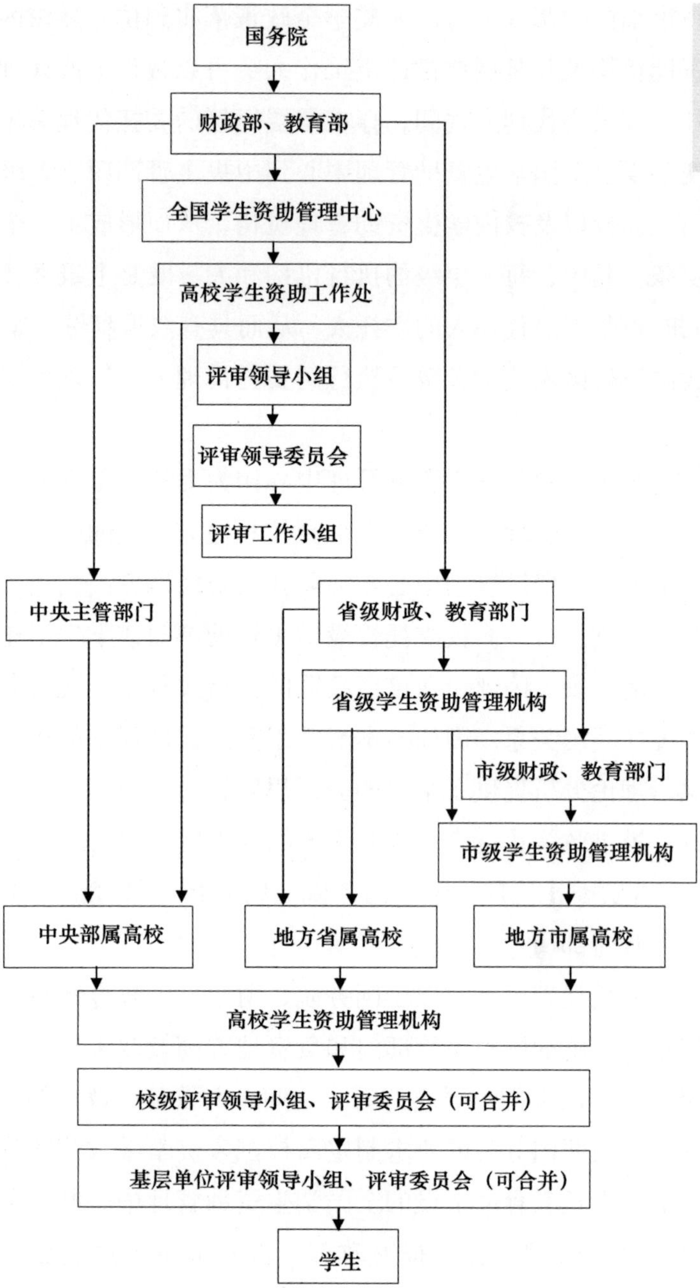

国务院

财政部、教育部

全国学生资助管理中心

高校学生资助工作处

评审领导小组

评审领导委员会

评审工作小组

中央主管部门

省级财政、教育部门

省级学生资助管理机构

市级财政、教育部门

市级学生资助管理机构

中央部属高校

地方省属高校

地方市属高校

高校学生资助管理机构

校级评审领导小组、评审委员会（可合并）

基层单位评审领导小组、评审委员会（可合并）

学生

图 5－1　国家奖学金政策执行的委托代理模型

1. 国务院—财政部、教育部。子链条一体现为国务院将国家奖学金政策的制定与管理权委托给财政部与教育部。《国家中长期教育改革和发展规划纲要（2010—2020 年）》提出设立研究生国家奖学金作为建立健全研究生教育收费制度的配套举措。财政部、教育部据此制定《研究生国家奖学金管理暂行办法》（财教〔2012〕342 号），规定了研究生国家奖学金政策的主要内容。

2. 财政部、教育部—全国学生资助管理中心—高校学生资助工作处。子链条二体现为财政部、教育部将国家奖学金政策实施的日常管理工作委托给全国学生资助管理中心。该中心工作职责为制定各个教育阶段学生资助政策并负责推动落实、监督管理，同时协助教育部、财政部开展相关工作。在此层级关系中，财政部、教育部委托全国学生资助管理中心开展工作，要求根据当年国家奖学金总人数、高校数量、类别、办学层析、学生规模、办学质量及上一年度国家奖学金执行情况等因素，制定当年各省（自治区、直辖市、计划单列市）和中央部属高校的国家奖学金名额分配建议方案，报财政部、教育部审批；负责国家奖学金政策实施的日常管理工作，指导、监督、检查地方和高校国家奖学金政策的落实情况。除此之外，全国学生资助管理中心将国家奖学金政策的推动落实与监督指导工作委托给高校学生资助工作处。全国学生资助管理中心下设高校学生资助工作处，负责推动落实国家设立的高校学生资助政策，开展资助政策宣传与大学生诚信教育，通过调查研究推动政策建立健全，督促各地落实资助政策。其中包括推动落实国家奖学金政策，指导、监督、检查地方和高校国家奖学金政策的落实情况。

3. 财政部、教育部—本专科生国家奖学金评审领导小组—本专科生国家奖学金评审委员会—若干评审工作小组。子链条三体现为政策执行过程中财政部、教育部作为委托人，将本专科生国家奖学金评审工作委托给由教育部、财政部有关负责人组成的评审领导小组；评审领导小组聘请具有代表性的管理人员、专家学者和学生代表组成评审委员会，将评审组织工作委托给评审委员会；评审委员会可将具体评审工作进一步委托给下设的若干评审工作小组，由此组成全国层面的本专科生国家奖学金评审组织委托代理链条。需要指出的是，《普通高等学校研究生国家奖学金评审办法》（教财〔2014〕1号）并未要求财政部、教育部成立研究生国家奖学金评审领导小组、评审委员会及评审工作小组，因此，此链条专门针对本专科生国家奖学金评审工作而形成。

4. 财政部、教育部—中央主管部门和地方教育、财政部门。子链条四体现为财政部、教育部将国家奖学金政策执行的管理权力下放至中央主管部门和地方教育、财政部门，其中包括下达国家奖学金分配名额和经费预算；要求各省（自治区、直辖市、计划单列市）根据财政部、教育部出台的管理办法制定具体管理办法，报财政部、教育部备案；下放高校国家奖学金政策执行的具体事务管理权。

（二）第二层委托代理关系：中央主管部门、地方政府部门与中央高校、地方高校

第二层委托代理关系存在于中央主管部门和地方政府（省级教育行政部门、财政部门）与中央高校和地方高校之间。中央主管部门负责将国家奖学金名额和预算下达至中央部属高校，省级教育行政部门和财政部门委托省级学生资助管理中心制定名额分配建议方案，由省级财政部门负责将省属高校名额和预算下达至省级教育部门，将市属高校名额和预算下达至市级财政部门。省级教育部门负责下达至省属高校，市级财政、教育部门负责下达至市属高校。第二层委托代理关系内部因高校类型不同而体现为三种不同的委托代理子链条。

1. 中央主管部门—中央高校。子链条一体现为中央主管部门作为委托人，中央高校作为代理人，中央主管部门把中央高校国家奖学金政策实施权委托给各中央高校。

2. 省级教育、财政部门—省级学生资助管理机构—地方省属高校。子链条二体现为省级教育、财政部门作为委托人，负责依据国家政策文件制定省级管理文件，通过省级学生资助管理机构，将省属高校国家奖学金的政策实施权委托给地方省属高校。省级学生资助管理机构负责制定省属高校国家奖学金名额分配建议方案，上报省级财政部门、教育厅审批，由省级财政部门将省属高校国家奖学金分配名额和经费预算下达至省级教育部门，省级教育部门负责下达至省属高校，同时负责省属高校与市属高校国家奖学金的日常管理工作。

3. 省级教育、财政部门—省级学生资助管理机构—市教育局、财政局—市级学生资助管理机构—地方市属高校。子链条三体现为省级教育、财政部门作为委托人，依据国家政策文件制定省级管理文件，通过省级学生资助管理机构，将市属高校国家奖学金的政策实施权委托给市教育局、财政局，继而通过市级学生资助管理机构委托给市属高校。

（三）第三层委托代理关系：中央高校、地方高校与校内学生资助管理机构

第三层委托代理关系不因中央高校、省属高校及市属高校而存在差异，高校将国家奖学金政策的具体执行工作委托给校级学生资助管理机构及人员，依据本校制定的具体管理办法将国家奖学金政策落到实处，在组建工作小组及委员会的基础上开展本校国家奖学金政策的宣传、管理制度的制定、评审工作的开展及资金发放与管理等系列工作。第三层委托代理关系具体包含下列两个子链条。

1. 高校—校级学生资助管理中心。子链条一体现为高校作为委托人，将国家奖学金政策的具体落实工作委托给校级学生资助管理中心。绝大部分高校会在校内成立学生资助管理中心，中心往往挂靠在校学生工作部或学生处，负责国家奖学金的校内日常管理工作。

2. 高校—校级国家奖学金评审领导小组、评审委员会—基层单位

（院、系、所）国家奖学金评审小组。子链条二体现为高校作为委托人，将国家奖学金评审工作委托给由各单位分管领导和相关部门负责人组成的评审领导小组，以及由具有代表性的管理人员、专家学者和学生代表组成的评审委员会，校内基层单位成立国家奖学金评审领导小组，负责各基层单位（院、系、所）具体评审工作的开展。其中，《本专科生国家奖学金评审办法》（教财〔2019〕105 号）并未对本专科生的基层单位国家奖学金评审小组成立做出明确规定，但《普通高等学校研究生国家奖学金评审办法》（教财〔2014〕1 号）则明确要求各基层单位组建评审小组。

综上所述，我国高校国家奖学金政策的执行有赖于政府和高校自身的行政体系，依据上下级委托代理关系构成了自上而下的政策执行委托代理链。其基本特点体现为：一是政策执行的委托代理中间环节较多，每一级政策执行机构及人员既是上一级政策执行委托人的代理人，同时也是下一级政策执行机关的委托人；二是各级委托代理关系遵循行政监督原则，委托人主要通过上级检查、下级汇报及接受同级部门监督等方式对代理人进行监督约束。

第三节　国家奖学金政策执行中的潜在委托代理问题

依据委托代理理论的基本观点，国家奖学金政策执行也会产生委托代理问题，主要原因在于国家奖学金政策执行的委托代理关系中存在着信息不对称和效用目标不一致的问题，致使国家奖学金政策执行存在一定委托代理问题隐患。通过上述委托代理关系的分析可知，较长的委托代理链条容易致使政策执行过程中各层委托人与代理人掌握的信息往往会存在较大差异，加之委托方与代理方的利益目标不完全一致，以及政策执行过程中配套机制的不完善，都有可能导致国家奖学金政策在执行过程中出现委托代理问题。

一 委托人与代理人执行目标不一致影响政策育人成效

遵循着以“经济人”假设为核心的新古典经济学研究范式，委托代理理论认为，委托方和代理方作为经济人，在政策执行过程中的行为目标在于实现自身效用的最大化。国家奖学金政策执行活动中的委托人与代理人的目标函数也不一致，存在利益的相互冲突。国务院、财政部、教育部作为政策策划者与制定者是政策执行过程中的最初委托人，其政策制定的初衷在于通过奖励特别优秀的学生以达到激励在校生勤奋学习、努力进取，提高高等教育质量的目的，即其政策执行目标落脚于育人。地方财政部门、教育部门及高校为此制定了相应的政策管理办法与评审办法，以确保政策有效贯彻落实。因此，从理性人的假设出发，各级委托人与代理人可能会将政策执行作为追求政绩或个人利益的手段，因而其政策执行目的往往不在于育人，而在于通过政策借机达成个人利益诉求。例如，工作人员可能会追求以较低成本或较高收益完成本省或本校国家奖学金政策执行活动，忽视政策宣传工作和资金管理工作的开展，造成政策内容或评审标准未能有效传递给所有学生，或者不按期发放资金或资金使用有失规范，从而影响政策育人初衷的有效达成。为解决这种代理问题，委托人与代理人之间可以建立某种约束与激励机制以协调双方利益冲突。

二 委托人与代理人信息不对称致使代理人出现机会主义倾向

在国家奖学金政策执行过程中，由于委托人很难对代理人的政策执行努力程度与执行效果进行准确判断，因此，契约关系双方往往会存在信息不对称。在政策执行的具体过程中，相较于委托人而言，代理人一方往往掌握着更详细的政策执行信息，从而容易出现机会主义倾向。委托人难以对代理人的政策执行过程进行监督，代理人便可利用信息优势谋取自身效用最大化，从而增加了政策执行信息的不透明性，由此产生代理问题。例如，高校或地方教育部门往往以“报喜不报忧”“多一事不如少一事”为原则，采取选择性执行的方式上报政策执行信息，向中央传达政策执行佳绩而避开执行过程中出现的种种问题，从而进一步加剧了双方之间的信息不对称问题。

三　资源供给主体与客体既非委托人也非代理人致使效果打折

通常情况下，由于政策执行代理人的兴趣和目标不仅与政策委托人不同，而且与政策受益者的目标也不一致，致使政府（或其他机构）投放的大量政策资源不是导致任何有价值结果的产生，而是被无效的代理活动所吞蚀。① 我国财政收入来源于税收、利润上缴、财政性收费、罚没收入、租金收入和债务收入②，国家奖学金政策的资金来源于中央财政。因此，政策资源的供给主体在国家要求下通过依法缴纳税收等方式履行公民义务，国务院、财政部、教育部作为政策策划者与制定者构建并完善国家奖学金政策，由财政部负责政策财政资源的划拨与下放，教育部负责政策执行管理，最终将政策经费提供给在校期间表现优异的本专科生及研究生，以物质奖励的方式实现政策育人的初衷。委托人期望政策的制定能够规范有效落实，代理人期望在保证自身绩效的前提下按照上级要求完成任务，而政策资源的供给主体为全体人民，政策资源的需求主体为本专科生及研究生。基于此，国家奖学金政策执行过程中的委托人与代理人实际上与政策经费的提供者和受益者并不一致，其间多方利益相关者产生效用目标差异，从而导致委托代理问题的产生。这种主体与客体、委托人与代理人互不一致的特点容易致使国家奖学金政策的执行呈现象征式执行的特点。例如，在个别学校宣传国家奖学金政策时，仅将其印刷在入学

---

① 包海芹：《教育政策执行中的委托代理问题》，《江苏高教》2004 年第 3 期。
② 武彦民：《财政学》，中国财政经济出版社 2004 年版，第 187—196 页。

手册上或宣传栏上，并未将其切实宣传到位；具体到评审工作中，据研究访谈了解到，某校一名文学院大三本科生表示，“我们都不知道学院什么时候评选的国家奖学金，直到最后公布评审结果，因为我们的辅导员并没有在公开场合跟我们讲过国家奖学金评选的事情，最后听说辅导员只是私下联系了符合评审条件的学生，我们因为不符合资格所以也没有告诉我们，我们也根本不了解学院国家奖学金的评审标准和办法”。据此我们了解到，部分高校基层单位的国家奖学金政策的确在执行，但却以半公开的状态执行，以最节约成本、最简化流程的方式开展国家奖学金的评审工作，虽将政策予以落实但激励育人的效果却大打折扣。

四　行政体系特点致使委托人政策执行监督乏力

国家奖学金政策执行依附于行政体系，形成了自上而下的政策执行委托代理链条。中央政府要想了解地方政府与高校的政策执行实况，则需要通过信息搜集、实地调查、监督访谈、绩效评估等活动，从而产生了昂贵的信息搜寻成本，且调查访谈等监督活动往往采取上级检查、下级汇报等形式，缺乏多元化利益相关者的声音，容易导致监督流于形式而失去实质价值。例如，教育部每年定期开展的全国学生资助绩效评价活动要求地方学生资助管理中心和高校学生资助管理机构填写相应表格并附照片、截图等证明材料，在信息材料搜集、上报及审核工作方面，不仅耗费上下级大量的人力、物力及时间，而且往往会出现评估对象为获得评估分数而仿造证明材料的现象，从而产生了大量的监督成本，加剧了双方信息对称障碍，失去了绩效评估的真正价值。为此，委托人需要设计相应的约束机制与激励机制，督促代理人以最优努力水平依据委托人利益目标进行工作。

五　政策执行过程中委托代理风险缺失

在国家奖学金政策执行过程中，国务院、财政部、教育部作为委托人，将政策执行权力委托给中央主管部门和地方政府。受到国家行政体制特点制约，国家奖学金政策执行的委托代理关系实际上不同于企业管理，其委托代理关系不存在风险问题，中央主管部门、地方政府及高校实际上并未承担相应的风险责任，政策执行的好坏并不影响执行机构的政治权利、经济收入和社会地位等，单纯依靠行政监督的方式不利于政策执行目标的有效达成。

第六章

高校国家奖学金政策的宣传实践分析

在国家奖学金政策推进落实过程中，政策宣传工作发挥着越来越重要的作用，良好的政策宣传可以增强国家奖学金政策的知晓度，扩大国家奖学金政策的育人影响力，因而成为高校国家奖学金政策实施过程中必不可少的一环。本章主要从国家奖学金政策宣传的内涵与必要性出发，梳理各高校宣传方式与案例，总结政策宣传过程中存在的不足之处，进而寻求更为完善的优化路径。

第一节　高校国家奖学金政策宣传的必要性

一　高校国家奖学金政策宣传的内涵

（一）高校国家奖学金政策宣传的概念

高校国家奖学金政策宣传是指，国家及地方教育部、学生资助管理中心、高等院校通过报纸、网站等新闻媒体或其他媒介面向社会各界，对国家奖学金政策内容、国家奖学金评审工作、获奖优秀学生的先进事迹等进行报道宣传，使大家熟知国家奖学金政策的相关内容，提高评审过程的透明度，促进社会公平，同时也推动获奖学生榜样示范作用的充分发挥，鼓励广大青年学子积极进取、全面发展。

具体来看，高校国家奖学金政策是由中央政府出资设立，用来奖励品学兼优的学子，从而激励广大普通本科高校、高等职业院校和高等专科学校学生勤奋学习、努力进取，在德、智、体、美等方面全面发展。因而，面向本专科学生的国家奖学金政策宣传可以理解为，中央及地方教育部、学生资助管理中心以及高等院校通过官方网站发布国家奖学金政策内容及解读，之后由高等院校全面负责评审阶段，并采用多种方式对国家奖学金评定过程中的各阶段进行公示，最后高等院校和有关新闻媒体通过新闻报道、新媒体宣传、宣讲报告等形式等对该年度国家奖学金获得者的学习成绩、所获荣誉、先进事迹等进行宣传展示。相较于本专科国家奖学金政策宣传，研究生国家奖学金政策宣传有所不同，除上述宣传内容外，研究生国家奖学金政策宣传还注重展示学子所具备的较强科研能力与较高学术水平。另外，社会各界对该政策的评议以及学生之间的沟通也形成了一种有效的国家奖学金政策宣传方式。

总而言之，随着宣传内容丰富化程度与宣传方式多样化程度的提高，国家奖学金政策正慢慢被更多学生所熟知，也逐渐走入社会各界的视野，国家奖学金政策宣传带来的积极效应得以逐步体现。

（二）高校国家奖学金政策宣传的内容

1. 政策内容宣传

高校国家奖学金的政策内容宣传主要包括以下几个方面：第一，国家奖学金的奖励金额。奖励额度的宣传对于学生而言可以形成一种直观的物质激励，且不同教育阶段对应的国家奖学金政策的奖励金额也是不同的。具体来看，高等职业学校专科生，每生每年奖励 8000 元，奖励名额为 1.5 万人；普通高校本科生，每生每年奖励 8000 元，奖励名额为 4.5 万人；高校硕士研究生，每生每年奖励 2 万元，奖励名额为 3.5 万人；博士研究生，每生每年奖励 3 万元，奖励名额为 1 万人。第二，参与评审条件。参与评审首先需满足申请条件，包括热爱中华人民共和国，拥护中国共产党的领导；遵守宪法和法律，遵守学校规章制度；诚实守信，道德品质优良；等等。除满足申请的基本条件外，对于普通本专科学生，需要具备在社会实践、创新能力、综

合素质等方面特别突出的条件；对于研究生同学，除上述条件外，还必须具备良好的科研能力和学术水平。第三，政策执行的各个时间节点。政策中需明确申请者材料提交以及各级部门评定、审核的时间，以便国家奖学金申请者及各相关部门合理安排时间准备和收集材料，进而开展工作。例如，根据国家政策文件规定，每年 7 月 31 日前，财政部、教育部将本专科生国家奖学金分配名额和预算下达至中央主管部门和省级财政、教育部门。每年 9 月 1 日前，中央主管部门和省及省以下财政、教育部门负责将国家奖学金名额和预算下达至各高校。高校学生资助管理机构具体负责组织评审工作，在校内进行不少于 5 个工作日的公示。公示无异议后，每年 10 月 31 日前，中央高校将评审结果报至中央主管部门，地方高校将评审结果逐级报至省级教育部门。中央主管部门和省级教育部门审核、汇总后，统一报教育部审批。教育部于每年 11 月 15 日前批复并公告。高校于每年 11 月 30 日前将国家奖学金一次性发放给获奖学生，颁发国家统一印制的奖励证书，并记入学生学籍档案。

2. 评审工作宣传

以国家政策文件为依托，各高校根据自身发展的具体情况安排各学院自行制定评审细则，后据此开展评审工作。国家奖学金评审工作关系到国家奖学金政策实施的公平与否，应提升评审工作宣传的公开化、透明化。评审工作宣传应至少包含以下几个方面：第一，评审工作安排。高校应发布开展国家奖学金评审工作的通知，对评选办法、评选标准、评选程序等内容予以说明，随后各学院以此为据制定细则，对评审工作进行安排、公示，其中包括对学校进行材料审核时间和内容的要求、评审过程中开展工作的内容等。第二，评审小组成员及部门。所有参加评审的人员及部门构成国家奖学金评审小组，高校或学院将参与评审的人员以及部门提前公示，告知其做好评审工作准备。除此之外，全校师生对评审小组进行监督，以保证评审工作的公平性，确保评审工作顺利进行。第三，答辩程序。学院组织国家奖学金初选活动，一般会采用公开答辩的形式，候选人借助 PPT 或直接进行主题演讲以展示自身思想道德修养、学习综合情况、科研学术成果以及社会志愿服务等各方面的成绩。评委们对每位候选人进行现场提问并打分，评选出国家奖学金获得者，最后对答辩结果进行公示。

3. 获奖者事迹宣传

关于国家奖学金获得者的事迹宣传主要包括以下两个方面：第一，获奖者在校学习成绩及获奖情况。优异的成绩是参与评选的重要条件，扎实而牢固的专业课功底是国家奖学金评选的首要侧重点，这也说明学习是学生的第一要务。此外，除了优异的学习成绩，获奖者在其他方面的突出表现也是宣传的重要内容，如大学期间获得的重要奖项、荣誉、学术成果、参与的重大活动、竞赛等。对于研究生阶段的获奖者，在宣传过程中还应注重对其学术水平和科研能力的宣传，激励硕、博士研究生端正学术态度，严谨认真投身学术科研。第二，获奖者学习经验与成长历程。这也是国家奖学金获得者宣传过程中十分重要的一部分，获奖者通过多种形式讲述自己学习、科研过程中有效的技巧与方法以及在发展成长过程中的心得体会，以期帮助聆听者取长补短、树立目标与方向。宣讲一般围绕获奖者的学习和参与的活动展开，在学习、科研方面，主要讲解专业课程相关内容、竞赛经历、考取证书经历以及文献查找与论文写作的高效学习方法；在校园活动方面，主要介绍其在社会实践活动、创新创业大赛、学术科研竞赛、对外交流合作等方面的经验。通过分享学习、成长的心态与历程，以及进行自我规划、树立正确的人生观和价值观的方法经验，促使广大学子思考他们成长与奋斗的经历，以激励自己成长成才。

二　高校国家奖学金政策宣传的必要性

随着资助育人政策的持续推进，国家奖学金政策不再单独面向家

庭经济困难的优秀学生，而是面向全日制优秀的本专科生及研究生，政策覆盖范围越来越广，社会公平化程度不断加深，高校国家奖学金政策的宣传意义变得尤为重要。在此从政策内容宣传、评审工作宣传以及获奖者事迹宣传等几个方面理解国家奖学金政策宣传的必要性。

（一）政策内容宣传的必要性

首先，提升国家奖学金政策的社会知晓度，分担教育成本压力，尽力避免民众对高等教育收费制度产生负面理解。1990 年，我国开始正式实施《普通高等学校招收自费生暂行规定》，这既标志着高等教育成本分担原则正式确立，也实现了由国家负担全部高等教育成本向国家与个人共同分担高等教育成本的转变。① 与此同时，学生及其家庭面临教育成本上升的问题，由此产生了对制度的一些质疑。高校国家奖学金政策是继高等教育收费制度实施后出现的一项奖励政策，它由国家出资设立，是对品学兼优学生的一种肯定，同时高额的奖金也在一定程度上成为对高等教育成本变化的补偿。但当前高校国家奖学金政策的社会知晓度仍比较低，公众对奖助学金的认识也相对较少。一方面，政策内容宣传可以使更多民众了解国家奖学金政策，即在高等教育阶段品学兼优的学生可通过自身努力争取这份国家级荣誉以及一笔奖金，这既可以激励学生积极进取，又可以使家长获得慰藉感。另一方面，政策内容宣传还可以使更多人意识到国家奖学金政策也是一种帮助缓解教育成本压力的方式。由于高等教育收费制度在一定程度上增加了一部分家庭教育支出负担，所以国家希望通过高校国家奖学金政策这种奖学金的形式来分担一部分教育成本压力，尽量避免人们产生对高等教育收费制度的负面理解。

其次，有效推动教育公平，减轻贫困学生家庭经济负担。随着高等教育成本分担机制的推行，关于家庭经济困难学生能否顺利接受高等教

① 宋杰：《基于政府职能视角的高等教育成本分担研究》，《会计之友》2018 年第 9 期。

育问题的研究逐渐被提上议事日程，同时人们也发现，教育公平的缺失依然存在。[①] 高校国家奖学金政策属于高校大学生资助政策的一部分，也是“惠民政策”“阳光政策”体现在高校大学生群体上的一个缩影。它承载着推动实现教育公平、减轻贫困学生家庭经济负担、促进人的全面发展的重要作用。在高校学生收到录取通知书及新生入学教育阶段，让他们全面了解高校大学生资助政策、国家奖学金政策，做好这一系列资助政策的宣传工作，可以使那些家庭情况并不优越但品学兼优的学生了解到除申请国家助学金、国家助学贷款等助学性质资金外，还可以参加国家奖学金这类奖优性质的评选以减轻家庭经济负担，这会使更多贫困学子有机会获得平等的教育资源。高校国家奖学金政策宣传让更多人了解并参与评选，从而推动教育公平进程，在一定程度上真正实现教育促进人的自由而全面发展的目的，培养“德、智、体、美”全面发展的优秀学子。

再次，提升在校学生知晓度，高额度奖励激励学生努力学习。奖学金制度主要通过外部因素（主要是资金）有效地激发学生学习成长的积极性、主动性和自觉性，其中学习发展动机的激发是奖学金政策运行的核心功能，根据学生的努力程度和成果情况给予奖励，由此促进学生挖掘潜力，努力取得最优的学业表现。[②] 现如今，在国家奖学金政策实施过程中，仍存在宣传力度不足的问题，很多同学对国家奖学金这一国家级荣誉不感兴趣，也不了解国家奖学金的评定条件，有的甚至不清楚自己学校每年申报国家奖学金的时间，奖学金的激励作用往往很难得以完全实现。因而需要进一步加大宣传力度，提升这一政策在在校学生中的知晓度，调动起更多人的积极性，让更多符合条

① 曲绍卫、范晓婷、刘晶：《中国高校大学生资助绩效评估研究》，中国社会科学出版社2016年版，第12页。

② 王俊：《我国高校奖学金制度运行研究——以激励为核心的合作育人视角》，《思想理论教育》2018年第10期。

件的在校学生了解并参与到奖学金评审的竞争中，使高额度的奖金形成一种有效的奖励机制，激励同学们努力进取，德、智、体、美全面发展。

最后，提升社会各界的关注度，对政策实施产生约束和监督作用，推动政策的贯彻落实。高等教育始终与国家同呼吸、与时代共进步，坚持走在时代的前沿，对接国家战略需求，服务经济社会发展，带来的育人成果、社会影响关系着社会各界的发展。高校国家奖学金政策是一项关系高等教育引导方向的政策，既有着资助的作用，也有着“奖优”的功能，是对高等教育育人成果的肯定。虽然这项政策面向的群体是全体在读的普通本、专科学生及硕士、博士研究生，但国家奖学金政策的宣传工作面向的是社会各界，社会各界均可对其进行约束与监督。国家奖学金奖励的内容主要是一笔奖金，但又不仅仅局限于奖金。它是一种认可，是对优秀学子自身辛勤努力、奋发进取的认可，也是对高校提升学子竞争意识、树立良好学风的认可，还是对家庭悉心培养孩子的认可，更是对高等教育育人成果的认可。它理应受到社会各界的重视，也应受到社会各界的监督。加强国家奖学金政策的宣传，可以使社会各界了解这项政策，理解国家奖学金政策对学子、对家庭、对高校以及对高等教育发展所起到的积极意义，从不同的角度去审视国家奖学金政策，发现其可能存在的问题，以对政策实施产生约束，更好地发挥社会舆论的监督作用，进而推动政策的有效贯彻落实。

（二）评审工作宣传的必要性

1. 维护教育公平

评审工作是国家奖学金政策实施的核心环节，而国家奖学金评定工作的公平合理又关系到教育公平的推进。国家奖学金评审工作宣传的开展既能体现高校良好的学风、校风，也可以彰显国家对促进发展公平、树立优秀学子榜样的重视。一方面，评审工作直接决定着国家奖学金获奖人员的确定，这既是参评人员关注的焦点，也是广大有意申请国家奖学金的学子重视的地方，充分做好评审工作的宣传能在一定程度上保障评审过程存在的问题被及时发现并予以有效解决；另一方面，做好评审工作宣传还可以弥补前期国家奖学金政策内容宣传的不足之处，使不了解国家奖学金政策的同学借助该宣传明晰国家奖学金评选的时间节点及规则。但是部分高校仍存在评审工作不细致、评定过程公开化程度较低、客观性不够以及广大学子不了解国家奖学金具体评选过程等问题，从而导致国家奖学金政策评审过程宣传不到位。鉴于以上种种问题，做好国家奖学金政策评审宣传工作的重要性便凸显出来。从学生的角度来看，可以保障符合资格的学生能够参与到评审工作之中，使学生充分了解相关信息，切实使用监督权；从高校的角度来看，做好国家奖学金政策评审宣传工作有利于增强国家奖学金评审工作的权威性，树立良好的校园风气；从国家的角度来看，这可以促进教育公平进而维护发展公平，最终实现社会公平，对整个社会起到正向激励作用。

2. 增强评审规范性

为规范国家奖学金评审工作，教育部、财政部制定了具体管理办法作为高校开展评选工作的政策纲领。高校则安排各学院进一步制定自己的评审细则，并依据细则具体安排。然而由于国家奖学金评审具有覆盖范围广、评审标准相对灵活等特点，所以评审过程中易出现材料提交混乱、徇私舞弊等情况，因而评审工作需要一定的约束与监督。加强评审工作宣传有利于提高评审工作的规范性，使更多人了解到国家奖学金评审规则是有据可依的，从而使评审工作公开化、透明化，形成有效监督，促使评审按照既定程序并在规定时间内完成，同时也会综合考虑申请者各方面的情况，避免受到主观性和片面性的影响。

3. 树立国家奖学金公信力

国家奖学金是国家授予在校大学生最高的荣誉奖项，但评审过程

公开程度相对较低导致很多人对评审结果存在偏见，致使国家奖学金公信度受损。对国家奖学金进行宣传可以使更多人知晓国家奖学金的评审工作需包括学院评审小组初评和学校再次审核两次评定，从而意识到国家奖学金这一国家级荣誉是在严谨的评估标准下经历严格的评审程序后最终得出的。将获奖名单进行公示，接受广大学子的监督及建议，有助于提升国家奖学金在社会各界尤其是在在校学子心目中的公信力，提高评审工作有效性，增强国家奖学金评定结果的认可度。

（三）获奖者事迹宣传的必要性

1. 发挥榜样示范作用

榜样示范是高校思想政治教育中一种常见且行之有效的教育方法，它主要通过充分发掘榜样人物的可贵精神和先进事迹以激起受教育者思想和情感上的共鸣，从而引导人们学习和仿效榜样。[①] 对国家奖学金获得者事迹进行宣传便是一种榜样示范。高校大学生自我意识十分强烈，可塑性也非常强，获奖者通过宣讲会等生动形象、真实可信的形式讲述自己的学习经验与成长历程，从而激发倾听者的崇敬感，并以他们为榜样学习效仿。这有利于帮助大学生更加清晰地领悟和践行道德标准，从而形成高尚的道德品质和良好的行为习惯。于潜移默化中引导学生树立正确的目标，明确奋斗方向，进而起到价值引领、目标激励、行为示范、教育感化的作用。

2. 促进人才培养多样化

不同类型的学校对于本专科学生以及研究生在不同教育阶段的培养目标不同，学生们根据自身的发展特点、兴趣爱好，在不同的方面取得相应收获。通过对国家奖学金获得者的人物事迹、学术成果、实践活动、兴趣爱好等内容进行展示，可以使学生意识到追求

---

① 易雪媛：《价值多元化视阈下大学生榜样示范教育研究》，《学校党建与思想教育》2019 年第 5 期。

全面发展的导向，但更要结合自己的实际情况、兴趣爱好，找到适合自己的发展方向。国家奖学金获得者事迹宣传有利于打破以往仅以“成绩”一把标尺衡量学生优秀程度的观念，激励学生在高等教育阶段勇于尝试各方挑战，找准定位，促使人才培养朝着综合化、多样化方向发展。

3. 激励学生成长成才

国家奖学金获得者事迹宣传活动作为国家奖学金评审的后续工作，往往会营造出一种远比奖励本身更为重要的舆论氛围，因为能够获得国家奖学金的学生在学习、学生活动、科研等方面都相对比较优秀。一方面，对于国家奖学金获得者自身而言是一种肯定与认可，也是一种有力督促，获得国家奖学金本身会要求这些学生在日常学习生活中的行为与成绩均要一如既往地保持较高水准，甚至制定更高的目标，促使他们不以此为终点，而以此为起点，再接再厉；另一方面，国家奖学金也会激发周围普通学生不断上进的愿望和信心，让普通学生在日常的学习生活中找到学习的标杆，从而产生一种潜移默化的引领作用，激励他们见贤思齐。这项政策的出发点是激励广大学子奋发向上、成长成才，成为“有理想、有本领、有担当”的新时代青年。

4. 提高政策知晓度

高校国家奖学金政策是高校家庭经济困难学生资助政策体系的一项重要内容，是面向高等学校学生设立的荣誉最高、金额最大的国家级奖学金项目。国家奖学金获得者人物事迹宣传应扩大范围，不仅局限在校内，其事迹面向在校学生，也应面向即将步入大学校园的学子以及社会各界，以提高政策的知晓度。例如，在校内，一些高校会选择举行国家奖学金颁奖典礼，组织国家奖学金事迹分享会、宣讲会，也会采用设置国家奖学金人物展示栏、光荣榜等形式，使在校学生特别是大学新生更全面地了解国家奖学金政策；走出校园，某些高校会开展“‘资助宣传大使’回母校”等活动，向即将面临高考的学子宣

传国家奖学金政策，让他们了解高校资助政策，了解国家奖学金政策，从而在一定程度上解决他们在经济上的后顾之忧。

第二节　高校国家奖学金政策宣传实践与成效

高校国家奖学金政策宣传工作贯穿政策执行的各个阶段，不同地区和培养层次不同的高校因自身发展情况不同，其国家奖学金政策宣传力度存在差异。在此，我们分别选取部分典型高校对专科生、本科生及研究生国家奖学金政策的实际宣传情况进行案例分析，从而了解国家奖学金政策实施各阶段的宣传方式与成效。

一　高校国家奖学金政策宣传实践典型

（一）专科生国家奖学金政策宣传

专科生国家奖学金政策宣传的典型案例选取两所高校进行分析，分别为成都纺织高等专科学校和四川工程职业技术学院，这两所学校的国家奖学金政策宣传实践活动在专科院校中较为典型。

1. 成都纺织高等专科学校

成都纺织高等专科学校的国家奖学金政策人物事迹宣传方式在高等专科学校中颇具代表性，因而以此为例进行梳理。成都纺织高等专科学校并未单独设置学生资助管理中心，与国家奖学金政策相关的工作安排由学工处官方网站统一发布通知。各学院接到通知后分别在本学院官网或布告栏中进行公告，同时组织开展国家奖学金评定工作。学生通过官网或公告栏知悉评选过程相关时间节点并准备材料。待每年国家奖学金评选工作结束后，国家奖学金人物事迹宣传工作就会在学院或是全校陆续开展，其宣传形式较为丰富，例如，学院会召开宣讲会，对大一新生进行宣讲，获奖者介绍自己的学习经验，并对新同学提出希望，激励他们树立目标、见贤思齐；特别地，四川地区高校具有多民族的特点，学校独树一帜开展少数民族学生宣讲会，邀请获得国家奖学金的各民族学生向全校少数民族同学介绍自己的成长成才经历，鼓励他们适应环境，努力学习，为民族为祖国增光添彩；为了达到更好的宣传效果，有时会以特殊场合为契机，如五四青年节表彰大会，采用颁奖典礼与主题演讲相结合的方式，面向全校师生表彰获奖者并将这一荣誉颁发给他们，激励广大学子奋发自强、立志成才。除此之外，学校官方公众号会将国家奖学金获得者优秀事迹做成集锦进行推送，从而让更多人了解他们。

2. 四川工程职业技术学院

四川工程职业技术学院的办学层次为普通高等学校专科，该校在单招宣传奖助政策中便会涉及国家奖学金政策，学生工作处则设置板块对该政策进行简要介绍。在评审阶段，学校会在学工在线网站的“两学一做”板块公示评审实施方案，各学院依此在各自官网的“两学一做”板块将评审小组成员名单及任职情况、初审合格的拟推荐人员名单进行公告，学校经综合考量确定最终获奖人员名单并予以公示。在获奖人员表彰方面，院、校会分别在各自网站发出表彰通知并举行表彰大会，会议一般邀请学生处、系部等部门负责人以及荣获国家奖学金、国家励志奖学金、校友奖学金、三好学生、优秀学生干部、学生标兵、先进班级、优胜班级等奖项的集体代表和个人代表参加；各个学院也会自行组织宣讲会、交流会，获奖者会介绍自身经验、回答同学们的提问；各学院还会统一在“两学一做”板块展示国家奖学金获得者风采，讲述获奖学子的励志故事；此外，学校还创新性地将毕业典礼与颁奖典礼相结合，既增加了国家奖学金宣传的影响力，也增强了学生的荣誉感。

（二）本科生国家奖学金政策宣传

本书选取中国海洋大学、江南大学等五所高校作为本科生国家奖学金政策宣传的典型案例，其中既有教育部直属高校，也有省部共建

高校和地方所属高校，既涵盖“985 工程”高校，也包括“211 工程”高校及普通高校。

1. 中国海洋大学

作为一所部属高校，中国海洋大学十分重视国家奖学金政策宣传工作。首先，在国家奖学金政策内容方面，学校会将国家奖学金操作手册发布于官方网站，使同学们知悉国家奖学金从申报至评选的具体操作流程。同时，学生工作处会将《中国海洋大学本科学生国家奖学金、国家励志奖学金管理办法》进行公告，以便同学们了解国家奖学金的具体管理办法。其次，在展示国家奖学金评审工作进程方面，学生工作处会将新一年度国家奖学金评审工作的通知发布于学校官网，并告知各学院着手开展国家奖学金评定工作。各学院则根据学工处下发的通知，结合自身情况制定合适的评定程序，并于学校官网及学院网站发布通知。此外，各学院还会将国家奖学金拟推荐人员、学院的评定答辩过程和结果以及国家奖学金最终获奖名单公示于学院网站和学院公示栏中，以达到对评审过程进行全面监督的效果。例如，海洋地球科学学院将答辩预告发布至学院网站通知公告中，医药学院将答辩过程展示于网站学院新闻板块中，化学化工学院、医药学院则将答辩结果、拟推荐候选人结果公示至网站。最后，在获奖者事迹宣传方面，学校会采用多种宣传方式，大致将宣传分为校内宣传和校外宣传两部分。校内宣传着重于弘扬获奖同学品学兼优、努力进取的精神，以期激励同学们向身边优秀的同学看齐，采用的方式多为宣讲会、微信公众号推文、官方微博推文、出版校内刊物《海之子风采录》（中国海洋大学国家奖学金国家励志奖学金获奖学生事迹选编）等。与之相对应，宣传的内容一般为获奖者学习成绩、学术科研成果、自身思想道德修养、先进感人事迹以及努力进取、勇于拼搏的精神等。此外，学校还会利用大数据技术，分析获奖者特点，让“榜样”宣传变得不再乏味。校外宣传则主要是开展选聘“海之子”宣传大使的活动，聘任获得国家奖学金等奖助学金的学子，向其高中母校送去“喜报”，并利用寒假时间赴各地开展寻访活动。宣传大使回到母校后，会向学弟学妹们介绍自己的获奖经历，帮助他们了解国家奖学金等一系列学生资助政策，这在一定程度上可以帮助他们解除资金的后顾之忧、安心学习。另外，走访本地区经济困难的学生，传递奋斗成才的进取精神，以“榜样”的力量提升朋辈帮扶效果，也会激励自身进一步树立高远志向，勇担时代发展重任。

2. 江南大学

江南大学也是一所部属高校，在国家奖学金政策宣传方面做得较为出色。学校学生工作处内设学生资助管理中心，负责国家奖学金政策实施相关事宜。新生入学指南会将国家奖学金等资助政策以动画宣传片的形式生动形象地展示出来，而所有奖助政策相关信息则可以从学生资助管理中心查询，网站已设置专门板块介绍各类奖助学金发放时间、国家奖学金申请流程等内容。学校学生资助管理中心会发布国家奖学金评选工作通知，告知各学院开始准备评审事宜，各学院则根据自身情况制定评定细则和管理办法，并于学院网站发布通知。在评审阶段，答辩会采用多种形式，如现场主题演讲、远程电话答辩、视频展示等。在获奖者事迹宣传方面，形式也十分多样，例如，选拔受奖助优秀学生担任“学生资助宣传大使”，并与“江南学子中学行”招生宣传寒假社会实践活动同时进行，选派获得国家奖学金等奖助学金的同学，来到高中母校或家乡贫困的学生家中讲述其自身努力拼搏的经历，让受聘同学常发声、发好声，成为国家奖学金政策的宣传者、励志典型的示范者，从而鼓励更多学子奋力拼搏。此外，学生资助管理中心网站专门设置资助育人板块讲述获得国家奖学金优秀学子的故事，向同学们征集以“资助育人”为主题的诗歌、文章、音频，弘扬优秀学子的事迹，彰显政策带给他们的改变。在新媒体宣传方面，各学院通过公众号、官方微博将所有获奖同学的事迹做成专辑定

期推送，报道获奖同学所得荣誉、先进事迹，并配以获奖者的学习生活感悟，从而更好地发挥榜样激励作用。除此之外，学校还会采用在校报上推出国家奖学金风采录专题板块、获奖者在学院作宣讲报告、将国家奖学金颁奖仪式与国家奖学金风采报告会相结合等形式进行宣传，这些使国家奖学金宣传形式更加趋于多样化。

3. 西安理工大学

西安理工大学是一所省部共建高校，校内学生资助管理中心专职负责国家奖学金宣传的各项工作。在国家资助栏目下设有国家奖学金宣传的专门板块，内含国家奖学金简介、申报注意事项、国家奖学金管理实施细则、国家奖学金管理暂行办法、评选工作通知等内容，十分详尽。同时，在资助育人栏目下设有“知行榜样”板块，此板块会发布国家奖学金获得者励志人物故事，从而树立良好榜样。学生资助管理中心发布开展评审工作的通知后，各学院组织发布信息并进行推荐，最后交由学生处审核，报学生资助工作小组通过后确定拟录取人员名单，该名单后由学生资助管理中心整理，最终在学生工作处网站进行公示。之后，学校举行国家奖学金颁奖典礼将这份国家级最高荣誉授予他们。此外，学校还会采用多种新媒体方式进行宣传，例如，录制国家奖学金获得者访谈视频介绍其优异成绩及获得奖项，并让他们分享自己的学习生活经验；通过学工部微信公众号公示拟获奖学生名单，并连续几周推出“知行榜样”“尚真笃学先进个人”等国家奖学金宣传专栏，以展示获奖者风采；除微信外，学校还在微博平台发布获奖者的励志小故事，讲述其成长拼搏历程、不畏艰难的精神以及未来奋斗目标，以达到更好的推广宣传效果。通过以上丰富多样的宣传方式，以期凝聚榜样力量，弘扬理想信念。

4. 景德镇陶瓷大学

景德镇陶瓷大学是我国唯一一所以陶瓷为特色的多科性本科高等学校，是 29 所独立设置的本科艺术院校之一。该校在国家奖学金政策宣传方面形式十分丰富。在政策内容宣传方面，学校在招生简章中明确指出学校设有国家奖学金以及奖金金额，在学工处可以查询国家奖学金管理暂行办法，以全面了解国家奖学金政策内容。每年 9 月，学生处会发布开展国家奖学金评审工作的通知，督促各学院制定评审细则、按期评定，并于学院官网发布后续相关信息。此外，在之后两个月，学工处网站的工作重点公示专栏会将国家奖学金评定初审情况以及奖学金名单与发放情况进行公布，以便师生监督。在评审工作方面，学校会及时公开评审工作信息，公示获奖学生名单。校学生资助管理中心牵头成立了学校资助工作检查小组来了解国家奖助资金的评审与发放情况，检查组会认真听取工作介绍，仔细审查相关材料，并召开学生座谈会。此外，学校还收集了各学院（部）师生对国家奖学金等学校资助工作提出的意见建议。在获奖人物事迹宣传方面，学校采取的形式更是丰富多彩。例如，各学院选拔推荐具有代表性突出事迹的学生组成先进学生典型事迹宣讲报告团，在全校举行先进典型事迹主题报告会；学院会举行分享会、宣讲会，各学院获奖者向本学院低年级学弟学妹讲授学习、成长历程；举行国家奖学金颁发仪式，为获奖者颁发荣誉证书；学工处网站专门设置学子风采专栏，讲述各学院国家奖学金获得者代表奋斗事迹；开展主题教育系列活动，在学校主要宣传阵地展示获奖学生事迹；举办主题教育表彰大会，表彰和奖励获得者；选聘“学生资助宣传大使”，开展送政策下乡、送政策回母校、迎新服务以及常态化宣传等国家奖学金宣传活动。

5. 徐州工程学院

徐州工程学院是一所全日制普通本科院校，该校也十分注重国家奖学金政策宣传工作。首先，学校会在信息公开网站上发布国家奖学金评选办法，以便师生了解国家奖学金政策。学校制定的学生手册也对国家奖学金的评选范围及评选条件进行了说明。每年 9 月，学生处会发布通知安排各学院组织国家奖学金评审工作。其次，各学院自行

组织召开评审答辩会和申报答辩会，主要采取现场答辩评分与实际材料评审相结合的方式，经评选过后，在网上公示拟推荐名单。最后，在获奖者事迹宣传方面，采取多种方式相结合的方式，如举办获奖者先进事迹展，学工处会统一制作先进事迹展架在中心、城南两个校区进行巡展。此外，还通过学工处网站、微信平台对展出进行宣传，充分发挥新媒体传播面广、受众群体多、阅读便利的优势，省级教育部门会对这一事件进行转载报道，增强其宣传力度。学校还会开展获得者优秀典型事迹征文比赛。除此之外，在各个新生晚自习教室，学校会举行国家奖学金获得者宣讲活动，获奖者向刚入学的大一新生讲述自己的奋斗经历，激励他们成长成才。各个学院也会组织经验交流会，让学院的学子以身边的人为榜样。与其他学校类似，徐州工程学院也会聘任国家奖学金获得者担任“资助宣传大使”，参与包括送政策下乡、送政策回母校、公益服务及常态化宣传等活动。与此同时，学校还会在学校新闻板块对入选江苏省“国家奖学金学子风采”的同学进行宣传，学校网站和学院公众号也会展示优秀学子个人事迹。

（三）研究生国家奖学金政策宣传

本书选取中国海洋大学、北京交通大学及长安大学作为研究生国家奖学金政策宣传的典型案例，三所高校均为部属高校。

1. 中国海洋大学

中国海洋大学不仅注重面向本科生的国家奖学金政策宣传，而且非常注重研究生国家奖学金政策宣传，由于本科生和研究生国家奖学金政策在价值取向、负责部门和宣传方式上有所不同，故本书将其分开介绍。

首先，学校在研究生招生简章中会对国家奖学金政策做出介绍，研究生院负责发布研究生国家奖学金管理暂行办法等通知公告。其次，在研究生阶段，国家奖学金评审工作宣传力度更大，研究生院负责发布评审工作开展通知及最新评审办法，各学院积极响应制定细则。关于评审工作安排的宣传也更为细致严谨，包括公开说明研究生国家奖学金评审工作流程，召开研究生国家奖学金评审工作会议，对参加评审人员名单、答辩结果以及最终获奖名单进行公示等，评审过程的各个环节宣传力度加大，透明程度也随之更高。最后，研究生国家奖学金获得者事迹宣传着重于强调其艰苦钻研与学术创新精神，因而人物宣传多采用获奖者经验交流会、获奖者访谈对话和国家奖学金获得者风采展示——海之子讲坛等形式，获奖者会分享学术期刊筛选方法、文献阅读技巧、论文写作技巧等，鼓励同学们积极参与学术交流活动，脚踏实地开展学术研究。

2. 北京交通大学

北京交通大学研究生院负责发布研究生国家奖学金评审工作通知，包括工作要求、评定范围、评定办法、名额分配等内容。各学院在此基础上制定各自的评审管理细则，并在学院网站发布信息，组织初评。在获奖者事迹宣传方面，研究生院网站专门设置“身边的榜样”板块，内设国家奖学金专题对国家奖学金获得者代表进行专访。北京交通大学新闻网也会对获奖学子进行宣传，并设置“青春榜样”栏目来讲述获奖学子科研攻关、成长成才的历程。各学院、课题组也会根据获奖情况在公众号推送相关文章对获奖同学表示祝贺，并鼓励其他同学向他们积极学习。除此之外，学校还会录制国家奖学金获奖学子视频合辑、讲述获奖感言、教师寄语，既鼓励获奖同学以此为起点再接再厉、创造辉煌，又鼓励广大师生以此为榜样，形成良好的学术科研校园文化。由于研究生国家奖学金评审更侧重于考核同学们的科研能力和学术水平，因而人物事迹宣传更注重凸显同学们的科研成果及创新创造能力。

3. 长安大学

长安大学研究生国家奖学金政策的宣传工作更多集中于政策内容宣传和人物事迹宣传方面。研究生院负责国家奖学金宣传各个阶段的

通知发布，具体评审细则及评审工作则由各学院自行制定并发布于学院官网，研究生招生简章及学生手册中也均有对研究生国家奖学金政策的简介。研究生院发布《研究生国家奖学金管理暂行办法》《研究生奖助体系实施办法》，各学院制定《研究生国家奖学金评定实施细则》。学校尤为重视研究生国家奖学金获得者事迹宣传，会举行研究生国家奖学金颁奖典礼及获奖者表彰大会，并以小视频的形式通过公众号进行推送。研究生院以及各学院均会通过微信公众号开展“研途榜样”“青春榜样”“国家奖学金风采”“青春力量”等人物事迹系列报道，进行获奖人物专访等。此外，学校还为研究生国家奖学金获得者录制宣传视频，让更多人了解优秀学子背后的故事，从而对国家奖学金政策内容进行进一步宣传。

二　高校国家奖学金政策宣传方式

（一）政策内容宣传方式

1. 以政府为主体的国家奖学金政策宣传方式

以政府为主体的高校国家奖学金政策宣传主体为中央和地方政府以及其下设的官方机构，宣传对象不仅仅局限于高校学生，也面向社会各界。宣传内容多集中在国家奖学金政策内容及其新变化、国家奖学金政策的推广意义等方面。宣传方式多为通过全国学生资助管理中心等官方网站发布信息、通过政府官方微信和微博推送文章以及使用宣传手册、召开会议、以新闻媒体为媒介进行宣传等。

从官方网站建设来看，大致可分为中央、地方两大类。在中央方面，教育部、财政部负责印发《本专科生国家奖学金评审办法》《普通高等学校研究生国家奖学金评审办法》，并通过中华人民共和国教育部官网发布。全国学生资助管理中心隶属于教育部，主要负责全国学生资助工作、在国家奖学金政策宣传过程中展示国家奖学金最新政策、统计每年学生获奖情况并进行公示、对奖学金政策存疑之处进行解答等。在地方方面，各省、市教育厅、教育局会通过官网发布普通高校本、专科生国家奖学金指南、研究生国家奖学金指南，各省学生资助管理中心会配合教育厅（局）宣传国家奖学金政策，并在官网上进行国家奖学金政策新变化解读、国家奖学金与其他国家奖学金政策内容对比等活动。

新媒体也是近年来兴起的一种宣传方式，也是更贴近人们生活、更易使人熟悉的方式。从中央到地方，各大政府教育部门、政府办公厅纷纷推出微博、微信公众号，将最新的国家奖学金政策内容以微信、微博推文的方式发布，也使关注这些政策的人们得以通过最简单、最便捷的方式获取信息。

除网络宣传之外，在平常的生活中人们还可以通过宣传手册、会议讲话以及各大新闻媒体来了解国家奖学金政策的最新信息。

2. 以高校为主体的国家奖学金政策宣传方式

除政府外，高校也是国家奖学金政策宣传的主阵地。由于高校对国家奖学金政策的宣传直接面向高校学子，因而其宣传形式也更为丰富。高校对国家奖学金政策内容的宣传，一方面是通过网络宣传，另一方面则是在高校校园内进行。网络宣传一般是通过各高校下属机构官方网站进行，如学生工作处、学生资助管理中心、研究生院。学校发布《本专科生国家奖学金评审办法》《普通高等学校研究生国家奖学金评审办法》以及对评审工作的安排，并通知各学院开始准备国家奖学金评审工作，此过程也方便广大师生了解国家奖学金政策内容。新媒体对国家奖学金政策内容的宣传成效也颇为显著，如学校、学院的微信公众号、官方微博直接面向高校学生群体将政策文件推送出来，学生可以随时随地了解政策最新变化。此外，通过新闻媒体进行宣传的方式也十分常见，如各高校新闻网网站等，这些方式都十分贴合学生的需要。

校园内国家奖学金政策内容的宣传方式也十分多样化，一方面是

宣传材料，包括入学手册、宣传栏、宣传牌、高校校园报纸、校内电子宣传屏等，在入学教育时会带领新生进行学习，这些宣传材料也会被放置在校园内学生易于看见的位置；另一方面是辅导员、班干部的宣传，他们会通过组织班会或者主题宣讲的方式为同学们讲解最新国家奖学金政策的内容及其相关情况。

（二）评审工作宣传方式

高校国家奖学金的评审工作是由省、市教育厅（部）牵头，各高校负责组织，各学院安排初审，再交由校学生资助管理中心审核完成。因而国家奖学金评审工作的宣传主要由校、院两级单位配合完成。从校级来看，高校学生工作处、学生资助管理中心会通过官方网站或是高校官方微博、微信公众号、校园广播、校园新闻网、校园报纸等形式发布开展国家奖学金评定工作的通知，并对国家奖学金评审工作进行监督审查，公布最终获奖者的名单；从院级来看，学院官方网站会发布评审工作细则，辅导员、班干部等人则采用班会或宣讲会等形式，口头或文件通知同学们。评审工作需成立国家奖学金评审小组，以分管领导为组长，辅导员、学生代表等人为成员，并公示小组成员名单。国家奖学金评选需对参评学生实行差额评选，通过班级评议、学业宣讲、公开答辩、学院评审等方式差额选出获奖者，相关参评材料与拟推荐名单会在公示栏进行公示。例如，福建师范大学、景德镇陶瓷大学等学校开展国家奖学金评审检查工作、审查相关材料时，会召开学生座谈会，让更多人了解、监督国家奖学金评审；浙江艺术职业学院则会举行国家奖学金评选大会，采用公开透明的方式，从而让更多人见证国家奖学金评审工作的公平公正。

此外，特别要提及的是，近些年国家对国家奖学金评选工作的重视程度在不断提升，政府对国家奖学金评审的参与也逐渐多了起来。例如，浙江省首创高职高专院校国家奖学金特别评审大会，评选全省范围内国家奖学金获得者中的佼佼者，评选过程全面公开，除现场观摩外还可在网络观看同步直播，面向范围极广。

（三）获奖者宣传方式

当每年高校国家奖学金评选结果落定时，政府和高校都会组织国家奖学金获得者宣传活动，其宣传的方式、面向的群体不尽相同。

政府一般通过对国家奖学金获得者进行表彰与嘉奖来激发人们对国家奖学金的崇敬感。比如，教育部会公布每年国家奖学金获得者名单，并从国家奖学金获得者中挑选出优秀代表入选“国家奖学金获奖学生代表名录”，还会录制全国百名国家奖学金获奖学生典型宣传片等。

各大高校会综合多种元素对获奖者进行宣传，在网络宣传方面，学校往往会通过官方网站、官方微博、微信公众号发布相关文章或录制的宣传视频等。例如，杨凌职业技术学院在学校官网设置光荣榜板块来展示国家奖学金获得者风采；西安理工大学在学生资助管理中心官网将本科生与研究生国家奖学金获得者事迹通过小故事的形式展示出来；江西医学高等专科学校在公众号推送“国家奖学金风采”以对各学院获奖者事迹进行系列报道；北京工商大学、广西大学研究生院在公众号发表获奖人物传记；北京大学将本科生和研究生国家奖学金获得者事迹划分为不同主题一同推送，还进行了大数据趣味解析，从而让更多人了解这些优秀学子的特点；广东水利电力职业技术学院会录制国家奖学金政策宣传视频，包括介绍国家奖学金政策，老师送出寄语，以及展示国家奖学金获得者名单等；湖南科技大学宣传视频是将获奖者人物事迹做成合辑，送出对广大学子的寄语；中央财经大学会对获奖的研究生进行专访，让其发表获奖感言。

在线下，各高校的宣传活动也十分丰富，包括组织国家奖学金人物分享会、交流会、报告会，设置宣传栏、宣传牌，选拔“资助政策宣传大使”等形式。比如，江苏农林职业技术学院以开展宣讲报告的形式进行国家奖学金宣传；江苏第二师范学院则将国家奖学金颁奖典

礼与优秀事迹分享会结合起来，国家奖学金获得者会在颁奖典礼上发表励志演讲；成都纺织高等专科学校也采取了这种演讲方式，除此之外，还在学院内开展少数民族同学获奖者报告会、面向新生的经验交流会等；中国海洋大学开展了“海之子——资助政策宣传大使”活动，向母校以及家乡学子宣传国家奖学金等资助政策；江南大学将资助大使宣传活动与社会实践活动相结合，利用寒暑假开展国家奖学金宣传活动。

三　高校国家奖学金政策宣传成效

（一）提升国家奖学金政策关注度

近年来，随着国家奖学金政策宣传力度的不断加大，政策宣传初具成效，高校内外学子以及社会各界对这一政策的关注度也越来越高。不少大学新生在学生手册学习及辅导员宣讲等过程中均能获悉国家奖学金政策相关信息，学生也更愿意主动去了解国家奖学金评审规定，并以国家奖学金获得者为榜样激励自己不断进取。除此之外，越来越多的人参与到国家奖学金评审过程中，国家奖学金申请人数不断上涨，获奖者各方面表现更加优秀，竞争也更加激烈。特别值得注意的是，现如今教育公平意识逐渐增强，大家开始更加关注政策实施的规范性与公正性，能对国家奖学金政策实施中出现的问题提出建议，促使政策实施整体效果不断优化。

（二）减轻贫困家庭经济负担

高校国家奖学金政策是学生资助工作不可或缺的一部分，国家奖学金设立的首要目的是奖优，而高额的奖金也在一定程度上起到了缓解家庭贫困学生因接受高等教育而产生的经济负担的作用。一方面，高校品学兼优的学子可凭借自身努力获得国家奖学金从而获得这份荣誉及丰厚的生活费，减轻家庭压力；另一方面，开展国家奖学金宣传活动，选拔资助大使，有利于帮助即将步入大学校园的学子了解高校学生资助途径与国家奖学金政策，从而激励他们艰苦奋斗、励志成才。

（三）发挥高校育人作用

国家奖学金是国家对高校学生的最高奖励之一，开展高校国家奖学金政策宣传活动，弘扬优秀学子先进事迹，鼓励他们担任资助宣传大使，也有利于更好地发挥高校的育人作用。一方面，宣传活动可以为大家树立勤奋励志的榜样、自立自强的正能量典型，从而引领刻苦勤奋、自强不息的校风学风，激励更多学生走向勤奋励志的道路；另一方面，宣传活动也可以让获奖者意识到，获得国家奖学金是人生的一小步，不是终点，而是起点，在以后的学习与工作中更要做到自信自立自强、创新思维、不断进取、再接再厉，不断迎接新的挑战，最终成长成人成才，实现自己的人生价值。

第三节　高校国家奖学金政策宣传问题与优化路径

在探寻高校国家奖学金政策宣传实践典型案例的过程中，不难发现部分高校对于国家奖学金政策宣传尚未引起足够重视，或者存在宣传不及时、不规范等问题。本节主要总结高校国家奖学金政策宣传中存在的问题，并据此提出针对性改进策略。

一　高校国家奖学金政策宣传存在的问题

目前，我国高校在国家奖学金政策宣传方面已取得显著成效，但在国家奖学金宣传过程中仍然存在一些共性的、有待完善的问题阻碍着整体宣传水平的提高。问题主要集中在以下几个方面：

1. 专科院校重视程度低，政策宣传内容较少

近年来，国家越来越重视专科院校学生培养工作，国家奖学金政策也相应进行了积极调整，增加了 1 万名高职院校国家奖学金名额。尽管国家奖学金政策做出了重大改善，但部分高职院校在国家奖学金政策宣

传方面依旧停滞不前，政策宣传效果不佳，普遍存在国家奖学金宣传内容少、政策宣传不到位的现象。国家已对高职院校获奖人数进行了大幅调整，但相应院校却未能及时做好政策新规解读。通过从多所专科院校的学校官方网站、微信公众号等各种宣传平台处了解得知，大多数学校并未设立学生资助管理中心，有的学校即使设有该部门，其功能也流于形式化，尚未得到充分利用，学生通过此渠道所能获得的与国家奖学金相关的信息少之又少。部分院校则未能及时上传最新修订的国家奖学金政策管理办法等政策文件，发布的评审工作细则通知仍停留在几年前。在人物宣传方面，开展的宣传活动极少，国家奖学金宣传情况几乎空白，或是宣传形式单一，难以起到理想效果。

2. 注重本科工作宣传，忽视研究生成果宣传

研究发现，相较于高等职业院校和高等专科学校，普通本科高校的国家奖学金政策宣传更加完善。部分高校在宣传过程中存在些许问题，比较突出的矛盾体现为忽视研究生国家奖学金政策宣传，本科阶段与研究生阶段的评审要求与育人目标有所不同，一些学校将国家奖学金政策宣传工作局限于本科优秀学生，忽视研究生国家奖学金育人成果宣传逐渐成为普遍现象。这就导致同一高校不同教育阶段国家奖学金政策宣传力度存在差异，社会关注度产生差别，资助育人效果也因此受到影响。具体来看，在国家奖学金政策内容宣传与评审工作宣传方面，高校一般选择通过学生工作处或学生资助管理中心等官方网站发布本科生国家奖学金政策宣传通知，而研究生国家奖学金政策相关信息则一般在研究生院官网发布。就同一高校国家奖学金政策信息发布数量和完整程度来看，本科生国家奖学金政策信息及评审宣传远比研究生教育阶段规范，导致研究生国家奖学金政策宣传存在信息发布网站功能混乱、评审工作详情发布不及时不明确、政策宣传文件发布不完整等情况。在获奖者事迹宣传方面，学校会采用多样化的形式对本科生国家奖学金获得者开展人物风采宣传活动，如微信公众号推

送榜样案例、录制国家奖学金宣传视频、安排国家奖学金精神分享会、评选资助宣传大使回高中母校、举行国家奖学金颁奖典礼等活动。然而对于研究生国家奖学金获得者，学校开展的宣传活动较少，且形式单一、内容简单，宣传力度相对较弱，效果不佳。

3. 信息更新迟缓，评审流程公布缺失

在国家奖学金政策实施过程中，由于缺少校内专职机构进行监管，高校在宣传过程中往往容易出现信息更新不及时、流程不透明等问题。部分高校虽在其学生资助管理中心、学生工作处或研究生院官方网站设置了奖助政策专栏，但最新修订的国家奖学金政策未能及时更新，评审文件发布的时间仍停留在数年之前，近年来的评审管理准则均未按时发布。还有一些高校，评审情况发布时间与实际评审工作开展时间存在较大时差，信息公布不及时。除信息更新迟缓问题外，部分高校还存在评审流程严重缺失的问题。评审工作是否能得到有效监督往往关系到参评者及广大师生对这一政策以及评选结果的认可程度，然而部分学校评审答辩时间通知、评审答辩结果以及拟录取名单均未在网站进行公示，从而产生了较大的负面影响。一方面，关注评审工作的同学很难了解到评审的进程，既有违教育公平理念，也不能保障符合资格的学生能够参与到评审工作之中。另一方面，不利于监督国家奖学金评审过程，从而易导致评审工作缺失规范性。此外，当入学新生或计划报考该校的考生想要通过网站宣传平台了解该校国家奖学金政策时，往往很难快速找到有效信息，造成较大困扰。

4. 高校宣传有待规范，网络宣传尚需完善

通过了解与分析各高校及校内各学院的宣传内容与宣传方式，我们发现，高校之间、学院之间宣传板块的设置往往较为混乱，问题集中体现在国家奖学金政策内容以及评审工作通知等网络宣传平台上。首先，校内各学院政策宣传缺乏规范性。一般情况下，学校于官网发布政策通知，学院在各自官网发布评审细则及评审过程公示情况，然而，学校、

学院网站对国家奖学金政策宣传板块的设置十分混乱，学生登录学院官网查询时很难在同一板块集中获取国家奖学金有效信息，或是很难在学校官网查询历年获奖情况。其次，各高校网络信息公布网站各不相同，有的学校将国家奖学金相关政策公布至学生资助管理中心网站，有的则选择在学校的学生工作处网站，有的将本科生与研究生国家奖学金政策放置于同一网站，有的则将研究生国家奖学金政策单独归至研究生院管理。另外，在各网站内部，信息呈现位置更是各不相同，导致很难找到奖助信息的网络公布位置，或是在应发布位置无法找到有效通知公告，有的学校甚至未实现网站宣传的充分利用。这样一方面加大了校外相关部门监督高校国家奖学金政策宣传的难度，另一方面不利于那些即将步入大学校园的学子充分了解学校国家奖学金政策。

二　高校国家奖学金政策宣传的优化路径

为改善宣传工作中存在的各类问题、提升国家奖学金政策宣传成效、充分发挥国家奖学金政策资助育人的作用、切实践行教育公平理念与宗旨，现将从以下几点建议入手着力提升我国高校国家奖学金政策宣传水平。

第一，设置专职国家奖学金政策宣传工作人员。随着国家奖学金政策内容不断完善、评审要求更加多元化，高校国家奖学金政策宣传成为一项繁杂且较为琐碎的工作。为更好地将政策实施各阶段宣传到位、让学生充分知晓该项政策、发挥国家奖学金激励学生成长成才的作用，在高校条件允许的情况下，可在现行资助管理机构中设置专职部门并安排负责人员，与校内各学院对接国家奖学金评审工作，针对评审过程中的存疑部分进行解答；对外面向社会各界开展国家奖学金政策宣传活动，扩大本校国家奖学金政策影响力。高校或地方政府可考虑为其配备相应的工作经费，促使高校每年在政策内容宣传、评审工作安排、国家奖学金获得者事迹宣传等方面安排专职人员负责，并适当投入资金开展各类形式丰富的活动，切实做好相关宣传工作。例如，当每年新生入学进行学生资助政策宣传时，国家奖学金宣传的专职人员做好讲解工作；在校内设置国家奖学金宣传光荣榜、宣传栏等。

第二，注重评审过程展示。国家奖学金评审工作是整个国家奖学金政策实施的关键阶段，宣传工作应响应在校学子和社会各界的要求，进而充分发挥监督作用并提高评审工作的信服度。首先，评审过程应公平、公开。评审环节一方面涉及申请人提交材料的审核，另一方面则是公开答辩展示环节。初审时，可在各个学院的公示栏中公示申请人基本情况、曾获奖项，让更多人了解参选状况；答辩时，可邀请各年级同学前去观摩，同时将答辩情况通过视频的方式上传至学院官网，这样既能展示优秀学子演讲风采，又方便更多想要了解评审过程的人查看。其次，地方政府与高校在评审过程的宣传方面应做到相互配合，可通过媒体或政府官网转载报道，从而对国家奖学金评审形成强有力的监督，同时也让社会各界了解到国家奖学金评审的公正性和权威性。另外，各地区教育部等相关机构可考虑设置督察小组，对每年评审过程进行督导，公开展示该地区不同高校评审情况及进程，促使相同教育阶段内高校间形成有效监督。

第三，加强国家奖学金政策网络宣传平台建设，完善信息发布功能。在当前媒体网络高度发达、信息交叉渗透的社会背景下，网络成为了人们了解各类信息的主阵地，因而国家奖学金政策宣传需在网络平台建设方面加大力度。一方面，教育部网站、全国学生资助管理中心等政府部门官方网站需及时更新修订过的政策，每年及时发布年度学生资助发展报告数据，牵头发起或协助高校开展国家奖学金获得者人物网络宣传活动；另一方面，近年来随着新媒体这一宣传媒介的兴起，高校国家奖学金宣传网络平台构建应得到重点关注，传统网络宣传多集中在学校或学院官网，多由官网发布国家奖学金政策管理细则、评审办法、答辩通知及获奖名单，但官网查询操作较为烦琐，学

生关注较少。现如今，微信公众号、官方微博、视频宣传等方式越来越多地走进人们的生活，且查看方式直观、方便，因而应进一步完善新媒体官方网络宣传平台，通过公众号或微博发文推送国家奖学金评审工作安排、国家奖学金政策管理办法等内容。另外，部分网络宣传平台可能存在信息公示缺乏时效性、重要环节公示缺失等问题，应强化国家奖学金宣传工作的时效性和规范性，切实保障国家奖学金政策宣传活动在网络平台顺利开展。

第四，根据不同教育阶段特点，合理安排宣传工作。高校国家奖学金政策面向对象为高等职业学校学生、高等专科学校学生、普通高等学校本科生及硕博士研究生，因此在开展国家奖学金政策宣传时，应结合国家政策方针，调整不同教育阶段宣传力度，并且结合地区特色、教育阶段特点，推行合适的政策宣传活动。在评审工作宣传方面的要求相差无几，均注重评审过程的公开度与透明度。在政策内容宣传方面，针对政策有较大调整，如高职院校国家奖学金名额变化、本科生国家奖学金评选申请人应满足的具体条件变化等，地方政府与高校应相互配合，统筹做好国家奖学金政策新变化解读、政策内容宣讲等工作。在国家奖学金获得者风采展示方面，不同教育阶段对学生的培养目的不同，因而宣传工作需紧紧围绕相应培养目标展开。例如，高等职业教育以提升技能水平、培养应用型人才为目标，因而进行国家奖学金宣传时可侧重宣传获奖者的创新创业能力、学业成绩、专业技能和职业素养；对于普通高校本科生，除专业课成绩外，还应注重综合素质考查，宣传时可注重展示竞赛、荣誉等内容，强调其综合发展；在研究生阶段，培养目标应着重放在其学术水平与科研成果上，因而获奖者的榜样示范宣传也应将重点放在论文发表、科研竞赛上。结合不同教育阶段育人目标进行宣传，可以在一定程度上提升政策宣传效果。

第七章

高校国家奖学金政策的评审文本分析

在国家奖学金政策实施过程中，许多高校在评审制度方面存在若干有待商榷的问题，学生们对其态度也褒贬不一。高校国家奖学金评审细则制定与实施过程的客观公正性，操作过程的公平性，乃至评选结果的真实性，将直接影响到学生们对政策的认知度、对学校的认同感以及自身学习积极性。因此，唯有规范高校国家奖学金评审实施细则与实践过程，才能充分发挥政策的激励育人功能。

第一节　专科生国家奖学金评审文本分析

一　专科生国家奖学金评审文本分析

相较于本科生国家奖学金和研究生国家奖学金而言，有关专科生国家奖学金研究近乎空白，亟待进一步丰富与完善。因此，本书主要依据所属类别，对专科院校的样本进行选取，分析其国家奖学金实施细则的相关内容。经过筛选后，在河北、湖南、黑龙江、广州四地各选取两所专科院校，且每省的两所学校分别归属于中央和地方。在本书中，将八所专科院校分别匿名为：A 高校（位于河北省的中央所属理工类院校）、B 高校（位于河北省的地方所属理工类院校）、C 高校（位于湖南省的中央所属理工类院校）、D 高校（位于湖南省的地方所属综合类院校）、E 高校（位于黑龙江省的中央所属农林类院校）、F 高校（位于

黑龙江省的地方所属农林类院校)、G 高校（位于广东省的中央所属理工类院校)、H 高校（位于广东省的地方所属理工类院校)。通过分析八所专科院校的国家奖学金实施细则，尤其是通过对中央所属院校与地方所属院校的比较，有利于明确专科院校在评审的各个环节上的一致性与差异性，进而剖析执行过程中出现偏差的表征与原因，并提出一些思考与建议，以期推进我国专科院校国家奖学金政策执行的规范性，提升该项政策的育人实效，真正实现“物尽其用”。

在遵循国家奖学金政策指示的前提下，各院校依据地方具体政策与自身实际情况，制定了更为细化的评审实施细则，尤其是对可参评的基本条件与附加条件作出详细规定，对“何为特别优秀”的关键问题作出具体、可操作的答复。此外，评审机构与流程的设置，更加有力地保障了评审工作的依次推进。本书通过从各专科院校官网上下载国家奖学金实施细则文本，结合访谈等方式，对评审实施细则展开了深入分析，具体如下：

1. 评审实施细则制定

在所选取的八个样本中，绝大多数的专科院校制定了专门的国家奖学金实施细则，但命名略有不同，主要有“评审办法”“评定办法”“（评定/评审）实施细则”“管理办法”四大类。本书为行文规范与统一，将其统称为“评审实施细则”。B 高校、D 高校与 H 高校虽未制定专项文本，但其制定了包含国家助学金评审在内的奖学金评审实施细则，具体为《B 高校国家奖助学金评定实施细则》《D 高校国家奖助学金评审实施细则（修订)》及《H 高校国家奖助学金管理办法（修订稿)》。通过初步调查来看，各专科院校对于国家奖学金评审实施细则的制定与执行较为重视，形成了基本的评审标准与执行流程，主要涉及组织机构、评审条件、名额分配、评审程序等内容。但值得思考的是，三所未制定专门的国家奖学金评审实施细则的高等职业院校均为地方所属，虽然其评审实施细则也具备基础框架，但未将国家奖学金单项列出的举措在一定程度上削弱了学校对国家奖学金政策的重视程度。再则，多数高校都对评审实施细则进行了修订，主要集中在2017年、2018年、2019年这三年间，凸显出与时俱进的倾向，但A高校仍沿用2007年版的评审实施细则，未进行及时的修订，表现出对评审文本的重视程度不足。

2. 评审机构设置

所有高校均在评审实施细则中提出了“评审机构”的设置，但在具体规定上又有些许差异。只有少数高校将“组织机构”单列一节，详细规定了国家奖学金评审领导小组的组织结构，具体如图7－1所示。多数高校只是笼统地对其工作进行概括，并未对构成部分进行解释说明。如D高校实施细则中规定：“学生资助工作领导小组为国家奖助学金评审机构，学工处学生资助管理中心负责具体工作。”可见，各学校主要由委员会以及下设的办公室负责评审的一系列工作，其中委员会的组成成员涵盖校级与院级相关领导，具有一定的科学性。但各院（系）的国家奖学金具体评审实施细则并未得到制定，反映出制定上的不足。

3. 申请条件说明

专科生国家奖学金是为了奖励特别优秀的学生而设立，但对于特别优秀的标准，往往较为模糊与单一，在实际执行过程中更倾向于依赖成绩评价。但在2019年，教育部与财政部联合印发了《本专科生国家奖学金评审办法》（教财函〔2019〕105号）（以下简称《评审办法》），在该《评审办法》中评价标准表现出多元化的趋向，成绩不再是唯一的“入场券”，其他方面表现十分优秀的学生也可以参评，如获得全国荣誉性称号或在体育竞赛中成绩显著。其中，最明显的变化是“互联网＋”创新创业大赛等奖励获得认可。从上述分析可以归纳出，评价标准主要由两部分构成：一是基本条件，主要包含品德和成绩两项；二是附加条件，主要是指在学习成绩并不是十分突出的前

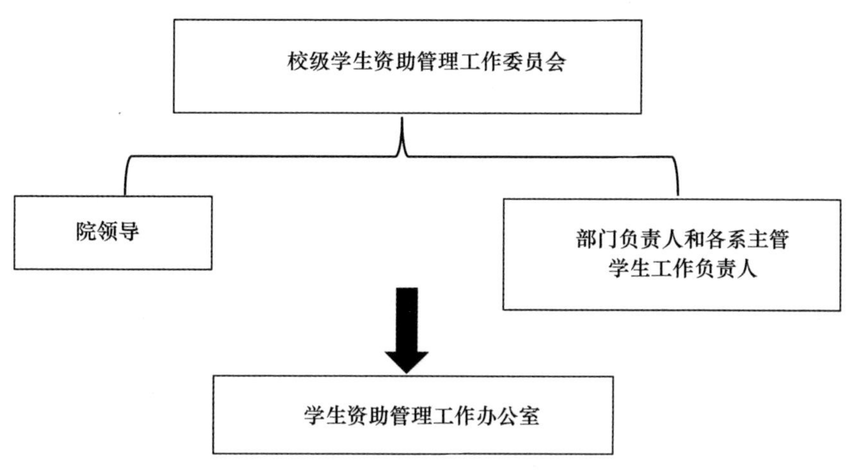

图 7-1 评审机构设置图

提下，学生在其他方面有足够优异的表现，如竞赛获奖、发表高水平论文。通过对八所高校的评审实施细则进行分析，可以发现并非所有高校在评审实施细则中能够细致、多元地设立参评标准，如 A 高校、B 高校、C 高校、E 高校，其评审实施细则中仅仅列出了包含品德与成绩在内的基本条件，并未对特殊优秀学生的情况加以考虑。而在 H 高校、F 高校的评审实施细则中，虽然列出了基本条件与附加条件，但仅仅将品德与成绩分类列出，实质上并未真正体现出综合评价的价值理念。但 D 高校、G 高校则在评审实施细则中对申请条件做出了详细的规定，不仅对成绩排名做出了具体要求，也对“其他方面表现非常突出”这一规定做出了详细阐释，列出了多条具体情况，涵盖了各种竞赛、学术研究、荣誉称号等多个方面，真正彰显了多元评价的价值理念。

4. 可兼得性规定

对“可兼得性”的探讨主要是指：在基本修业年内，可获得国家奖学金的次数以及与其他类型的奖学金是否可以同时获得。通过对八所高校的评审实施细则仔细研读发现，各个高校间的规定存在一定的差异性。其中，八所高校对于奖学金的可兼得性均在国家奖学金、国家助学金以及国家励志奖学金间进行交叉组合与规定。A 高校、B 高校、H 高校明确指出获得国家奖学金荣誉的学生在同年内不得获批国家励志奖学金。D 高校、E 高校、F 高校以及 G 高校则规定家庭经济困难学生同年内可同时申请国家奖学金和国家助学金，但不可同时申请国家奖学金和国家励志奖学金。C 高校则未在评审实施细则的文本中做出相关可兼得性的规定。总体来看，多数学院还是允许同时获得包括国家奖学金在内的两种奖学金。此外，虽然并非所有学院都明确将家庭经济困难这种特殊情况列出，但国家励志奖学金与国家助学金本身就是专门为帮助家庭经济困难的优秀学生而设立的，在可兼得性方面，学院允许同时获得即包含着对家庭经济困难学生的特殊照顾，彰显出一定的人文关怀。

5. 评选方式要求

教育部与财政部于 2019 年联合印发的《评审办法》明确要求，国家奖学金评审工作应当坚持等额评审原则。可以看出，国家层面要求专科生国家奖学金的评审方式为等额评审，值得注意的是，该方式明显有别于研究生国家奖学金评选时的差额评审。虽然是等额评审，但其申请门槛仍然很高，可以筛选出真正优秀的学生，在此基础上实行等额评审，有利于集中选票，其最终目的在于最大限度地实现公平与效率的兼顾。通过对八所院校的评审实施细则进行对比后发现：只有 A 高校、F 高校及 G 高校明确规定了等额评审的基本原则，B 高校、C 高校、D 高校、E 高校及 H 高校并未在评审实施细则中提出等额评审的原则。其中，B 高校、D 高校、E 高校则未明确提出等额评审原则。而 H 高校仅仅提出“每学年评审一次”的时间频率。C 高校仅提出学生资助管理中心负有分配名额的任务，并应报学生资助工作领导小组审批，对于评选方式与原则并未作出相应规定。

6. 评选程序流程

在2019年印发的《评审办法》中将评审工作划分为五部分，依次为：召开预备会、开展评审工作、形成评审报告、审定评审报告以及公布评审结果。通过对八所学院的评审实施细则进行分析后发现，多数院校基本建立了符合国家规范的评审程序，但在具体流程上略有差异，例如，与其他高校相比，A高校、F高校并未设置“班级推荐”一环，而是在“个人申请”后直接进入“系部推荐”。再如，D高校并未规划出细致的评审流程，仅是指出“由分院确定初选名单，再由学生资助管理中心提出建议名单，最终由学生资助工作领导小组审批”三步粗略流程，对于具体方式并未提及。但值得一提的是，D高校对“分院评审小组”的组成类别做出了具体规定，即由“分院资助领导小组成员、辅导员、一定比例的学生代表”组成。此项规定是对现实中仅由领导小组评审的突破，具有一定的民主化特征，同时也有利于评审的科学化。虽然各学院间的评选程序流程略有差异，但总体上可归纳为图7-2。

二　专科生国家奖学金评审文本存在的问题

国家奖学金政策具有重要的激励育人作用，这项荣誉的获得不仅仅意味着物质上的奖励，对于学生而言更是一种精神上莫大的肯定和鼓励，可以极大地满足优秀学生的多重需求，进而推动其持续发展与进步。对于大多数的普通学生而言，尽管国家奖学金具有较高的申请门槛，但在物质与精神的双重鼓励下，学生们奋发图强，以国家奖学金的高标准要求自己，这在很大程度上亦能推动学生积极、充分地发挥主观能动性，并以自身的全面发展为最终目标努力进步。在对八所学院的评审实施细则进行研读与分析后发现，各个学院虽然制定了相关文本，但在标准的科学化、操作的规范化、内涵的凝练、功能发展和评价机制等方面仍然存在着诸多问题，进而影响到政策的执行效

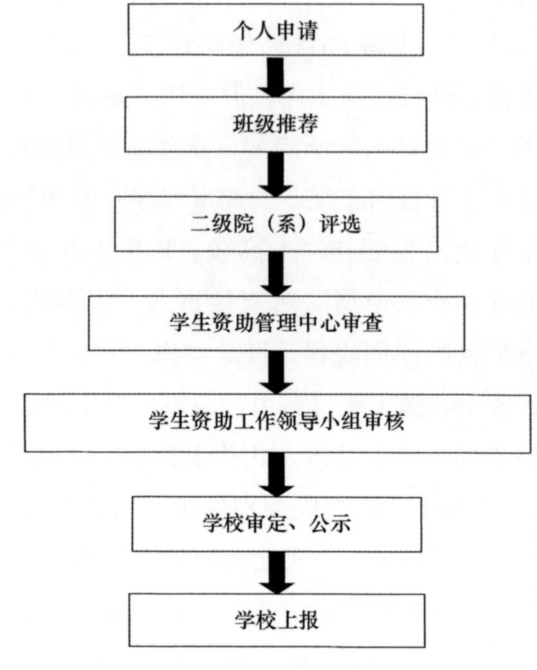

图 7－2　评审程序流程图

果。因此，有必要对专科生国家奖学金的学院评审实施细则进行深入、全面的剖析，探寻评审文本在制定环节存在的现实困境，为后续研究的开展奠定基础。

1. 评审文本专门性不足，忽视二级学院文本制定

通过查阅八所学院的评审实施细则后发现，多数学院制定了独立的国家奖学金评审实施细则，但仍有部分学院并未制定专属评审实施细则，而是将国家奖学金与国家助学金、国家奖学金励志奖学金进行组合并制定了统一的评审办法。虽然在类似的统一评审办法中，国家奖学金评审的部分内容也被单列出来，并设定了申请条件等内容，但在内容的具体性、系统性等特征上，明显逊色于专属的国家奖学金评审实施细则。此外，未独立设置国家奖学金评审实施细则在一定程度

上也弱化了国家奖学金的激励育人功能，折射出学院不够严谨细致的工作态度。在实际执行过程中，更容易因文本自身的问题而出现执行偏差，产生种种消极影响。此外，文本的问题还涉及二级学院（系）。具体言之，被调查的八所学院均设置了校级的国家奖学金评审实施细则，但对于下属的二级学院（系）却并未做出任何相关规定，使得二级学院（系）在进行初级评审过程中仅能依靠校级评审实施细则。这种现象极易导致二级学院（系）在初级评审过程中无法根据自身实际情况进行灵活性调整，进而出现“一刀切”的问题，难以真正筛选出特别优秀的学生。除此之外，校级评审实施细则是依据国家政策精神与学校实际情况制定的，虽然形成了评审的基本规定与流程，但对于细节性、具体性的问题仍难以覆盖全面，尤其是文本中未对二级学院（系）的评审流程做出详细规定，仅是将其作为评审的一环列出，占用一条左右的内容含量。因此，虽然学校将评审的权力下放至二级学院（系），但二级单位并未制定适合的且更加具体的评审实施细则，仅仅依赖于校级文件，更易导致二级学院（系）在初级评审过程中出现执行偏差，如不公开、不透明的评审。可见，在校级文本专门性未达到理想状况的前提下，二级学院（系）未制定评审实施细则的现象极大地影响了国家奖学金评审政策的执行效果。

2. 多元评价理念彰显不足，过度依赖学习成绩排名

通过对所选取的样本进行研读后发现，多数学院主要设立了基本条件，即将“成绩 + 品德”作为国家奖学金评审的重要标准。虽然在评审的基本条件中也包含对品德的要求，如爱国、守法以及诚信，但这些属于基本道德，绝大多数学生是符合条件的。此外，由于品德自身的抽象特征，在实际评审过程中往往难以测量。因此，出于对以上两方面的考量，在关于品德方面的评审过程中，最终会给予所有学生合格的评价。故此，对品德的考核通常流于形式，该指标对于专科生国家奖学金的最后评审结果也并未产生很大的影响。作为另一项基本

条件的成绩排名则在评审过程中占据着相当大的比重，甚至上升至“一票否决”的重要地位。不可否认的是，对于特别优秀学生的衡量标准必定是包含成绩要求的，多数学院在评审实施细则中规定要参加国家奖学金竞选的学生其成绩排名必须在前10%，而有的学院甚至要求是排名第一。从一定意义上来说，对成绩排名做出高要求是合理的，因为其目的主要在于筛选极其优秀的学生，必然要设置高门槛。但仅仅注重成绩排名则容易影响到对其他类型优秀学生的识别与鉴定，造成某种程度上的不公平。根据教育部与财政部于2019年联合印发的《评审办法》中可以发现，其评价维度亦趋于多样化，折射出多元评审的价值理念，突破了过去以成绩为单一评价指标的局限。现实中过度依赖成绩排名，将其作为重要甚至唯一指标的原因可能有二：一是由于专科院校的劣势性，所分配到的国家奖学金名额往往较少，竞争更为激烈，利益冲突较多，而成绩排名较为直观且易获得。此外，在通常情况下，排名靠前的同学也更容易受到老师和同学的认可，更符合对优秀学生的定义。所以，按照成绩排名进行筛选，相对来说是较为公平且可操作性较强的方式；二是考虑到在现实中，教师、领导等团体对专科生所抱有的期望不同。不可否认的是，专科院校的生源相较于本科院校而言不甚理想，学生的综合素质或学习成绩往往低于本科院校，而在社会上，专科生也更多地被贴上“坏学生”“没出息”等消极标签。所以，在多重负面因素的影响下，专科生并未被给予过高的期望，也很难达到附加条件中的“发表论文”“国家竞赛”等要求，因此往往被省略不提。从种种角度考虑，似乎只有成绩才是直接且可能的评审要求，而这种想法也造成了过度依赖成绩的局面。但在现实中，存在一定数量的专科生虽然成绩排名没有领先，但他们确实在某些领域表现出色，相较于单一的高分成绩而言，他们更符合全面发展的优秀学生的要求。但由于评审实施细则内容的不足，使得他们无缘国家奖学金，不仅是他们个人的损失，也是评审科

学性有待提升的体现。

3. 公开透明度有待提升，评审过程可操作性大

通过对八所学院的评审实施细则进行分析，并与有关人员进行访谈后发现，目前学院评审过程中备受质疑的重要一点便是缺乏透明性与公开性。八所学院均制定了评审流程与申请标准，但这些只是评审的初始条件，甚至可以形容为“表层形式”，换言之，形式上的公开与民主并不能完全等同于实质上的公开与民主。公开透明度有待提升主要体现在两个方面：一是评审材料并未公开，虽然申请条件中列出了诸多项目，学生可以根据自身的经历进行准备并及时递交相应的材料，但这些材料并未面向所有学生进行公开展示。因此，材料的真实性与价值性全靠老师及领导审阅，为部分学生作假提供了可乘之机。在调查中发现，有学生在材料准备上存在弄虚作假的行为，但因其与老师（领导）交往过好，而未被揭露甚至得到袒护，最终的国家奖学金评审结果也使得学生群体间意见较大，未能完全服众。二是评审方式缺乏公开性，评审小组如何进行评选一直是学生们存有疑问的地方。通常情况下，能够递交材料的学生大都是彼此之间实力相当的优秀学生，如何从水平相当的学生中进行选择呢？虽然多数学院在“个人申请”后设立了“班级推荐”的环节，由民主推荐和评议产生班级的国家奖学金候选人，评审信息在同学间是公开透明的，但在进入二级学院（系）及以上的评审时，便逐渐脱离学生的监督，也掩盖了具体的沟通交流与信息共享环节，仅在最后张贴评审结果的公示名单，对于“落选”的原因并未进行解释与说明。三是评审小组的成员结构未彰显民主化，八所学院中只有一所学院在评审实施细则中提出“由领导、教师与学生按一定比例组成评审小组”，而这一规定也仅仅在该校评审实施细则中的二级学院（系）评审中提到，其他学院则均未对评审小组的构成做出规定。经过调查后发现，评审小组基本由院级与校级的相关领导组成，教师代表与学生代表未能有效参与。成员

结构的单一性更容易引发评审过程中的不公正问题，而变相剥夺教师与学生的参与权、监督权则与民主化的精神相违背。无论是评审材料、评审方式还是评审成员都存在着一定的不足与缺陷，从而直接或间接地导致了评审信息的不公开、不透明，使得学生、教师以及领导等利益相关者有了较大的操作空间，缺乏公开性与透明度的评审容易导致评审结果受到质疑。这种现象大大削弱了国家奖学金政策设立的意义与价值，也是与国家政策精神相悖的。

4. 公示制度未塑实质，后续申诉被模糊化处理

公示制度作为评审过程的一环往往最易被忽视，多数学院仅在评审实施细则中提出“评审通过后张榜公示不少于 3 天”，且公示内容只有最终名单，并未列出其他明细，如成绩排名等。此外，并非所有学校在张榜公示时会及时通知学生，更多的学校只是在宣传栏上张贴以及在官网上不定时公布。学生是否能够看到通知则取决于自身是否足够细致以及是否与自身利益相关。公示制度本身是为了保障广大师生的知情权、监督权，并非是流于形式的张贴或者无意义的通知，而应是包含发布信息在内的系统性流程，尤其是应注意对评审材料的公示。通过前文的分析可以看到，多数学院的公示制度仅仅停留在形式化阶段，并未真正塑成具有内涵的制度体系。在公示之后，有时还会面临申诉阶段，具体言之，通常是在对评审结果存有异议时学生主动寻求表达意见的途径。但在多数学院的评审实施细则中并未对“申诉制度”进行相应规定，反而是对其进行了模糊化处理。如多数学院在评审实施细则中提出“评审通过后张榜公示 7 天（或 3 天或 5 天不等），无异议后并上报教育部审批”。从此项规定中可以看出，虽然提到了“异议”这个词汇，也蕴含着“有异议”的可能性，但其直接表述更偏向于“默认下的无异议”，仅是作为一条形式规定列入其中。究其文本，并未发现任何有关申诉的具体内容。对于“向谁申诉?”“如何申诉?”等问题并没有做出正面回答，反而是采用模糊化的处理

方式，在公示结果的规定中一带而过。如果无处申诉，那么公示制度的意义将会被大大削弱，从而对评审的民主性、科学性以及规范性造成一定的冲击和影响。可见，作为最后一环的公示与申诉，并非一个评审过程的“结束仪式”，而是丰富和完善评审过程的重要手段，对于保障国家奖学金评审的公正性以及激励育人成效的实现具有重要作用。

三　专科生国家奖学金评审文本的优化建议

上述分析表明，我国专科院校在国家奖学金评审过程中存在着一定问题，影响着政策实际执行效果。为有效推动国家奖学金政策的落实，促进专科院校育人质量的提高，提出以下几点思考。

1. 完善校级专门性实施细则，推动二级学院评审文件的制定

通过对八所高校的国家奖学金评审实施细则进行搜集发现，所有学校均制定了相关的评审实施细则，但仍有两个不足之处：一是部分学院的校级层面的评审实施细则未具独立性，即国家奖学金的评审实施细则通常与国家励志奖学金、国家助学金结合在一起制定。二是通过搜索发现，专科学院的二级学院（系）均未制定国家奖学金的评审实施细则。而在实际评审过程中因缺少专门性文件的支持，执行过程常常会出现缺乏公平、混乱无序等现象，进而削弱了国家奖学金政策执行的有效性。因此，各专科院校应依据国家政策文件单独制定国家奖学金评审细则，将国家奖学金从奖助政策体系（包括国家励志奖学金、国家助学金等在内）中剥离出来，制定专项评审实施细则，此举不仅是为了与国家奖学金政策保持一致，也有利于彰显国家奖学金政策的重要地位，进一步扩大国家奖学金政策的影响力。二级学院（系）作为国家奖学金评审过程中不可或缺的组成部分，在组织个人申请、班级推荐以及资格审核上发挥着重要作用，其运行机制需要得到明确，这不仅依赖于校级评审实施细则，而且需要制定更加细致且

适当的院级评审实施细则。因此，各二级学院（系）应积极根据本院的实际情况制定相应的国家奖学金评审实施细则，内容应包括但不限于“申请标准”“评审小组成员构成”“评审原则”等。通过校级与院级实施细则的完善，可以建立起“国家—省市—校级—院级”的评审文件链，有利于推动国家奖学金政策的有序落实。

2. 建构多元评审标准指标，实现评审过程的公开化

从调查得到的资料来看，多数专科院校存在着过度依赖成绩排名进行国家奖学金评审的问题。从“学生”的角度来考量，学生的本职是学习，对学习好坏的评价则体现在成绩上，成绩作为重要的评价指标是无可非议的。但从“优秀”的角度来考量，这个词相较于“学生”更抽象，可以简要描述为“在某个领域极其突出”，可见，领域的广泛性就决定了难以建构全面化、具体化、可量化的指标，因而只能让所设置的指标尽可能多地覆盖“优秀”的特质，因此，成绩可以被作为一个指标列入，但不能成为唯一指标。再结合“学生”的本质，成绩应被作为一项极其重要的指标列出，所以各专科学院将成绩排名作为申请的基本条件（且是硬性要求）是合理的。但过分强调成绩，甚至有的学院规定只能“第一名”进行参选，使得评审滑向“唯成绩论”，失去了评审“优秀”背后“全面发展”的本质意义。在实际中，也存在着一定数量的虽学习成绩未能位列第一，但拥有丰富的社会实践经历，参加大赛获取奖项以及获得荣誉称号等表现极其优秀的学生，且其成绩也属于中上游。此类学生相较于仅仅学习成绩位列第一的学生更符合“全面发展”的要求，也更应属于“特别优秀”的行列。因此，各院校在制定评审实施细则时，应充分考虑到上述情况，在“学习＋品德”的基本条件的基础上再加入“附加条件”，但针对不同的条件应根据其重要性设置不同的权重，借用数字进行计算，学生最终的成绩可以以“基础分＋附加分”的综合成绩的形式列出，此方法可在最大程度上帮助学校衡量出真正的“特别优秀

的学生”。在评价指标构建完成后，则进行到至关重要的执行环节，如果执行跟不上，评价指标也会沦为一纸空谈。而在文本分析中发现，评审过程中存在的突出问题是不够公开与透明，进而使得评审过程的公正性与评审结果的合理性受到质疑。出于民主化与科学化的基本原则，评审过程应该面向全校师生公开，从个人递交申请材料（成绩排名、奖项证书等）开始，就应及时向师生公布，不仅是为了保障师生的知情权，还有利于进一步鉴别材料的真伪。在评审领导小组进行评议时，首先要确保小组成员的构成能够关涉到所有利益相关者，即领导、教师、学生应按一定比例被纳入其中；其次，在评审过程中，应坚持公开原则，允许一定比例的有兴趣的师生进行旁观，并及时通告评审进展；最后，在结果公示后，应设立申诉制度，确保意见及时地反馈给评审领导小组。通过对评审过程的公开性调整与信息的透明度放大可以有效地保障利益相关者的知情权、监督权等法定权利，同时也可以保证评审结果的公平性与有效性，真正地将国家奖学金政策落实到位。

第二节　本科生国家奖学金评审文本分析

一　本科生国家奖学金评审文本分析

党和国家出于对人民利益和国家利益的考量，坚持将教育置于优先发展的重要战略地位。但在发展教育的过程中，逐渐浮现出了“不均衡”“不公平”以及“质量低”等问题，为了更好地发挥教育的功能，也为了激励更多的学生努力学习，国家奖学金政策应运而生。随着时间的推移，国家奖学金政策在实践中的正向效果得到验证。因此，国家奖学金政策的意义与价值日益得到彰显，也愈加受到社会各方的关注。经过文献梳理后发现，关于本科生国家奖学金政策的相关研究已经取得了一定的成果，但有待进一步丰富与完善。因此，本书主要依据所属类别，对本科院校的样本进行选取，分析其国家奖学金校级与院级评审实施细则的相关内容。经过筛选后，在山东（东部）、湖南（中部）、四川（西部）三省各选取三所本科院校，分别为“教育部直属高校”“省属高校”以及“民办高校”。在本书中，借鉴武汉大学中国科学评价研究中心对我国高校的分类方式，将九所本科院校分别匿名为：I 高校（位于山东省的教育部直属的综合类院校）、J 高校（位于山东省的地方所属的农林类院校）、K 高校（位于山东省的民办性质的综合类院校）、L 高校（位于湖南省的教育部直属的综合类院校）、M 高校（位于湖南省的地方所属的理工类院校）、N 高校（位于湖南省的民办性质的财经类院校）、O 高校（位于四川省的教育部直属的财经类院校）、P 高校（位于四川省的地方所属的综合类院校）以及 Q 高校（位于四川省的民办性质的师范类院校）。通过分析九所本科院校的国家奖学金实施细则，尤其是通过对教育部直属高校、省属高校以及民办高校的比较分析，有利于明确本科院校在评审各个环节上的一致性与差异性，而对比较结果进行深入分析，则可以探讨表象背后的深刻本质。

（一）本科生国家奖学金校级评审文本分析

教育部与财政部于 2019 年印发《本专科生国家奖学金评审办法》（以下简称《评审办法》），经过搜集整理后发现，各省也针对国家奖学金政策制定了相应的评审办法。而具体落实至各高校，则需要各院校在遵循国家奖学金政策评审精神的基础上，依据地方具体政策与自身实际情况，制定出更加具体且可操作性强的校级国家奖学金评审实施细则。尤其要对评审的关键条件与基本流程做出详细规定，不仅可以将“特别优秀”由抽象降维到具体，也可以保证评审工作的有序推进，避免在工作中因“无章可循”而出现混乱无序的现象。故此，本书通过从各专科院校官网上下载国家奖学金实施细则文本，结合访谈等方式，对评审实施细则展开了深入分析，具体如下：

1. 评审实施细则制定

通过从各高校官网上搜索与整理评审文本后发现，绝大多数高校都制定了专门的国家奖学金评审实施细则，但在校级文件的命名上略有不同，主要有："管理（暂行）办法""管理实施办法""评选/评审办法""评选/评审管理办法""评审及管理办法"及"评定实施细则"几类。为统一行文，我们将各个高校的校级评审文件统称为"评审管理办法"。其中，M 高校与 Q 高校并未制定独立的国家奖学金评审管理办法，而是制定了包含助学金在内的综合性文本，具体为《M 大学国家奖（助）学金管理办法》《Q 学院国家奖助学金评审管理办法》，且这两所高校分别为省属高校、民办高校。此外，I 高校虽然制定了专门的国家奖学金评审管理办法，但其发布时间却为 2007 年且其文件名称含有"暂行"——《I 大学国家奖学金管理暂行办法》，从发布时间及命名方式上可以对该校国家奖学金政策的落实程度持有质疑，值得注意的是，该校的性质为"教育部直属高校"。从上述分析可以看出，无论是部属高校、省属高校还是民办高校都在国家奖学金评审管理办法的制定上存在一定的问题，但存在问题的高校数量所占比重较小。

2. 评审机构设置

通过对九所高校的"国家奖学金评审管理办法"进行分析后发现，并非所有高校都在评审管理办法中对"评审机构/组织"做出规定，只有 L 高校、M 高校、N 高校以及 Q 高校在校级文件中进行了细致的规定。其中，具体规定主要涉及校级与院级两个层面，如 L 高校在评审管理办法中指出"学校成立国家奖学金评审领导小组，由主管学生工作的校领导任组长，学生资助管理中心、招生与就业指导处、校团委、教务处、计划财务处、纪检监察处负责人为成员。评审领导小组办公室设在学生资助管理中心，学院成立国家奖学金评审小组，由分管领导担任组长，班主任、辅导员、学生代表等为成员"。可见，高校主要通过对两个层级的评审小组成员构成进行说明，据此构建评审组织，具体如图 7－3 所示。此外，J 高校虽然未明确对评审机构设置的要求，但也提出了“国家奖学金每学年评审一次，由学校学生资助管理中心具体负责组织评审工作”。可以看出，J 高校将评审工作的主要责任归于校级学生资助管理中心。除上述高校外，其他高校均未对评审机构的设置做出明确规定，且这一情况在山东省尤为突出。总体上来看，大部分高校并未对评审机构设置作出明确的规定，其中，湖南省的三所高校评审文本制定最为完善，四川省次之，山东省有待完善。

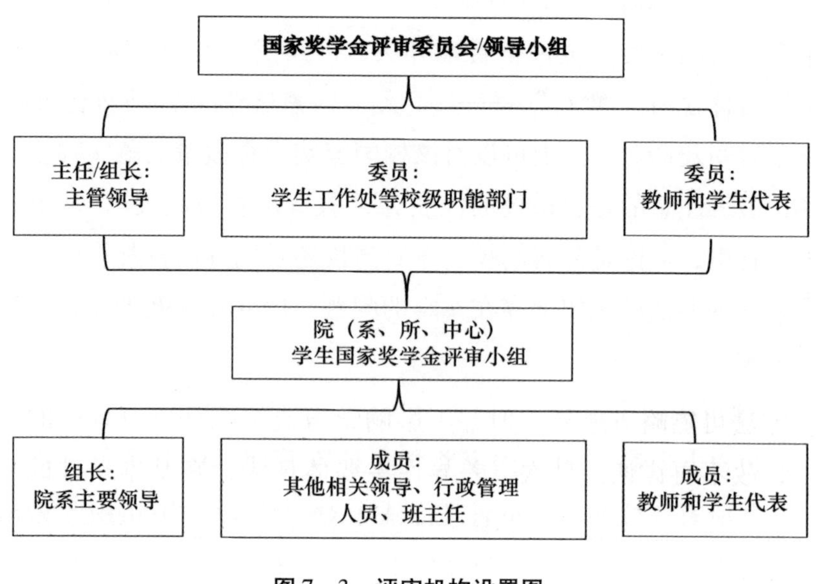

图 7－3　评审机构设置图

3. 申请条件说明

本科生国家奖学金设立的主要目的在于激励与育人，国家奖学金所具有的特殊地位与极高荣誉使其区别于一般性质的奖学金，奖励对象为《评审办法》中所提到的“特别优秀的学生”。但“优秀”一词本身就具有一定的抽象性，再加上“特别”一词的修饰，

模糊性渐强。因此，在实际的政策执行过程中往往被简化为“成绩好”，通过单一的成绩排名便直接筛选出符合条件的学生。但在2019年印发的新版《评审办法》中评价标准却表现出多元化的趋向，成绩不再是唯一的“入场券”，其他方面表现十分优秀的学生也可以参评。如获得全国荣誉性称号、体育竞赛中成绩显著。由此看来，新的评价标准主要由两部分构成：一是基本条件，主要包含思想品德和学习成绩两项；二是附加条件，主要是指在学习成绩并不十分突出的前提下，学生在其他方面有足够优异的表现，如获得国家级荣誉称号。以上的简要分析主要是针对于国家层面的政策精神解读，实际落实的情况还需要对九所高校的国家奖学金评审管理办法的文本进行深入分析。经过初步分析后发现，所有高校均在国家奖学金评审管理办法中对申请条件做出了相应的规定，但具体内容既有共性又有些许差异性，主要体现在具体性与科学性两方面。首先，各高校的申请条件主要涉及思想品德和学习成绩两方面，这是其共性的重要体现。可见，在对“特别优秀”进行解释的过程中，思想品德和学习成绩二因素被各高校一致认为是学生应该必备的基本条件，但值得注意的是，各高校对学习成绩的排名要求以及计算方法可能略有差异，但并不影响学习成绩在评审过程中的重要程度，故不再详谈。其次，差异性主要体现为：在基本条件的基础上，部分高校还设定了附加条件，此举是为了帮助进一步筛选除成绩外其他方面“特别优秀”的学生，其中L高校、M高校、P高校、Q高校均在国家奖学金评审管理办法中指出“如在其他方面表现非常突出，可申请国家奖学金，但需提交详细的证明材料”。其中，除了Q高校并未对认可的特殊情况进行大致罗列以外，其他三所高校均列出了多条认可的标准。而I高校、J高校、K高校、N高校只设定了基本条件，且特别注重学习成绩的排名。O高校则未单独对学习成绩做出要求，只是提出“在校期间学习成绩优异，社会实践、创新能力、综合素质等方面特别突出”。笼统性的描述使得这项规定的可操作性大打折扣。值得一提的是，N 高校在基本条件中，还提出“到课率达 100%（请假除外）；所住寝室内务卫生合格率达 98%”。对出勤率与卫生合格率进行要求，这在高校的评审管理办法中实属少见，但这一规定也需要辩证地看待。对于学生而言，按时上课与保持好卫生也应当属于基本的个人素质，但这项规定在执行过程中极有可能出现“矫枉过正”的现象，尤其是对寝室内务合格率的要求。寝室一般是集体宿舍，卫生的维护需要靠大家的努力，如果仅让某一（部分）学生承担因卫生不合格而带来的在荣誉评比、综合排名等方面的损失，容易引发质疑。因此，这一规定有待进一步商榷。

4. 可兼得性规定

可兼得性主要是指：在同一修业年限内，能否同时获得多个类似的奖项，例如，国家奖学金与国家奖学金助学金、国家励志奖学金可否同时获得；国家奖学金与学业奖学金可否同时获得。通过对九所高校国家奖学金评审管理办法的研读后发现，所有高校均对“可兼得性”做出了相关规定，且主要集中在国家奖学金与国家助学金、国家励志奖学金的可兼得性方面，即同一学年内，获得国家奖学金的家庭经济困难学生可以同时申请并获得国家助学金，但不能同时获得国家励志奖学金。可以看出，各高校允许的可兼得模式为“国家奖学金 + 国家助学金”，这一模式的确立也是与国家层面的政策精神相符合的。值得一提的是，可以叠加获得两项国家级奖项，不仅是对获奖学生“特别优秀”品质的肯定，同时也是对家庭困难优秀学生的人本关怀。也有部分高校对省级奖学金、校级奖学金及其他社会捐赠奖助学金与国家奖学金的可兼得性进行了规定。J 高校与 K 高校规定：“同一学年内，获得国家奖学金的家庭经济困难学生可以同时申请并获得国家助学金，但不能同时获得省政府奖学金、国家励志奖学金和省政府励

志奖学金。”L高校则规定：“在同一学年内，申请并获得国家奖学金的学生，不能同时获得国家励志奖学金及L大学综合奖学金，但可同时申请并获得国家助学金及其他社会捐赠奖助学金。”可见，所有高校均对国家级奖学金的可兼得性做出了具体规定，但仍有所欠缺，因为高校所设立的奖学金奖项多种多样，除国家级以外，还涉及省级、校级以及社会奖学金等，如何平衡国家奖学金与这些奖项的可兼得性，是在制定国家奖学金评审管理办法中仍需要完善的。

5. 评审程序流程

在2019年印发的《评审办法》中将评审工作划分为五部分，依次为：召开预备会、开展评审工作、形成评审报告、审定评审报告以及公布评审结果。通过对九所本科高校的国家奖学金评审管理办法的分析来看，各高校均制定了基本的评审流程框架，但具体内容上略有差异。J高校仅用一条内容对评审流程进行说明，即“按照学生本人申请、班级民主评议、学院评选公示、学校审核公示的程序产生国家奖学金获奖学生建议名单，在校内进行不少于5个工作日的公示。公示无异议后，学校将评选结果报山东省级教育部门，山东省级教育部门审核后，报教育部审批，山东省级教育部门批复并公告”。该项规定虽然也包含了评审的基本步骤，但对于评审小组成员、组织职责等内容均未进行详细说明，使得该项规定的现实意义大打折扣。此外，Q高校也存在类似的规定情况，其他高校对评审基本流程规定的解释则大致类似，但总体上九所高校均表现出由“二级学院→校级评审”的纵向顺序，具体如图7－4所示。

（二）本科生国家奖学金院级评审文本分析

在前文中，我们针对校级评审管理办法进行了深入的分析，并得出了部分结论。但这仅仅是针对校级层面的分析，至于国家奖学金政策的落实则应具体至院级层面。因此，本书还搜集了高校个别学院的具体评审管理办法，期望通过对院级国家奖学金评审管理办法的分析

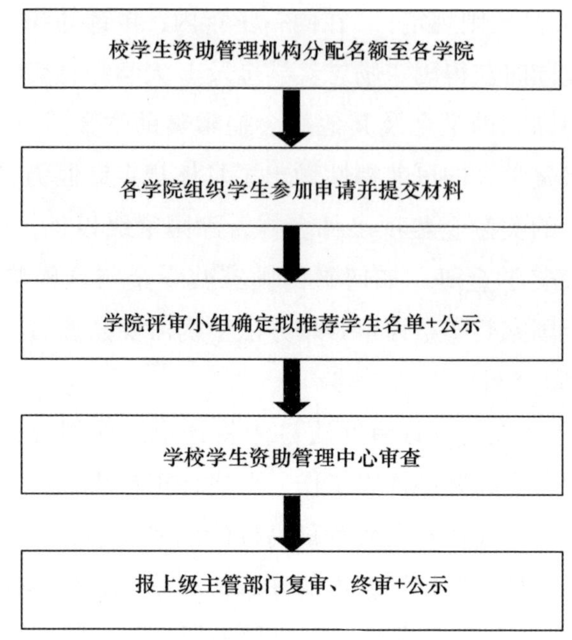

图 7－4　评审程序流程图

进一步探讨国家奖学金政策在制定、评审等方面的发展现状与存在问题。本书选取的九所学院分别为 I 高校的海洋与大气学院、J 高校的农学院、K 高校的化工学院、L 高校的数学学院、M 高校的交通运输工程学院、N 高校的商学院、O 高校的经济数学学院、P 高校的土木建筑与环境学院、Q 高校的传媒与演艺学院。表 7－1 为九所高校的院级单位评审文本的基本情况。

表 7－1　　院级单位国家奖学金评审管理办法基本情况

序号	学院	是否有专门评审管理办法	备注
1	I 海洋与大气学院	否	有专门的研究生国家奖学金评审管理办法
2	J 农学院	否	未查询到任何有关文件

续表

序号	学院	是否有专门评审管理办法	备注
3	K 化工学院	否	采用包含国家奖学金在内的院级综合性奖助学金评审管理办法
4	L 数学学院	否	采用校级国家奖学金评审管理办法
5	M 交通运输工程学院	否	未查询到任何有关文件
6	N 商学院	否	《商学院 2018 年国家奖学金评定实施方案》
7	O 经济数学学院	否	采用校级国家奖学金评审管理办法
8	P 土木建筑与环境学院	否	采用校级国家奖学金评审管理办法
9	Q 传媒与演艺学院	否	未查询到任何有关文件

从上述的表格中可以看出，九所学院均未制定独立的院级国家奖学金评审管理办法。其中，只有 K 高校的化工学院制定了包含多种奖助学金在内的综合性院级评审管理办法。其他高校下属的学院均采用校级国家奖学金评审管理办法。通过数量上的比较可以看出，多数学院还是选择直接“粘贴”校级的评审管理办法。这种做法虽然不能完全否定，但也不能忽略其中的弊端。一方面，校级评审管理办法为最大限度地覆盖各个学院，其内容趋于总体化，直接采用校级评审管理办法可以做到与校级评审的核心精神保持高度一致。但其弊端在于不够细致，不能照顾到各学院的具体情况。值得注意的现象是，I 高校的海洋与大气学院虽然未制定独立的院级本科生国家奖学金评审管理办法，但却制定了独立的研究生国家奖学金评审管理办法，即《海洋与大气学院研究生国家奖学金评选实施细则》。这种情况的出现，可以看出各学院并非是“无力”制定本科生的国家奖学金评审管理办法，而更多的是“无心”，也能凸显出学院对研究生国家奖学金的重视程度大于本科生国家奖学金。其实，这种情况也较为常见，在对本

科生校级国家奖学金评审管理办法的文本搜集过程中发现，多数高校制定了独立的研究生国家奖学金评审管理办法，但却未制定独立的本科生国家奖学金评审管理办法。高质量的研究生教育有助于提升高校整体水平，且研究生的科研成果产出远超本科生，其价值看似“大于”本科生，因而会出现这种“重视”研究生国家奖学金的现象。但不可否认的是，本科生群体的数量是远大于研究生群体的，本科教育是一所大学的灵魂，因此各高校应提高对本科生国家奖学金的重视程度。

具体至国家奖学金评审指标方面，各学院的评审标准也不尽相同。无论采用何种形式的国家奖学金评审管理办法，均未能明确列出计算方式和比重，使得具体考评方式模糊化。尤其是与院级研究生国家奖学金评审管理办法相比，具有较大的差距。多数院级研究生国家奖学金评审管理办法中会对计算方式与比重做出规定。例如，某高校的机械工程及自动化学院采用的是“学习成绩年级前50%可参评，总成绩=（0.3×个人学习成绩+0.7×学术成果）（标准化为最高80分）+答辩成绩（最高20分）”；某高校心理与认知科学学院采用的是“综合成绩=成绩×20%+科研成绩+学生工作及社会实践（最高14分）；科研成绩=学术论文分数（期刊级别分数×个人贡献系数）+主持课题分数+学术竞赛分数+编译分数”；某高校人居环境与建筑工程学院则采用的是“综合成绩=智育分+德育分+文体分（无加分上限）。二年级智育分=学科成绩+科研分；三年级智育分=考核成绩×60%+科研分；德育=班级评分（最高5分）+学生干部加分（最高4.5分）”。通过上述四个例子可以看出，在国家奖学金评审管理办法中是可以对评审的计算方式与比重做出具体规定的，虽然不同学院采取了不同的评审指标与比重，但基本围绕“成绩”“德育”“科研”“活动”四个大方面展开。但本科生国家奖学金对于计算方式与比重等信息公布不足，不够透明化，所有学院均未做出如上所述

的具体计算公式。在申请条件中，各学院主要依据“学习成绩”与“思想品德”两大方面进行规定，如L高校的数学学院在国家奖学金评审管理办法中规定：“综合测评成绩排名及专业成绩排名均位于本年级本专业前10%，可以申请国家奖学金。综合测评成绩排名、专业成绩排名中一项未进入前10%，但均位于前30%，且在道德风尚、学术研究、学科竞赛、创新发明、社会实践、社会工作、体育竞赛、文艺比赛等某一方面有突出表现，亦可申请国家奖学金。”这一例子具有极强的代表性，基本反映了各学院对学生申请条件的要求，即基本条件（学习成绩+思想品德）+附加条件（成绩不够前10%或其他方面表现突出）。但不可否认的是，过于粗略的申请要求会使得政策在执行过程中出现较大的操作空间，影响国家奖学金评审工作的公正性。

除上述分析之外，还值得关注的一点是文本制定缺乏系统性。通过对九所学院的国家奖学金评审管理办法进行整理后发现，只有K高校的化工学院与N高校的商学院制定了院级的国家奖学金评审管理办法。其中，K高校的化工学院制定的是包含国家奖学金在内的综合性奖助学金评审管理办法。尽管两所学院制定了院级国家奖学金评审管理办法，在文本制定中仍然存在着形式化、缺乏系统化的问题。具体而言，K高校的化工学院制定的评审文本中主要涉及了评审依据与程序、资金发放与监督这两大方面，且内容过于简要，未能进行详细说明，其参考意义并不大。N高校的商学院制定的国家奖学金评审管理办法则更为简要，对于参评条件仅仅列出了基本条件且以学习成绩排名为主，并未列出附加条件。尽管列出了分配名额与评审流程，但对于评审组织、计算公式等内容均未提及。在对该文本进行字数统计后发现，全篇仅有五百余字，可见该评审管理办法之简要。通过对两个学院的国家奖学金评审管理办法的文本进行深入分析后发现，虽然两个学院均发布了院级的评审文件，但由于内容缺乏系统性、模糊化等问题，并未达到理想中院级文件实施应有的效果，这些文件更趋于象征性，可操作性不强。

二　本科生国家奖学金评审文本存在的问题

通过对九所高校的国家奖学金评审管理办法进行分析发现，各个高校虽然制定了相关文本，但在标准的科学化、操作的规范化、内涵的凝练、功能发展和评价机制等方面仍然存在着诸多问题。由于国家奖学金本身所具备的意义非同凡响，不仅仅是浅层的物质激励功能，更具有深层次引导高校学生价值观的育人作用。因此，为了推进国家奖学金政策的贯彻落实，最大限度地发挥国家奖学金的育人功能，有必要对本科生国家奖学金的评审管理办法进行深入、全面的剖析，探寻高校在落实国家奖学金政策方面的局限性，以期为后续研究的开展与实践的推进奠定基础。

1. 评审文本制定有待完善，部分高校缺乏专项文本

通过查阅九所高校的国家奖学金评审管理办法后发现，多数高校制定了独立的国家奖学金评审管理办法，但仍有部分高校并未制定独立的国家奖学金评审管理办法，而是将国家奖学金与国家助学金、国家奖学金励志奖学金作为一个整体制定了综合性的评审管理办法。在此类综合评审管理办法中，国家奖学金评审的相关要求也被单列出来，并设定了申请条件等内容，但其在内容的具体性、系统性等方面略逊于专属的国家奖学金评审管理办法。此外，未独立制定国家奖学金评审管理办法的高校数量虽较少，但也不应因数值过小而顺其发展或视而不见。因为与国家助学金、国家励志奖学金相比，国家奖学金具有独特的地位与意义，它面向整个本科学生群体，从中选拔出最优秀的学生予以奖励，是对国家励志奖学金筛选特别优秀的家庭困难学生与国家助学金筛选家庭困难学生的补充与丰富。因名额较少，竞争激烈，筛选出的获奖学生更容易受到教师、学生等群体的认可，从而

被当成榜样宣传和学习，助力营造积极向上的氛围，体现出国家奖学金正向效能的发挥，这也是国家奖学金设立的目的之一。故此，国家奖学金理应得到有力彰显与良好保障，但部分高校未制定专项文本的举动在一定程度上弱化了国家奖学金政策原本的效能。在实际执行过程中，容易因文本问题而出现执行偏差，产生种种消极影响。

2. 评审标准映射单一性，指标量化的统一性未得设立

在对九所高校的国家奖学金评审管理办法进行仔细研读后发现，所有高校均在评审管理办法中设立了基本条件，即学习成绩 + 思想品德作为国家奖学金评审的重要标准。首先从“思想品德”这一标准来看，即使各高校在评审管理办法中的表述方式与内容含量上略有差异，但其基本要求与精神往往是趋于统一的，主要集中在“爱国”“诚信”“守法”等方面。这几项要求属于公民的基本道德素质，绝大多数学生是符合条件的。因此，在实际思想品德方面的评审过程中，对品德的考核通常流于形式。可见，在评审过程中对思想品德的规定并不能使学生拉开差距。作为另一项基本条件的学习成绩排名则在评审过程中占据着相当大的比重，甚至上升至“一票否决”的重要地位。从学生的角度来考量，对成绩排名做出高要求是合理的，因为学习是学生的主要任务之一，而学习优异程度又主要通过学习成绩排名得以体现。国家奖学金的设立目的是选拔特别优秀的学生，必然要在学生平均水平的基础上设置多重高门槛以不断进行筛选。但值得注意的是，仅仅注重成绩排名容易影响对其他类型优秀学生的识别与鉴定，造成某种程度上的不公平。从总体上看，多数高校主要依赖于基本条件（思想品德 + 学习成绩）来对学生进行评估，虽有一定的科学性，但究其实质，思想品德考核的形式化容易使得学习成绩排名成为唯一标准，折射出评审标准的单一化倾向。

根据教育部与财政部于 2019 年联合印发的《评审办法》中可以

发现，新设置的评价维度更加趋于多样化，折射出多元评审的价值理念。在实际中，也有高校已经在国家奖学金评审管理办法中“基本条件”的基础上设置了“附加条件”，即在“社会实践、创新能力、综合素质等方面特别突出”。如获得国家级荣誉称号、学科竞赛获奖。虽然附加条件的设置可以在一定程度上弥补仅依靠学习成绩筛选而带来的缺陷，但该项规定在制定与实践上也存在多重困境。主要体现在实际的评定过程中，由于标准难以量化，各校、各学院的评价内容也不一致，有的只按照学习成绩排名，有的是学习成绩排名 + 民主评议，有的则是学习成绩排名 + 附加分，而且附加分权重和内容的设置也多种多样。如果附加分的权重和种类的设定没有在学院范围内事先向学生公示并征求意见，容易让学生产生不公平感。以规定中所提到的论文发表为例，在本科教育阶段，由于缺乏专门性训练以及知识基础薄弱，本科生的科研能力较为欠缺，通常难以发表出高水平的论文。但在实际中，有学生为在国家奖学金评审中争取到优势，往往会采取“花钱发文章”“请求老师挂名”等方式来为自己谋取利益。如果规定不够详细（如未说明“普通期刊不计在内”）或者审核不严，会使得学生有较大的操作空间，进而影响到评审的公平性与公正性，有违政策设置的初衷。可见，如何在设立多样化指标的基础上对其进行合理且统一的量化，是各个高校面临的一大问题。

3. 评审过程的透明性不足，申诉制度的系统性匮乏

通过对九所高校的国家奖学金评审管理办法进行分析，并对有关人员进行访谈后发现，公开透明度不足是目前存在的主要问题之一，这一现象在专科生与研究生国家奖学金评审过程中也常出现，可以称为“痼疾”。九所高校的国家奖学金评审管理办法虽然在具体内容与细节上有所差异，但都规划出了评审的基本框架，包含评审小组、评审流程、申请条件等内容，其中也包含了民主评议、公示公开等形式，但这些更多是流于形式的民主与公开，实际透明度仍然受到质

疑，主要体现在两个方面：一是评审材料未公开，虽然申请条件中列出了诸多项目，学生可以根据自身经历进行准备并及时递交材料，但这些材料并未面向所有学生进行公开展示。因此，材料的真实性与价值性全靠老师及领导审阅。二是评审方式未公开，虽然多数高校下的二级学院采用的是民主推荐和评议的方式来推选班级的国家奖学金候选人，评审信息在学生群体间是公开透明的，但在进入二级学院（系）及以上的评审时，便脱离了学生的监督，也掩盖了具体的沟通交流与信息共享环节，最后张贴一张评审结果的公示名单。此外，投票机制的背后蕴含着对学生人际交往能力的考查，许多学生难以秉持公正的原则对候选人进行投票，而是看“谁和我的关系更好”“谁给我的好处更多”。此外，通过初评后，评审的主要权力则集中掌握在领导小组（主要由校领导构成）手中，学生更是无从得知评审的具体内容，只是被告知评审结果，透明度极低。在这一过程中，因为有较大的自由操作空间，也容易出现学生贿赂、人情照顾等问题。因此，各高校均存在一定程度上的透明性不足的问题，而不公开与不透明的评审只能导致评审结果受到质疑。

在评审结果公布之后，如果学生对结果有所质疑，可以向有关部门提出意见并要求其在规定的时间内作出相应的回复，此时申诉制度便发挥着重要作用。但多数高校的国家奖学金评审管理办法并未对“申诉制度”进行相应规定，反而作了模糊化处理。如多数高校在国家奖学金评审管理办法中提出“评审通过后张榜公示 7 天（或 3 天或 5 天不等），无异议后上报教育部审批”。从此项规定中可以看出，有关申诉的提法仅是作为一条形式规定列入其中，并无相关的框架构建与制度保障。对于“向谁申诉?”“如何申诉?”等问题并没有做出正面回答，反而是采用模糊化的处理方式，在公示结果的规定中一带而过。如果无处申诉，申诉制度便形同虚设，而作为最后一环的申诉便成为了一种“结束仪式”，这与真正的民主评议精神是相违背的。

三　本科生国家奖学金评审文本的完善对策

通过对九所本科高校的国家奖学金评审管理办法进行深入分析后发现，高校在国家奖学金评审过程中存在着一定问题，无论是从文本制定、评审理念还是评审过程方面都表现出不同程度的专门性、多元性、公开性以及系统性的缺失，影响着政策的贯彻执行，并会对政策的最终育人成效产生消极影响。故此，为有效推动国家奖学金政策的落实，促进本科院校育人质量的提高，提出以下几点思考。

1. 提高高校重视程度，完善校级专项评审文本

正如前述分析结果所展示，基本上每个省份各有一所高校未制定专门的国家奖学金评审管理办法，而这几所未独立制定专门性文件的高校其类型也各异。可以看出，无论是教育部直属高校、省属高校抑或是民办性质的高校，其整体政策执行水平都是有待于完善的。在实际评审过程中如果缺少专门性文件的支持，政策执行常常会出现有失公平、混乱无序等现象，进而削弱了国家奖学金政策的育人功能。因此，各本科高校应依据国家层面的奖学金评审办法的制定分类，即当教育部、财政部等部门印发了国家奖学金评审办法时，各校也应立即根据政策进行文件的制定或修订，制定专项的国家奖学金评审管理办法。反之，若教育部、财政部等部门印发了类似的“国家奖学金 + 国家励志奖学金 + 国家助学金”综合性评审管理办法，各本科高校在制定校级评审管理办法时，可根据政策实际要求与自身实际情况来决定是制定多份独立性文件还是一份统一的综合性文件。因此，要提高所有高校在国家奖学金评审管理办法制定上的严谨意识，将国家奖学金政策的独特地位与意义展现出来，同时，也要考虑到在制定内容上的完善，尤其是对于申请条件与评审流程的丰富。如果设置过高条件，会使得学生认为过于困难而放弃对奖励的争取；反之，如果设置过低的条件，则会增加筛选的难度，也更容易激化竞选学生之间的矛盾。

2. 构建多元量化指标标准，完善后续申诉的制度框架

从上述的研究分析来看，各个本科高校在国家奖学金的评审条件中存在着过分侧重学习成绩的问题，部分高校甚至要求只能班级第一名参选。过分依赖学习成绩而忽视其他方面的评估，在一定程度上违背了“全面发展”的要求。在实际评审中，也存在着大量的学生积极参加各种社会实践、学科竞赛、体育竞赛等活动并取得了优异成绩，且这些学生的成绩也属于中上游，此类学生相较于仅仅成绩位列第一的学生而言更符合“全面发展”的要求，也更应属于“特别优秀”的行列。综上所述，学习成绩可以作为一个指标列入评审标准，但不能成为唯一指标。因此，各个本科高校在制定评审管理办法时，应充分考虑到“学习成绩排名”背后的局限性，为真正选拔出优秀学生，应在“思想品德+学习成绩”作为基本条件的基础上再加入“附加条件”。根据各项条件的“含金量”来为其赋予不同的权重，借用数字进行计算，最后可以得出一个可量化的结果。此外，应加快完善申诉制度设计，让学生（基层）的意见及时得到反馈，以此加强最终评审结果的说服力，真正将国家奖学金政策的精神与目的落到实处。

第三节 研究生国家奖学金评审文本分析①

鉴于“双一流”高校在学生培养与管理工作方面具有典型的示范带动作用②，本书选取北京、上海、湖北、山东、陕西五地各两所“双一流”高校，分析其校级和院级评审实施细则内容。通过分析十

---

① 本节部分内容已发表：范晓婷、刘佩琪、张茂聪：《研究生国家奖学金评审的现实困境与优化路径——基于10所“双一流”建设高校的评审实施细则分析》，《学位与研究生教育》2019年第11期。

② 张伟、张茂聪：《我国高校一流大学建设的校际经验——基于6所高校一流大学建设方案的文本分析》，《中国高教研究》2018年第5期。

所高校的评审实施细则，明晰“双一流”建设高校在评审标准上是否达成一致或存在何种差异，剖析高校评审工作的困境旨在深入推进政策有效贯彻落实，助力我国“双一流”大学建设。

一　研究生国家奖学金评审文本分析

借鉴武汉大学中国科学评价研究中心对我国高校的分类方式，将选取的十所高校分别匿名为：R（位于北京市的理工院校）、S（位于北京市的师范院校）、T（位于上海市的师范院校）、U（位于上海市的理工院校）、V（位于湖北省的综合院校）、W（位于湖北省的理工院校）、X（位于山东省的理工院校）、Y（位于山东省的综合院校）、Z（位于陕西省的农林院校）、Z̲（位于陕西省的理工院校）。本书通过官网下载与电话访谈的方式搜集官方资料，对十所高校的校级与院级评审细则进行文本分析。

（一）研究生国家奖学金校级评审文本分析

本书依据各高校官方网站下载的细则文本，结合对各高校奖学金评审负责部门进行电话访谈，对评审实施细则展开如下几方面的内容分析：

1. 评审实施细则制定

在本书选取的十所“双一流”高校中，绝大部分高校均结合国家政策制定了专门的研究生国家奖学金校级评审办法，将其命名为管理办法、评审实施办法或评审实施细则，本书将其统称为评审实施细则。Y 高校和Z̲ 高校虽未制定专项文本，但是制定了包括所有研究生奖助政策在内的《Y 高校 2014 年研究生奖助体系改革方案》《Z̲ 高校研究生奖助金管理办法》。整体来看，高校对于研究生国家奖学金政策普遍较为重视，在评审细则中详细规定了本校研究生国家奖学金的评选范围、奖励额度、获奖条件、组织机构、评选办法等。

2. 评审机构设置

如图 7－5 所示，高校成立校级评审领导小组，在研究生处或学生资助管理中心设立办公室，负责组织评审工作，如 T 高校将领导小组办公室设在学生资助管理中心，其他高校则设在校研究生院或研究生工作部。二级单位则成立院级评审委员会，负责组织相应评审工作。

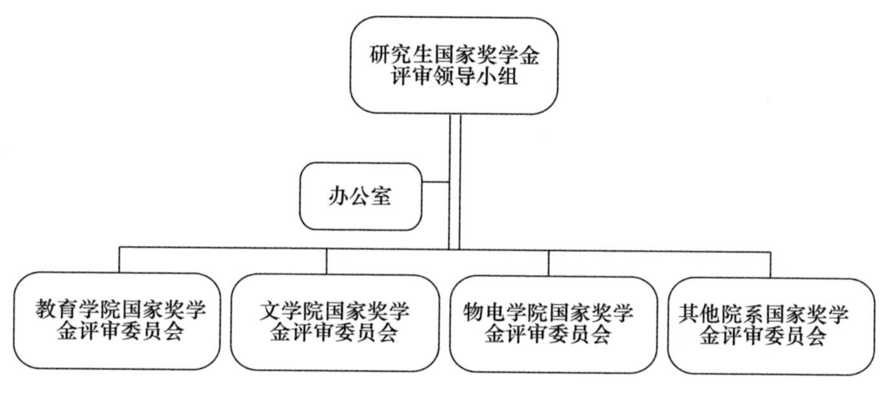

图 7－5 评审机构设置图

3. 申请条件说明

研究生国家奖学金分类评价理念主要体现在对不同学历层次、不同培养类型及不同年级研究生的考核方面。《普通高等学校研究生国家奖学金评审办法》要求，学术型研究生侧重考核科研创新能力，专业型研究生则侧重考核专业实践能力与适应专业岗位的综合素质，新入学的研究生则注重考查研究生考试成绩与考核情况。通过对十所“双一流”高校的校级评审实施细则分析发现，并非所有高校在校级评审实施细则中明确以文字内容的形式体现出分类评价理念，如仅有 T、X 和 Y 三所高校对博士、硕士研究生的申请条件做出明确区分，其余高校则将具体执行工作下放到学院；六所高校对学术型与专业学位研究生申请条件做出明确区分，分别是 S 高校、U 高校、V 高校、W 高校、Z 高校及 X 高校；两所高校对新入学研究生评审资格与评审内容提出要求，即R高校规定只有特别优异的新生可参加评审，且每个学院仅可推荐1人，U高校则要求新生入学考试成绩或考核评价结果优秀，并在入学前三年内取得突出成绩。

4. 可兼得性规定

绝大部分高校认为研究生可在基本修业年限内多次获奖，但要求不得重复使用申报成果，也有个别高校明确指出每名研究生在读期间仅可获得一次国家奖学金。关于国家奖学金与学业奖学金可否兼得，高校间未达成共识。S高校、Z高校规定当年不可兼得；而R高校、V高校则规定可兼得；其余学校未在文本中进行说明。另外，R高校规定，除学业奖学金外，每位研究生每学年最多可获得国家奖学金、校长奖学金、社会奖学金三项中的两项；对于研究生国家奖学金的申请成果是否可以用来申请学业奖学金则交由院系判定。

5. 评选方式要求

国家政策文件指出评审工作中可设置公开答辩和差额评选，可见国家政策文本提供了公开答辩、差额评选的可选择性。R高校、V高校、W高校及X高校的评审实施细则中明确要求应当采用公开答辩与差额评选的评审方式，T高校则表示评审工作可以增加公开答辩和差额评选，并将决定权下放到各学院，其他学校在评审实施细则中未涉及此类内容，意在将决定权下放至各学院。公开答辩与差额评选能够有效确保评审过程的公正性与公平性，充分考核候选者的临场应变能力与表达论证能力，在一定程度上有助于全面了解候选者对其科研的参与度及其对实践成果的熟知度，同时也确保了学生主体参与校内学生管理工作的权力。

6. 评选程序流程

高校研究生国家奖学金评选程序主要包括申请、评审、申诉、上报等环节，图7－6为各高校研究生国家奖学金评审的基本流程示意图。值得一提的是，通过电话访谈各高校后，X高校表示自2018年

起本校研究生国家奖学金的评审流程较往年有所创新，在通过研究生自由申请、学院审核答辩、学院公示等环节遴选出学院推荐候选人后，由校学术委员会下设的海洋科学与技术、生命科学与技术、工程技术、人文社会科学四个学科指导组委员组成初审专家组，按照所属学科群对所有候选人的材料进行通讯评审。硕士评审结果由此确定，博士候选人还需进一步按照差额评审的方式在学校组织公开答辩，通讯评审结果和申报材料报校学术委员会常务委员会审议，确定评审结果后进行全校公示。另外，多数高校未明确公示材料的具体内容。R 高校在文本中指出要将学生申请材料予以公示；X 高校要求确定初步名单后，将获推荐研究生的材料进行公示；其余高校未明确公示材料的内容，多数高校仅要求公示评审名单。

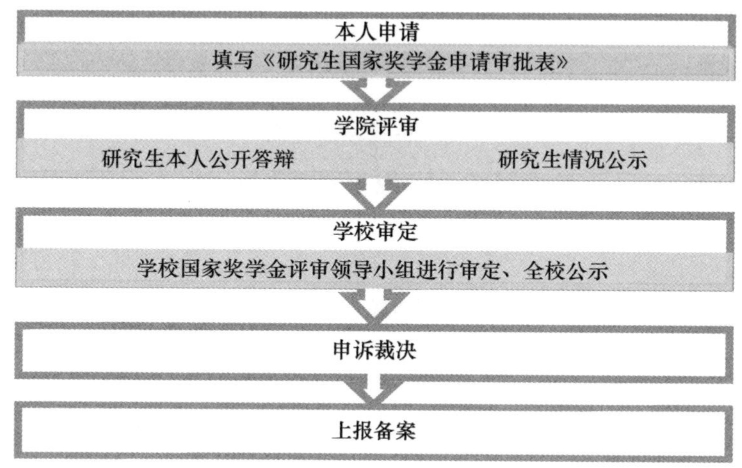

图 7－6　评审程序流程图

（二）研究生国家奖学金院级评审文本分析

为分析院级评审文本，本书在每所高校各选取 1 个学院，选取原则为文理院系各半，分别为 R 高校的机械工程及自动化学院、S 高校的法学院、T 高校的心理与认知科学学院、U 高校的汽车学院、V 高校的新闻与传播学院、W 高校的电气与电子工程学院、X 高校的管理学院、Y 高校的法学院、Z 高校的动物科技学院、Z̲ 高校的人居环境与建筑工程学院。表 7－2 为院级评审指标对比情况。

表 7－2　**院级评审指标对比**

序号	学校	量化指标计算方式
1	R 机械工程及自动化学院	学习成绩年级前 50% 可参评，总成绩＝（0.3×个人学习成绩＋0.7×学术成果）（标准化为最高 80 分）＋答辩成绩（最高 20 分）
2	S 法学院	符合下列条件之一者可参选：社会贡献突出、学习成绩优异、综合表现优秀
3	T 心理与认知科学学院	综合成绩＝成绩×20%＋科研成绩＋学生工作及社会实践（最高 14 分）；科研成绩＝学术论文分数（期刊级别分数×个人贡献系数）＋主持课题分数＋学术竞赛分数＋编译分数
4	U 汽车学院	综合成绩计算，学习成绩、论文发表、学术论坛、专利、比赛获奖（最高 8 分）
5	V 新闻与传播学院	总分＝思想品德（5%）＋科学研究（30%）＋学习成绩（50%）＋社会活动（5%）＋文体活动（5%）＋社会工作（5%）
6	W 电气与电子工程学院	校级文本满足两条情况下，总分＝复审成绩＋答辩评分。 复审成绩＝学业成绩（最高 2 分）＋科研成果＋思想品德与社会活动（最高 10 分）； 答辩评分＝导师评委评分（满分 20 分）的平均分＋学生评委评分（满分 20 分）的平均分
7	X 管理学院	研究生学业奖学金获得者且在本年级本专业研究生学业奖学金评定中综合排名前 10%，在重要学术期刊上发表有明确创新点的论文，采取公开答辩的方式
8	Y 法学院	总分值 100 分。科研成果（50 分）、获奖情况（20 分）、学习成绩（10 分）、社会实践（10 分）、社会工作（10 分）
9	Z 动物科技学院	四部分成绩累加，德育成绩（最高 22 分）、学业成绩（成绩×20%）、科研业绩、科研成果获奖（最高 20 分）
10	Z̲ 人居环境与建筑工程学院	综合成绩＝智育分＋德育分＋文体分（无加分上限）。 二年级智育分＝学科成绩＋科研分； 三年级智育分＝中期考核成绩×60%＋科研分； 德育＝班级评分（最高 5 分）＋学生干部加分（最高 4.5 分）

第一，评选办法分析。绝大部分学院依据国家政策文件制定了详细的评审细则，只有个别学院未单独制定细则，而是沿用校级评审细则。如 S 高校法学院选择沿用校级管理办法，符合三个条件之一便可

参与评选，评选范围较大，评选条件较为粗略；Z 高校的人居学院同一年级所有奖学金评选均使用同一套办法；S 高校的法学院、中国海洋大学管理学院两所高校没有评选指标计算方式，评选指标较为模糊；U 高校的汽车学院、Y 高校的法学院、Z 高校的动物科技学院也没有明确计算方式。

第二，指标内容分析。其一，较为重视科研学术成果。无论是 Y 高校的法学院的分值计算办法还是北京航天航空大学机械工程及自动化学院的百分制法，对于科研的要求都超过比重的一半。其他高校虽没有明确规定科研要求比例，但均未对科研学术成就加以限制，从而导致科研成果越多，测评分值越高。其二，学习成绩指标非常重要。武汉大学新闻与传播学院对研究生学习成绩的要求甚至达到全部评测指标一半的比重，十所高校的院级单位中共有八个单位将学习成绩算入总评选成绩中。其三，思想品德考核重视程度不同。有些高校制定了专门的德育量化方式，但大部分高校都选择了忽略。评价指标中有思想品德字样的仅有四所学院，其中，武汉大学新闻与传播学院、W 高校的电气与电子工程学院通过计算各部门给予的思想品德表彰加分；Z 高校的动物科技学院通过导师评分、荣誉加分相结合的方式量化思想品德指标；Z 高校的人居学院通过班级评分、学生干部加分的方式给予评价。其四，社会实践、应变能力等项目也纳入考核范围之内。例如，R 高校的机械工程及自动化学院、W 高校的电气与电子工程学院、X 高校的管理学院明确实施公开答辩，侧重考核学生应变能力；T 高校的心理与认知科学学院设有编译分数的指标；武汉大学新闻与传播学院、Y 高校的法学院则设有社会实践、社会工作等实践性指标。

二　研究生国家奖学金评审文本存在的问题

1. 文本专门性尚存在不足，影响政策有效贯彻落实

研究发现，目前仍有个别高校尚未制定专门的校级研究生国家奖

学金评审实施细则，而是将国家奖学金与其他奖助学金合并制定了校级的统一管理办法。尽管在统一的管理办法中，学校也针对研究生国家奖学金政策的申请要求及评审程序等内容做出了说明，但仍可以发现与其他高校制定的专门评审实施细则相比，在针对性、系统性及规范性等方面仍存在一定不足。一方面，对于学校而言，制定统一的管理办法可能会导致关于国家奖学金评审的详细要求等内容被忽视，不利于研究生国家奖学金政策在校级与院级层面的贯彻落实；另一方面，对于研究生而言，统一的管理办法也不便于研究生对各项奖助政策进行具体系统了解。由此可见，我国高校研究生国家奖学金评审实施细则在专门性方面尚存在一定不足。

2. 分类评价理念彰显不足，易导致人才培养趋同化

在选取的十所高校中，依然存在部分高校未在评审实施细则中明确对于不同学历层次、不同培养类型及不同年级研究生的分类评价机制，或选择在校级评审实施细则中予以模糊忽略。通过电话访谈得知，许多高校表示，虽然未在校级评审实施细则中明确提出分类评价机制，但是将具体决定实施权下放至院系来实施。尽管我们不能因此断定各院系单位在评审过程中是否贯彻落实了分类评价机制，但也可以说明目前仍有高校尚未认识到在校级评审实施细则中明确分类评价机制的重要性。研究生国家奖学金政策作为国家设置的一种选拔优秀研究生的评价激励政策，必然对于高校研究生培养活动起着极其重要的导向作用。如若校级文本未作出明确说明，院系对于学术型研究生与专业学位研究生的评审则存在不加区分的可能，若采用注重科研创新能力与创新成果的评价指标体系考核专业学位研究生，必然导致研究生人才培养的趋同化，致使研究生培养效果与特色化培养的初衷背道而驰，造成我国专业学位研究生教育投入资源的浪费，严重影响我国高层次应用型人才培养计划的实施效果，继而无法对接经济社会发展的多元化人才需求。

3. 入学新生评价方式有待商榷，容易诱发马太效应

国家政策文件规定新入学研究生可以申请国家奖学金。实际上，该项政策规定在具体落实过程中存在诸多疑问，部分高校表示此项规定已沦为形式。首先，新生入学时间通常为每年的 8、9 月份，而每年的国家奖学金评审工作的开展往往也在 9 月份开始，此时的新生入学时间非常短，尚未全面接受研究生教育培养。其次，依据该评审办法的规定，新入学研究生的考核采用考查招生考试成绩与本科阶段成绩的评价方式，对入学新生在学习与科研上所产生的激励作用着实有限，因为这种采用前期学习结果评价当下教育状态的方式，在一定程度上容易造成马太效应的产生，对于本科成绩优异或入学成绩优异的学生产生积累优势①，而对过去表现不理想但准备在新阶段努力的学生则会产生负面效应，实际上也不利于激励新生在新一阶段的学习。而且，这种评价方式与新生学业奖学金评价存在重复，在一定程度上会加剧马太效应现象，反而影响政策激励育人作用的有效发挥。

4. 信息公开程度有所欠缺，影响评审的公开透明度

据评审实施细则分析显示，目前高校在评审公开透明度方面有所欠缺，主要体现在以下两方面：第一，关于是否实施公开答辩的评审方式，只有 R 高校、W 高校、V 高校、X 高校在文本中明确要求采用国家建议的有助于人才培养模式创新的公开答辩与差额评选的评审方式，其他高校未对此进行明确说明，而是选择将决定权下放至学院，也就无从保证公开答辩评审方式的实施效力。第二，关于公示材料内容的规定，十所高校中仅有 R 高校要求将参评学生的全部申请材料予以公示，X 高校要求将获推荐研究生的材料进行公示，其他高校的评

① 李凤玮、周川：《江苏高校一流学科的优势累积效应及存在问题》，《江苏高教》2018 年第 6 期。

审实施细则仅要求公开评审名单或对公示内容要求模糊化处理。一方面，容易导致学生无法掌握具体的评审信息，影响学生对于学生管理工作的参与权；另一方面，不利于国家奖学金榜样示范作用的有效发挥，因为通过呈现获推荐学生的参评成果，能够有效激励其他学生以此为目标努力学习或科研，督促研究生成长成才。

5. 评选方式可操作性弱，影响评审的公平公正性

高校在计算得分标准方面存在诸多问题，如 W 高校的电气与电子工程学院的德育加分将“研究生科技十佳”奖项计算在内，而此奖项仅为科技单项荣誉并未体现个人德育的相关情况。Z 高校动物科技学院、Z 高校人居学院通过导师、班级评分的方式给予德育评价，在一定程度上为其他高校提供了评选方式的参考，但其真实性和公平性有待深入探讨。导师的护犊心理、同学的嫉妒心理都会影响评选的真实性与有效性，评选方式的可操作性与有效性有待进一步完善。

三　研究生国家奖学金评审文本的优化路径

1. 制定完善校级评审实施细则，加强评审文本内容的针对性与规范性

针对部分高校缺少校级专门的研究生国家奖学金评审实施细则的情况，建议这些高校尽快制定完善独立的、具有针对性和规范性的评审文件。通过十所“双一流”高校评审实施细则分析发现尚有个别高校未制定独立评审实施细则，由此可推测其他高校也可能不同程度地存在此类问题，亟须进一步补充完善。第一，建议高校中负责研究生国家奖学金政策实施的有关部门，尽快依据国家政策文本制定本校独立规范的研究生国家奖学金评审细则，保障各学院评审工作的开展有据可循。第二，建议全国或各省学生资助管理中心在开展学生资助绩效评价过程中对研究生国家奖学金评审实施细则制定的专门情况进行评价，或定期对各高校文本制定情况进行检查审核。

2. 健全分类考核评价机制，避免“一把尺子”衡量所有研究生

研究生国家奖学金属于高校学生奖励政策体系中的国家级荣誉奖项，意在选拔综合表现极为优秀的研究生，各高校制定的评审指标必须能综合、全面地反映培养目标，同时应当注意对不同层次和培养类型的研究生制定分类考核评价机制。建立健全分类考核评价机制，实施差别化评价[①]以推动政策育人目标及研究生特色培养目标的实现。首先，在不同学历层次的研究生分类评价方面，博士生的评审应当比硕士生更加侧重于科研成果与创新能力的考核，硕士生的评审指标覆盖面应相对更广，能够综合反映学习、科研、思想品德、实践、荣誉等内容。其次，在不同培养类型的研究生分类评价方面，避免采用“一刀切”的评审方式，突出专业学位研究生的应用特点与职业特色。目前，绝大部分高校针对学术型研究生和专业学位研究生的评审标准要求普遍较为笼统，缺乏切实可行的考核机制。建议设有专业学位硕士点的学院在院级评审细则中列出能够反映本专业学位硕士生实践能力的活动、称号、证书、奖项等，也可推出评价本专业学生是否适应专业岗位的综合素质测评表，以切实有效地评价专业学位研究生的培养质量，推动高级应用型人才的培养，走出专业学位研究生学术化评价的误区。

3. 审视新生参与评审的必要性，促进政策激励作用的有效发挥

依据前文对新生评价方式的问题分析，结合对高校相关负责人的访谈调查，笔者认为有必要重新审视新生刚入学便参与国家奖学金评审的必要性。尽管新生参与评审能够在某种程度上给予优秀新生参评的机会，调动学生学习积极性，但考虑到新生在入学时间上的特殊性和学业奖学金的设立，为避免在研究生教育初始阶段出现马太效应，更好地发挥研究生国家奖学金政策的激励

① 萧鸣政、张湘姝：《新时代人才评价机制建设与实施》，《前线》2018 年第 10 期。

育人作用，笔者认为新入学的研一新生不适宜参加研究生国家奖学金的评选，建议在经历一年的学习成长期之后，在研二或研三阶段参与评选，才能够真正地反映研究生教育阶段的培养质量，同时保证研究生公平的竞争机会。据电话访谈了解到，部分学校的研究生国家奖学金评审领导小组对此也存有疑惑，新生一方面尚未经历足够的研究生教育，成果未必丰富且适宜，而国家政策要求确保符合条件的新入学研究生获得国家奖学金，从而形成了政策执行的困惑点。有些学校尽管在评审实施细则中规定允许研一新生参与评选，但实际上在政策执行过程中渐渐形成了研一学生不能参评的“潜规则”。为此，建议政策制定部门重新审视新生参与研究生国家奖学金评审的必要性。

4. 实施公开答辩与差额评选，切实提高评审信息的公开透明度

首先，鼓励高校采用有助于人才培养模式创新的竞赛、公开答辩等评审方式，实施差额评选。一方面有助于帮助评审委员充分了解获奖候选人的综合素质能力，考验候选人对自身科研成果的参与了解程度；另一方面可以带动其他研究生参与到学生事务管理环节中来，既能够起到有效监督候选人的答辩过程及科研成果的作用，又能够使其他研究生了解获奖同学的综合实力，以便产生有效的榜样示范作用。其次，应明确公示形式、公示材料的具体内容，并严格按照细则要求实施公示。公示内容应当包括获奖者的获奖资质与成果信息，但也应注重保护学生隐私。最后，建立监督反馈机制，组成人员可包括辅导员及研究生群体，确保研究生对评审过程的参与权，可采取材料复核和答辩旁听等手段，对评审过程中的决策进行监督，并形成监督记录以提高评选的公开透明度。①

---

① 葛玉良、谢羚、应中正：《研究生国家奖学金评审程序的公正性研究——基于程序公正性理论》，《思想教育研究》2015 年第 2 期。

5. 坚持定量与定性评价相结合，增强评审文本可操作性

研究生国家奖学金评选应当采取定量与定性相结合的方式对申请者进行评价。过分强调数量统计容易诱引学生陷入功利化的发展误区，而过分突出定性评价也可能会引发主观评价的公正性缺失问题，导致评价结果难以准确把握。研究生国家奖学金的评选必然需要足够严谨，可以采用定量与定性评价相结合的办法。例如，德育指标可以通过导师等打分划分等级再通过各种荣誉奖项加分统计来进行综合评价。存在部分导师在自己的论文或课题项目中为学生署名的现象，以此帮助学生在评审中提高科研分数从而遥遥领先并获奖，此类问题便可通过权重限制予以避免。

第八章

研究生国家奖学金政策执行与育人实证分析

国家奖学金政策的实施意在通过激励机制的作用，提高学生学习与科研的积极性，进而推动培养质量的有效提升。该项政策实施至今，究竟执行规范程度如何？执行过程中存在哪些问题影响政策育人成效？学生们对此又持有何种看法？类似一系列问题亟须厘清。因此，本章基于学生视角，以研究生国家奖学金政策为例，采用问卷调查法着力从实证层面对高校研究生国家奖学金政策的执行现状与育人成效进行深入讨论。

第一节　研究生国家奖学金政策执行实证分析

一　研究生国家奖学金政策执行的问卷调查概况

第一，研究生国家奖学金政策执行问卷分为“个人基本信息”“执行过程调查”以及“政策执行评价”三部分，共设有41道题目。共计发放2500份问卷，回收2200份，回收率为95%，其中有效问卷1955份，有效回收率为96.7%，被试基本统计信息如表8－1所示。由表可知，被试中的女性研究生（66.96%）占比约为男性（33.04%）的两倍；汉族学生占比达到96.01%；约有一半的被试是共青团员（54.07%），其次为共产党员（38.93%），属于民主党派

（0.15%）的学生极少；学术型研究生（62.61%）的数量也显著多于专业型研究生（37.39%）。以上数据均与我国研究生的现状情况相契合。在干部经验方面，过半数的被试无任何干部经验（55.55%），具有班级干部经验的人数（22.66%）与有院级干部经验的人数（22.97%）相同，只有少数具有校级干部经验（9.67%），此处数据符合校内各种学生干部选拔的规模控制。综上可知，本次调查的范围较为广泛，初步保证了被试间具有一定程度的异质性。但由于条件所限，对于少数民族、民主党派等特殊方面的研究生被试的搜集仍有所不足。

表 8－1　**被试基本信息统计表（N＝1955）**

选项	选项含义	人数	百分比（%）
性别	男	646	33.04
	女	1309	66.96
民族	汉族	1877	96.01
	少数民族	78	3.99
培养类型	学术型研究生	1224	62.61
	专业型研究生	731	37.39
政治面貌	群众	134	6.85
	共青团员	1057	54.07
	中共党员	761	38.93
	民主党派	3	0.15
干部经验	无干部经验	1086	55.55
	班级干部	443	22.66
	院级干部	449	22.97
	校级干部	189	9.67

第二，鉴于省份间可能存有的差异性，需要对被试就读高校的所在地进行统计分析，结果如图 8－1 所示。此外，差异性不仅体现在

地域间，还极易表现于专业间，学校对国家奖学金在各学院的名额分配就是有力的证明。本书就被试的专业类别进行了细致的分类，试图对此进行更加全面的观察，结果如图 8－2 所示。

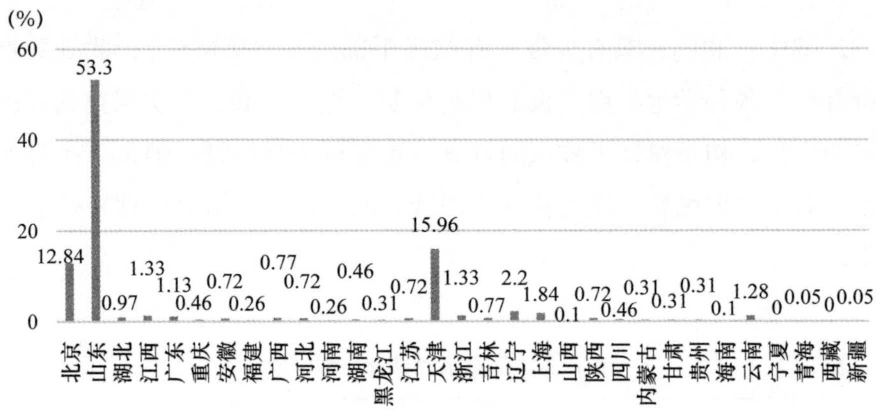

图 8－1　被试硕士就读高校省份分布示意图

由图 8－1 可知，本次调查范围主要为山东省（53.3%）、天津市（15.96%）以及北京市（12.84%）。不可否认的是，此处选样并不均衡，尤以山东省的数据搜集最为突出，这是受笔者的工作范围所限。在具体专业分布上，教育类（21.07%）最多，其次为工学类（14.94%），排在第三位的是经济类（11.61%），其余类别的占比均在 10% 以下（见图 8－2）。由于特殊限制，本次调查并未过多地涉及军事专业的研究生。而哲学、农学等专业，由于招生人数显著少于教育类、工学类等热门领域，故调查到的学生占比也略低。总括而言，此次调查较为全面地覆盖了专业门类，人文社科与理工占比相对均衡。

第三，时代转换也是必须考虑的重要因素，国家奖学金政策在不同时代具有不同的规定，不同时代的学生对政策的看法也必然有所差异。因此，本书对被试的入学年份进行了详细统计，同时还对学生目

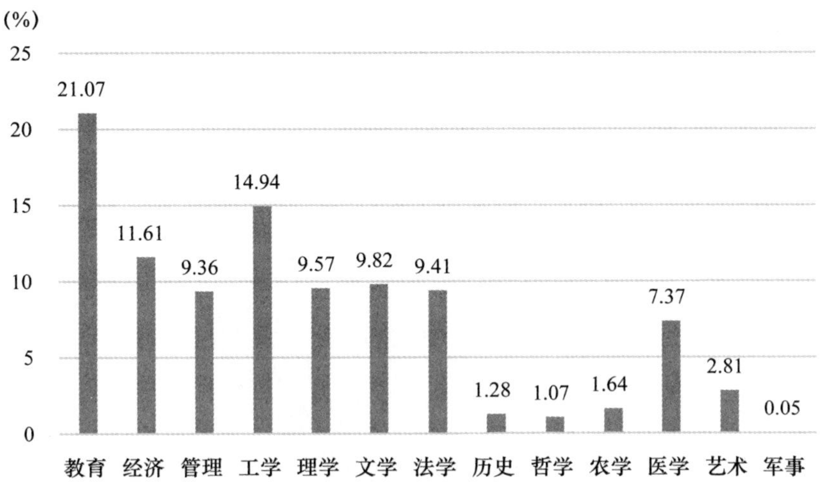

图 8－2　被试硕士就读专业类别分布示意图

前的状况（入学或就业）进行追踪，力图借助于长时段的大样本来完整地展现出研究生对待国家奖学金政策的态度与观点，数据结果如图 8－3、图 8－4 所示。

由图可知，本次调查以 2016 年（17.9%）、2017 年（25.83%）以及 2018 年（27.57%）入学的研究生为主，主要是考虑到研究结果对当下国家奖学金政策实施的适用性，对 2016 年前入学的研究生进行调查，更多的是为了起到修正与启示作用。而在对被试目前入学与就业情况的分析数据中可以观察到，在读硕士研究生的占比接近 70%，这与前述的入学年份调查结果相符合。除此之外，对待业、工作、读博等情况亦有所涉及，进一步地确保了调查对象的多样化。

第四，国家奖学金主要是通过物质奖励对学生进行激励，在此有必要对被试的家庭情况进行调查，具体数据结果如表 8－2 所示。由表可知，被试主要来自中产以下的家庭，其中农村的有效占比为 44.35%，中小城市为 20.10%。与之相对应的是，超过 60% 的学生来自收入低于 8 万元的家庭，还有 26.45% 学生的家庭收入为 8 万—15

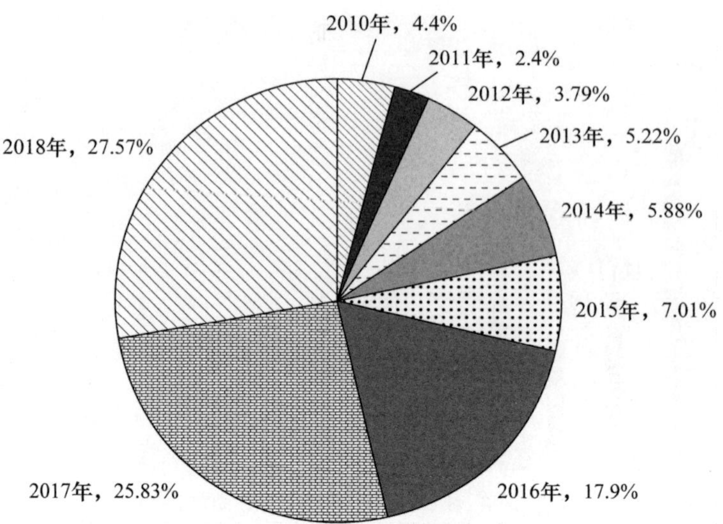

图 8－3　被试硕士入学年份分布示意图

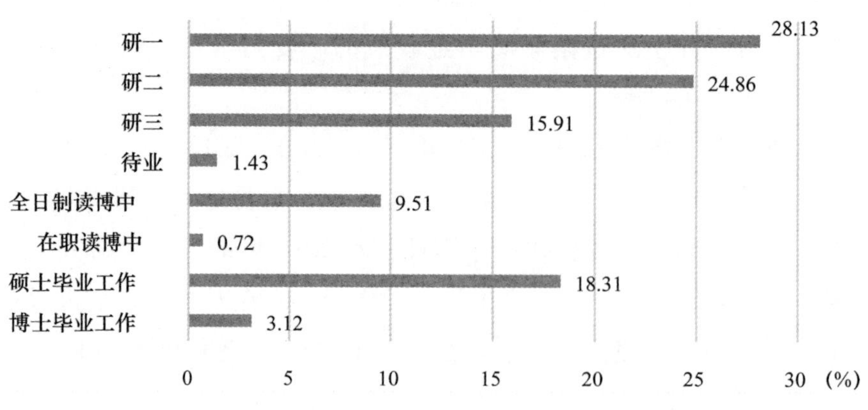

图 8－4　被试目前入学与就业情况分布示意图

万元，家庭收入超过 15 万元的被试仅为 10% 左右。这也与我国的人口收入分配格局相吻合，高收入家庭始终占社会的少数，而国家奖学金政策对于激励与帮助家境普通甚至贫困的优秀学生意义重大。故此，对中产以下家庭的学生进行深入调查具有极大的现实意义。

表 8-2　被试家庭所在地与家庭经济情况统计表（N = 1955）

选项	选项含义	人数	百分比（%）	有效百分比（%）	累计百分比（%）
家庭所在地	农村	867	44.35	44.35	44.35
	乡镇	135	6.91	6.91	51.26
	县城	335	17.14	17.14	68.40
	中小城市	393	20.10	20.10	88.50
	省会城市及直辖市	225	11.51	11.51	100.00
家庭经济情况	3 万元以下	501	25.63	25.63	25.63
	3 万—8 万元	716	36.62	36.62	62.25
	8 万—15 万元	517	26.45	26.45	88.70
	15 万—80 万元	203	10.38	10.38	99.08
	80 万—200 万元	12	0.61	0.61	99.69
	200 万—500 万元	1	0.05	0.05	99.74
	500 万元以上	5	0.26	0.26	100.00

二　研究生国家奖学金政策执行的基本现状

（一）国家奖学金政策制定的认同度

问卷在此评估的是研究生对国家奖学金政策制定的认同程度，主要通过两个要素进行衡量，即奖励额度与名额分配，选项从 1（非常不符合）到 5（非常符合）表示认同程度的依次增强，两份数据结果如图 8-5 所示。由图可知，在对“我认为国奖奖金 2 万元科学合理”的回答中，选择“符合”的学生占调查总人数的 36.32%，比例最高；排在第二位的选项为“非常符合”，占比为 27.98%；与之数值接近的是选项“一般”，达到了 25.93%。此外，只有极少数（<10%）的学生表现出不认同。总括而言，绝大部分的被试对设置的 2 万元金额持认同态度，此处的政策制定可视为合理。在对“我认为院系间国奖名额分配科学合理”的回答中，选择“一般”（32.74%）与“符合”（32.33%）的学生人数大致相同，且总和超过了 60%，而表示反对

的学生占比尚不足 20% 。可见，国家奖学金在名额分配的政策制定方面受到了被试的广泛认同。但是与“奖金设置”相比，表示反对的人数有所增多，同时表示“非常符合”的人数下降了约 10% ，降幅明显。综上而言，“名额分配”虽然也取得了多数被试的认同，但仍存有一定的质疑声音，且不可忽视，此处应考虑的是专业间存有的差异性。一般而言，理工类专业因种种优势会比人文社科类专业获得更多的倾斜，甚至出现挤占名额的情形。因此，非理工类的被试更易表现出对名额分配的不认同。

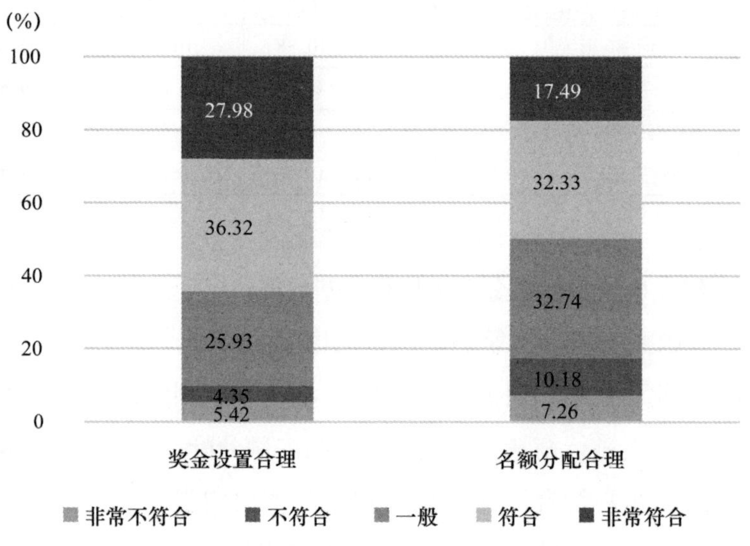

图 8－5　被试关于国家奖学金政策制定的评价示意图

（二）国家奖学金政策宣传的方式与效果

在调查完国家奖学金政策制定情况后，应遵循执行链条的逻辑顺序，对政策宣传情况进行深入剖析。本书主要从三个方面进行阐述：政策宣传方式、获奖宣传情况、宣传评价与效果，具体数据结果如图 8－6、图 8－7、图 8－8 所示。

首先，如图 8－6 所示，关于国家奖学金政策的了解途径，有 73. 15% 的被试选择了“辅导员通知或班干部、同学告知”，该选项占比最高，同时也符合我国高校当前进行研究生工作的信息通知方式；另外，有 68. 18% 的被试选择了“新生入学手册”。据悉，多数高校会给新生分发《入学手册》等有关书籍，以帮助学生快速了解学校的规章制度。而国家奖学金作为其中的重要一项，必然会得到学生的重点关注。还有 53. 55% 的被试选择了“学校官方网站”，便利的检索条件和技术使得此项选择成为可能，而这明显与高校的信息化建设紧密相连。综上而言，多数高校还是以传统的信息通知方式来对国家奖学金进行宣传，在宣传的初始阶段并未体现出创新性。

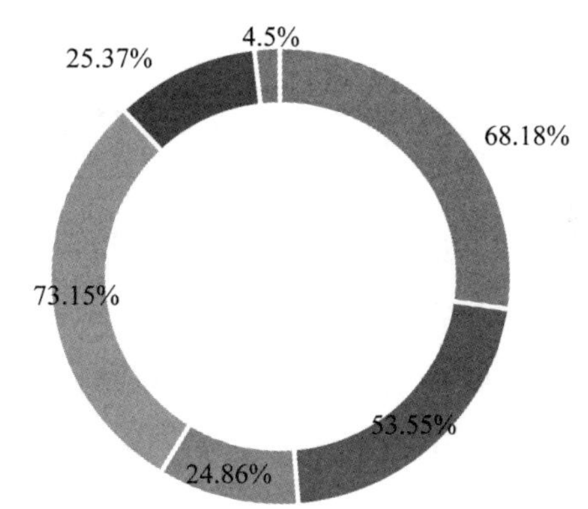

图 8－6　被试硕士期间了解国家奖学金政策的途径分布示意图

其次，除政策的初步宣传外，笔者还对获奖情况的宣传做了进一步的调查。图 8－7 显示，42. 97% 的被试选择了“校园媒体报道”，占比最高。这与当前信息推广的趋势相吻合，无论是微信公众号，还是校报，都是校园媒体最常用的载体。其他渠道在占比数值上相差不大，但仍有 29. 97% 的被试选择了“未见任何宣传活动”，成为占比第二高的数值。可见，部分高校对国家奖学金的宣传仅停留于评选前的通知阶段，缺乏深入宣传。为进一步验证这一结论，笔者将继续对政策宣传的评价与效果进行调查。

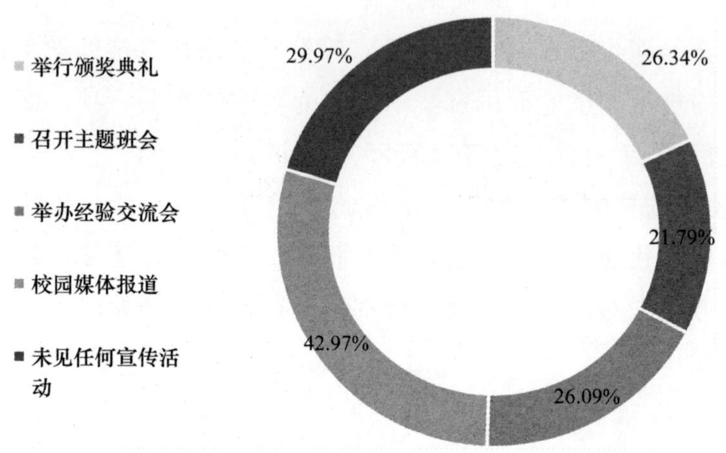

图 8－7　被试关于国家奖学金政策宣传的评价示意图

最后，如图 8－8 所示，在被问及“我所在的学院国奖政策宣传方式多样，宣传效果特别好”“我对所在学院的国奖评选标准等要求非常了解”以及“我所在的学院会通过网络媒体等对获奖学生的学习、科研等进行宣传报道”三个问题时，被试的选择分布较为一致，即选择“一般”的最多，其次为“符合”，而选择“非常符合”与“不符合”的人数接近，强调“非常不符合”的被试最少。总体而言，超过 40% 的被试对学院在国家奖学金政策宣传方面的工作表现出一定的了解与认同，但不可忽视其中还有 1/5 的被试对此并无了解。可见，高校在政策宣传方面仍有一定的改进空间。

（三）国家奖学金政策评审标准的制定与实施

硕士研究生国家奖学金政策的执行现状调查涉及制定、宣传、评审及监督管理四项测评指标，此部分主要分析的是政策评审环节，也

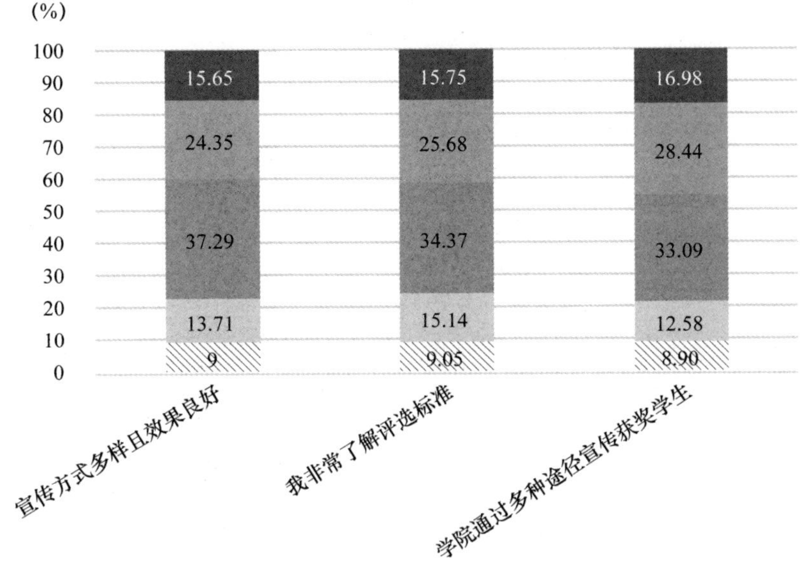

图 8-8　被试学校关于获奖学生的宣传方式分布示意图

是本章的重点所在。下文将结合问卷结果，对此展开具体描述，以为问题探寻打下基础。

1. 评审标准制定

首先，关于高校在政策执行过程中选取的评审指标，我们了解到 94. 37% 的被试选择了“科研成绩”，占比第一且数值极高。其次，84. 14% 的被试选择了“学习成绩”，数值亦是不低。随后，有 56. 88% 和 54. 12% 的被试分别选择了“思想品德”与“社会实践”，虽均超过半数，但数值较前两项有较大降幅。相较而言，“创新能力”（47. 16%）和“荣誉称号”（45. 78%）并未受到过多关注（见图 8-9）。

其次，在对学院的考核指标进行统计后，笔者还对各选项的重要程度进行了调查。问卷选项中的 1—5 重要性程度逐渐提高，分别将其按照 1—5 分赋值，将各选项的选择数量乘以相应分值累计相加得出总分，用以衡量各项考核指标的重要性程度，统计结果如图 8-10

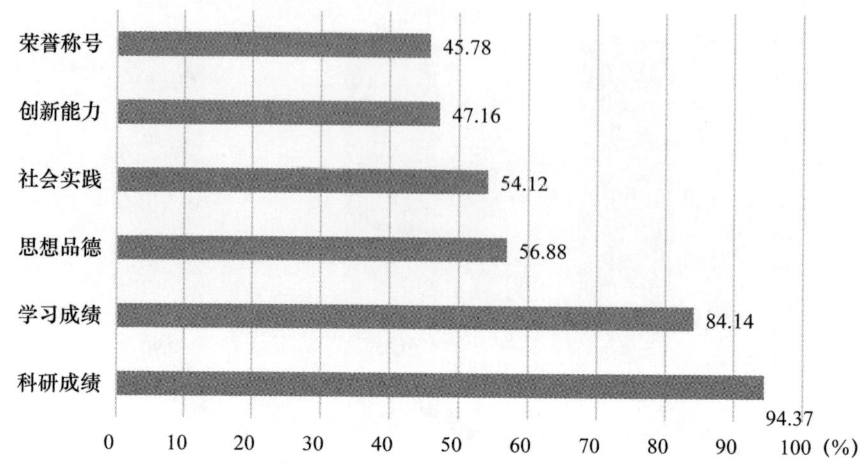

图 8－9　被试关于所在学院国家奖学金评审指标考核内容的分布示意图

所示。由图可知，“科研成绩”分值高达 8198，位居第一，其重要性不言而喻。其次，“思想品德”取代“学习成绩”位列第二，但“思想品德”“创新能力”“学习成绩”间在数值上并无显著差距，“社会实践”被赋予了最低意义，仅有 6989 分。

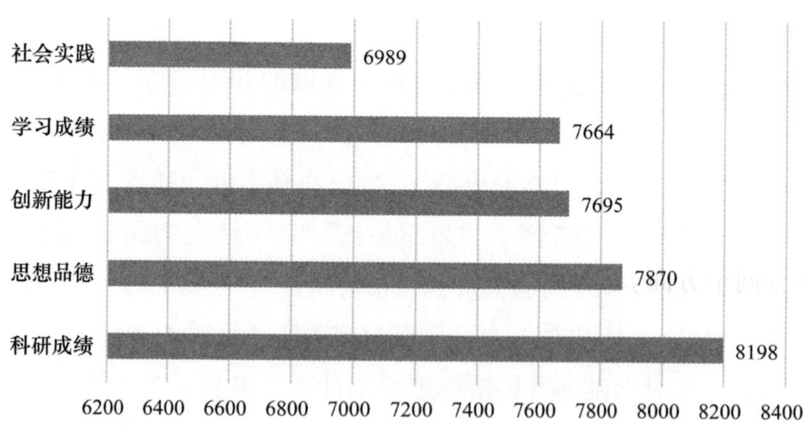

图 8－10　被试认为国家奖学金评审指标考核内容重要性的分布示意图

总括而言，国家奖学金的评审标准呈现出多元化，“科研成绩”始终占据着重要地位。这一特点与研究生的客观定位相吻合，迥异于本科生与专科生。强调“思想品德”是希望研究生们注重德育，不要把目光局限于学习成绩，要努力争做全面发展的人，而“创新能力”的设立也是基于同样的出发点。至于“社会实践”方面，由于课业繁忙，研究生们较少拥有实践机会，此项通常不受重视。但在调查过程中还发现一些反映出政策执行变形的问题。如有人直接地揭露出“科研被看得太重，有同学会进行论文造假”。对于“学习成绩”一项也有质疑声，“老师放水严重”就是其中之一。可见，原本为更全面地衡量学生水平而设立的指标，在实施中却被钻了空子，进而影响到评选结果的公平与公正。

2. 评审标准认同

如图 8－11 所示，在对“我认为所在学院评审指标在科研、学习、德育等方面的比重分配科学合理”的回答中，选择“一般”（31.05%）和“符合”（32.79%）的人数接近，选择符合及以上的被试约占总数的一半，表示不符合及以下的被试则不到 20%。因此，在指标分配上呈现出“总体可以，局部不满”的特征。而在对“我所在学院国奖评审标准区分学术型和专业学位研究生而有所不同”的回答中亦是呈现出此特征。总括而言，表示不满的人数约占总数的 1/5，表明研究生对目前高校国家奖学金评审标准的认同度总体较高，但仍需注意目前存在一定程度的异议，主要体现在比重分配和标准制定区分两个方面。

3. 德育测评认同

对德育测评的调查与分析是本书的一项重要内容。一直以来，德育测评都是学生群体中争议比较大的考核要素，有被试在回答中直接表示：“德育分就该取消，能加分的都是班干部和学生会，不公平。”还有人指出“分数不等于真实品德”。由前文分析可以看

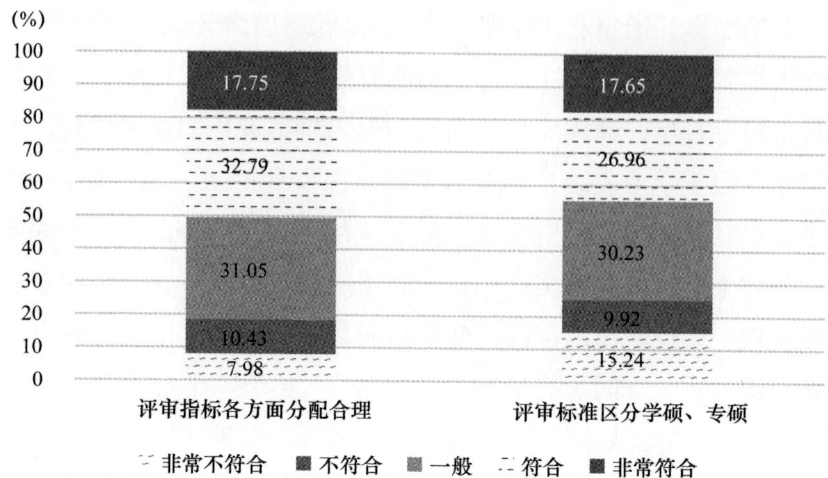

图 8－11　被试关于所在学院评审指标分配与评审标准分类的评价分布示意图

出，德育测评在实际中往往占据着较大分值，但其作用到底如何？笔者对此进行了深入的调查，结果如图 8－12 所示。据统计结果显示，77.86%的被试认为“有必要开展德育测评”，57.91%的被试认为“量化测评能反映思想品德”。从两项比较来看，多数学生对德育测评持有正面态度，但同样也有 74.98%的被试认为应该采取“定量与定性相结合的评价方法”，为今后的德育测评改进提供了意见。同时，还存在超过半数的被试对德育测评持有消极态度，如容易使学生功利化、学生更愿意为辅导员或学院服务。这些问题确实不可否认，在对 41 题的回答中，也有不少被试表示出此倾向。总之，德育测评确有其存在的意义，但如何落实好、衡量好这一指标是当前政策执行的关键问题。

4. 评审过程

首先，关于评审人员的组成情况。在评审过程中，对“人”的关注不仅体现在评审客体方面，还体现在评审主体方面，即评审成员，具体调查结果如图 8－13 所示。在对“我认为所在学院的国奖评审人

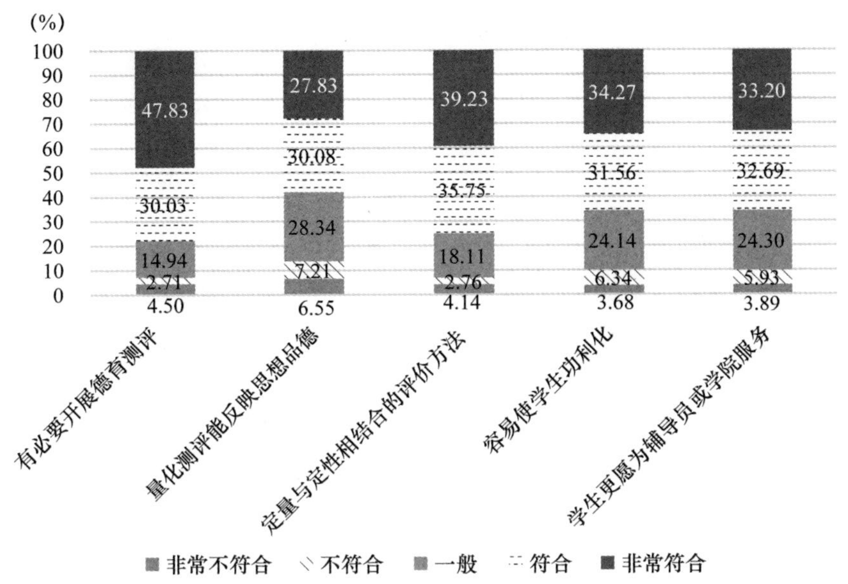

图 8－12 被试关于德育测评的评价分布示意图

员构成合理”的回答中，表示“一般”（33.09%）和“符合”（33.09%）的人数一致，位居第一。而表示符合及以上的被试占总人数的52.22%，超过半数。选择不符合及以下的被试约占总数的15%。可见，被试总体上对评审人员的构成基本满意，反对声音较弱。在对“我所在学院的国奖评审人员包括学生代表”的回答中，有约20%的被试对此持反对态度，32.28%的被试选择“一般”，还有尚不足50%的被试表示符合及以上的态度。可见，学生代表并未作为重要因素被广泛采用，评审的民主性受到冲击。同时，还反映出教师和领导对评审过程的严密把控程度可能已超出一定界限，以致学生代表处于明显被忽视的尴尬境遇。

其次，关于评审过程的科学规范情况。科学规范的评审过程在此主要包括两个方面：一是评审过程是否公平规范；二是计分操作是否科学。调查结果如图8－14所示，在对“我认为所在学院国奖评审过

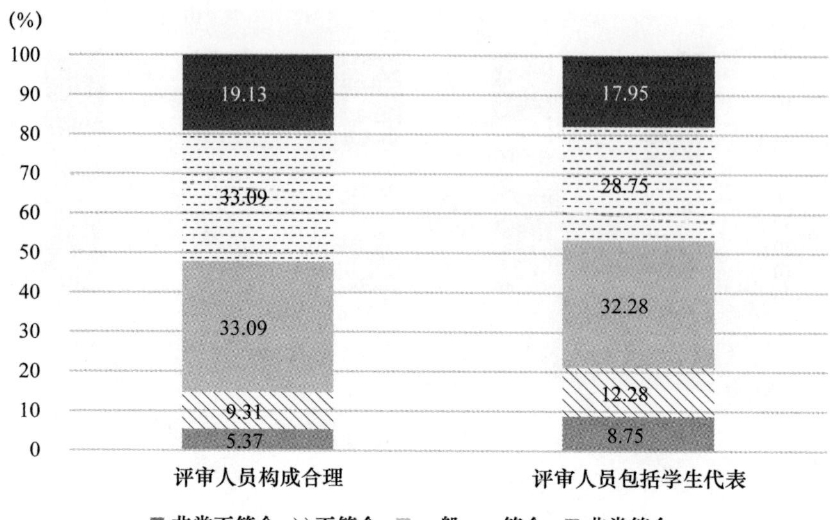

图 8－13　被试关于所在学院评审人员构成的评价分布示意图

程公平规范”的回答中，54.42%的被试选择了符合及以上，超过半数。表示不符合及以下的人数不足15%，其余32.84%的被试持有中立观点。总体而言，对于评审过程的公平性较少有人质疑，多数院校能够按照规章制度规范流程，此项问题并不突出，但也并未做到更深层次的公平规范，所获取的支持人数有待进一步扩展。在对“我认为所在学院在评审计分时各项加分操作科学合理”的回答中，共有50%左右的被试对此表示“符合”和“非常符合”，32.69%的学生对此持有“一般”的态度，以及约15%的被试表现出或强或弱的反对态度。总括而言，此项的占比分布与前一项基本一致，同样是表示反对的声音较弱，但总体支持声音不强，持有中立观点的被试占据了1/3。除此之外，此项还需要与“评审标准制定”的相关内容进行联系，以更全面地对直观数据进行深入挖掘。分析可知，由于评审指标在实施过程中被异化、造假等问题层出不穷，使得部分研究生对现行的计分操作持有反对或中立态度。

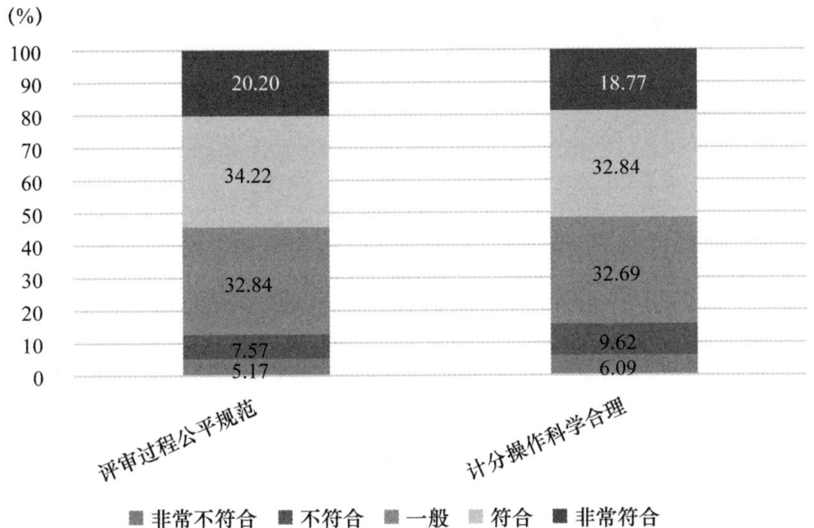

图 8－14 被试关于所在学院评审过程规范性与计分操作合理性的评价分布示意图

再次，关于评审过程的公开情况。实现高透明度一直是政策执行过程中的难题，笔者专门对研究生国家奖学金政策的公开评审情况进行了调查，结果如图 8－15 所示。在对“您认为学院应当公开评审过程的哪些方面?”（多选题）的回答中，85.98% 的被试认为应该“公开评审过程”，仅有 4.09% 的被试对此持反对观点。可见，公开评审过程是研究生的普遍心声。由于科研成果是研究生参评以及评委做出判定的重要依据，因此，75.04% 的被试提出“应公开参评学生成果信息”，此项属于公开内容的重要组成部分，也是学生知情权的一大体现。除此之外，“应公开参评人员名单”（67.77%）和“应公开答辩过程”（63.38%）同样也有过半数的被试支持，这两项仍然属于公开内容中必不可少的部分。总体而言，被试普遍对公开评审持有强烈意见，尤其体现在“成果信息”方面。对公开成果信息的重视是对公平正义的追求，也是国家奖学金政策提升学生参与科研积极性的目的所在。要求公开“参评名单”和“答辩过程”也是出于此意，同时也是为了贯穿公开过程的始终，确保评审全程的透明阳光，能在一定程度上防止利益空间的搭建，通过学生监督作用的发挥来确保评审结果的公平性与科学性。

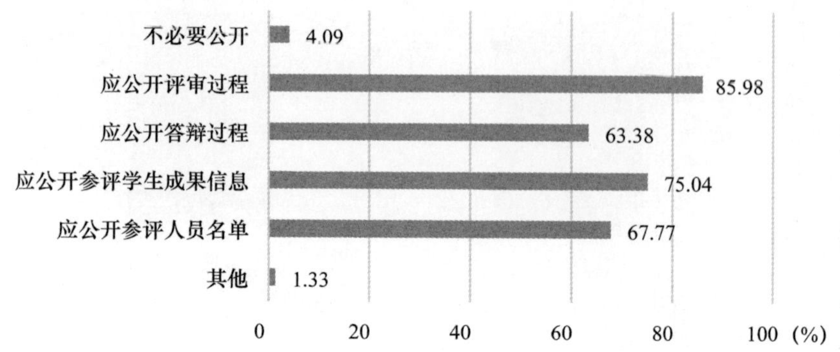

图 8－15　被试关于是否有必要公开评审的意见分布示意图

复次，关于评审过程中的问题反映。为对评审过程中的问题进行更直观的展示，问卷中直接设置了“您认为所在院系或学校的硕士国奖评选存在哪些问题（多选题）”的设问，统计结果如图 8－16 所示。由图可知，排序第一的是“评审标准可操作性差”，占比 34.53%，这是对评审文本制定的质疑；其次为“花钱发表论文或科研成果造假”，有 30.95% 的被试选择此项，结合被试在其他问题的回答，科研成果一项较易出现问题，也是研究生们最易抨击之处。这与当前的大环境有关，在“成果导向”的氛围中，除国家奖学金评审外，还有职称评定、考博申请等一系列活动均受到影响，如何发出更多的论文成为科研人的头等大事，进而引发出论文代写等灰色产业链，影响良好的学术生态环境。国家奖学金评审是极其庄严与神圣的，其科研成绩占比之高，甚至会直接决定评审结果，容不得半点掺假。除前两项外，人际关系间的矛盾问题也较为突出，主要涉及师生以及学生之间。从图中可以观察到，分别有 16.27% 和 8.44% 的被试认为“院领导和导师的权力过大”，导致出现“巴结导师或院领导”的情形，这在一定程度上会影响评审结

果的公正性。再则，竞争致使同学间的关系愈发紧张，甚至会引发一系列的恶性事件，产生不良影响。如何调节竞争者之间的人际关系成为当下亟须解决的又一问题。当然，也有 17.85% 的被试认为“不存在问题”，对此不再赘述。

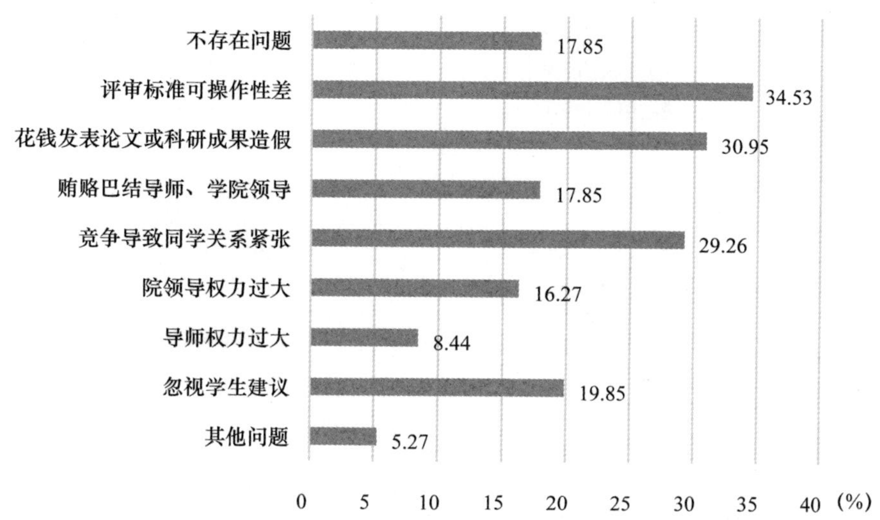

图 8-16　被试认为所在学院国家奖学金评审过程中的问题分布示意图

最后，关于评审结果的公示与申诉情况。评审结果作为国家奖学金评审过程的最后一环，仍然具备特殊的意义和地位。调查内容主要包括两个方面，一是获奖名单的公示情况；二是申诉机制的设立情况。具体调查结果如图 8-17 所示。在对“我所在学院及学校确定获奖学生后会进行公示”的回答中，超过 70% 的被试选择符合及以上，仅有不足 10% 的被试对此表示出不符合及以下的态度。此外，还有 20.56% 的被试持有中立态度。在对“若对评审结果持有异议，学院设有便捷有效的申诉机制”的回答中，超过 50% 的被试对此选择了“符合”或“非常符合”，持有中立态度（31.36%）的被试人数较前一项有所上升，表示反对意见的声音也愈加强烈。可见，虽然过半数的被试表示出支持的态度，但总体满意度低于其他指标，在后续的工作中应重点改进此项。

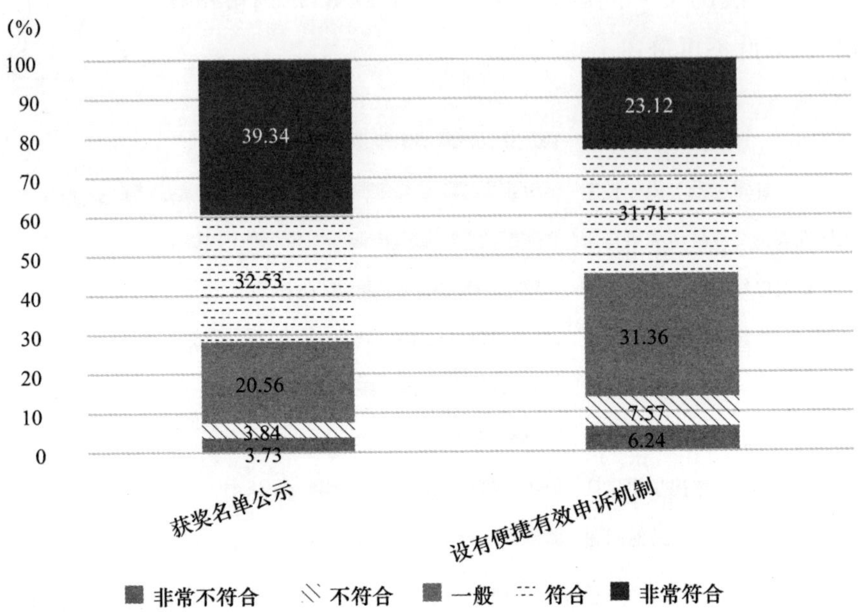

图 8－17　被试关于所在学院获奖名单公示与申诉机制设置的评价分布示意图

为进一步对申诉机制进行研究，笔者还对被试的申诉态度进行了调查，结果如图 8－18 所示。在对“若您对硕士国奖评审评选工作不满意或有所质疑，是否会向学院反映?”（多选题）的回答中，37.24%的被试表示“不会，因为反映无用”，占比位居第一。同样，也有一定数量的被试因其他原因表示“不会反映”，如“不知向谁反映”（31.92%）、“无所谓”（26.39%）、“担心产生不好印象”（20%）。仅有 29.21%的被试表示“会直接反映”。可见，申诉机制的不健全是影响学生反馈意见的最主要因素。另外，在申诉机制完备的情形下，学生出于利益考量，并不愿积极进行申诉。这种沦为形式的申诉机制需要进行改变，以配合国家奖学金政策的有效执行。

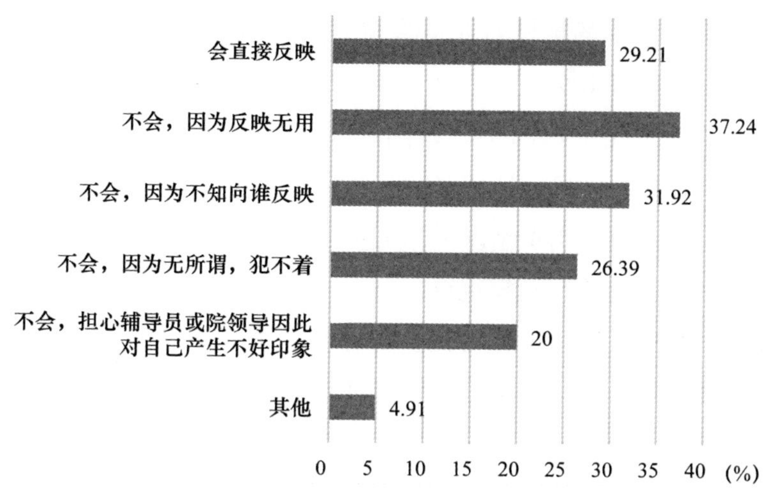

图 8－18 被试关于遇到问题是否会向所在学院申诉反映的情况分布示意图

（四）国家奖学金政策的监督与管理

1. 国家奖学金的发放情况

硕士研究生国家奖学金的奖励金额高达两万元，国家要求学校应当在每年 11 月 30 日前将奖金一次性发放给获奖学生，为了了解高校在政策执行过程中的实际发放情况，对此项内容进行调查，调查结果如图 8－19 所示。在对“我校国奖会在每年 11 月 30 日前将奖金发放给获奖学生”的回答中，共有超过半数的被试表示符合，16. 11% 的被试表示不符合，26. 91% 的被试持有中立态度。可见，多数学校是能够按照国家规定按时发放国家奖学金的，但也存在部分高校违反规定的情形。在对“我校国奖会一次性发放给获奖学生，不存在分批发放”的回答中，超过 70% 的被试对此进行了肯定，只有不足 10% 对此持否定态度。比较而言，此项规定的执行状况较好，整体符合国家有关规定。

2. 国家奖学金的使用情况

在对“我认为国奖获得者对奖金的使用非常规范合理”的回答

中，只有50%左右的被试对此持肯定态度，34.02%的被试对此并无鲜明态度，还约有10%的被试表示反对。总体而言，认可获得者奖金使用情况的被试比例远高于不认同者，同时也存在相当数量的中立者。出现这种情况的可能原因是，学生间存有一定的生活距离，国家奖学金获得者的全部消费情况并未充分展现在同学面前，以致无法做出准确判断，因而持有模糊观点。

在对“我认为国奖获得者用少部分奖金请同学或导师吃饭合乎人情，可以接受”的回答中，共有超过50%的被试认为“符合”和“非常符合”，而选择“不符合”（9.05%）和“非常不符合”（7.83%）的被试比例远低于此。此外，还有近30%的被试表示“一般”，没有具体观点。总结来看，对于此项内容，赞同群体虽未达到很高比例，但仍远超反对群体，在二者之间，存在相当一部分的中立者。可以肯定的是，适当的请客吃饭并不会引起大范围的反感，属于可接受范畴。

如图8－20所示，对国家奖学金获得者关于奖金消费范围分布的调查结果显示，生活与学习费用成为奖金使用的首要方面，这与学生的主要经济压力有关。在此基础上，也存在其他的消费情况，但仍属于正常范围之内。不可忽视的是，奖金使用也存在违规行为，教师及学院等强势方借助于力量优势，在资金使用上占据着更多的决定权，从而损害了获奖学生的利益。此种现象的出现令人深思，我们不应仅仅停留于奖金规范使用的层面，应从师生、校生等主体的利益博弈中进行深入研究，以切实保护学生的合法权益，重塑学校生态。

（五）研究生国家奖学金政策执行满意度分析

研究生国家奖学金政策满意度调查的测评指标分为政策制定、政策宣传、政策评审、政策监督管理四个方面，在此基础上，再通过7项测评要素分别设置7个问题，如表8－3所示，力图更加直观地对硕士研究生国家奖学金政策执行的满意度进行分析。

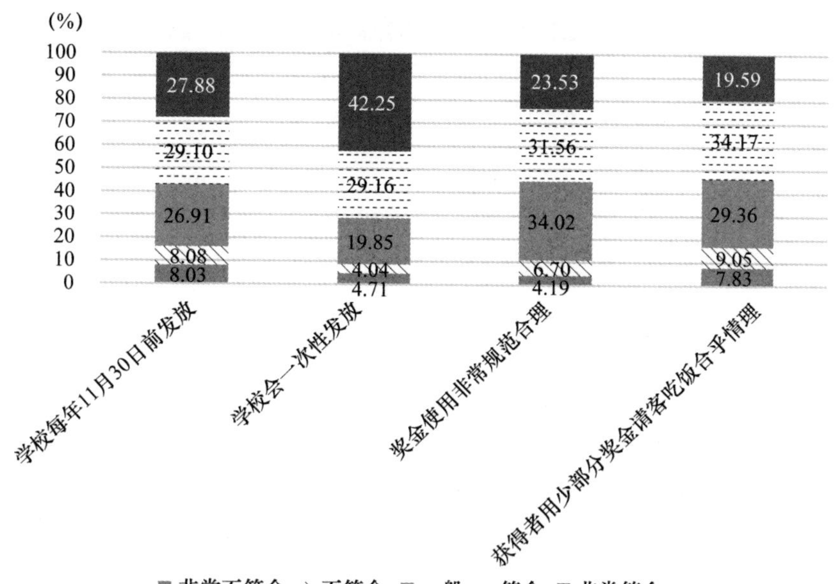

图 8－19 被试关于学校奖金发放与使用的情况分布示意图

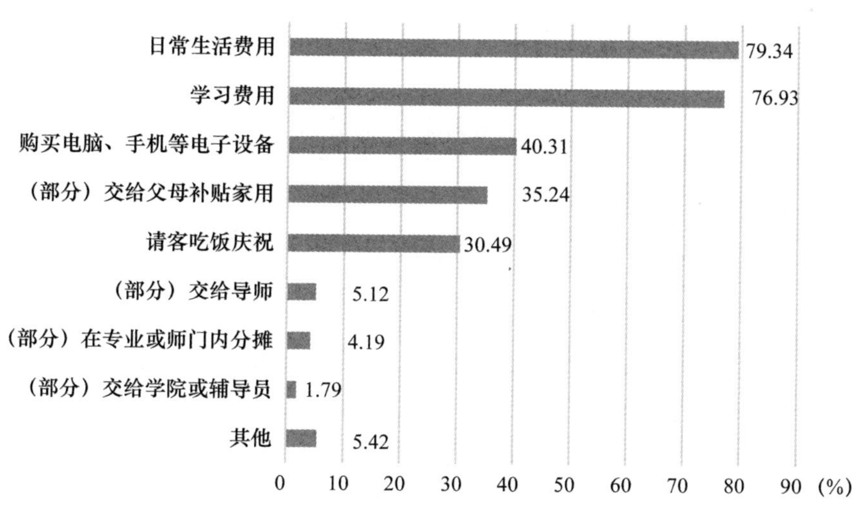

图 8－20 被试关于国家奖学金获得者的奖金消费范围分布示意图

表 8－3　硕士研究生国家奖学金政策执行满意度测评指标与要素

测评指标	测评要素
政策制定	奖励名额
	奖金额度
政策宣传	政策宣传
政策评审	评审标准
	评审过程
	评审结果
政策监督管理	奖金发放与使用

为进一步证明问卷设计的有效性，本书运用 SPSS17.0 统计软件包，对“政策总体满意度”等关键题项获取的数据进行信度分析，得到 α 系数为 0.947，显示本书调查问卷有较高信度。同时，利用因子分析法对问卷进行结构效度分析，得到 KMO 值为 0.928，表明调查问卷具有较高的结构效度，检测结果如表 8－4 所示。

表 8－4　调查问卷信度和效度检测

SPSS 统计分析	可靠性统计量		KMO 和 Bartlett 的检验			
	Cronbach's Alpha	项数	取样足够度的 Kaiser-Meyer-Olkin 度量	Bartlett 的球形度检验近似卡方	df	Sig.
政策满意度	0.947	7	0.928	13147.741	21	0.000

本次满意度测评采用李克特五级量表法，非常满意计 5 分，比较满意计 4 分，一般计 3 分，比较不满意计 2 分，非常不满意计 1 分。为方便对比观测，采用 3 分作为理论上中等强度的观测值，具体调查结果如表 8－5、表 8－6 所示。

表 8-5 硕士研究生国家奖学金政策执行满意度测评数量与百分比统计

要素	非常不满意	比较不满意	一般	比较满意	非常满意
奖励名额	92 (4.71%)	143 (7.31%)	758 (38.77%)	691 (35.35%)	271 (13.86%)
奖金额度	45 (2.3%)	78 (3.99%)	578 (29.57%)	878 (44.91%)	376 (19.23%)
政策宣传	70 (3.58%)	181 (9.26%)	797 (40.77%)	649 (33.2%)	258 (13.2%)
评审标准	72 (3.68%)	129 (6.6%)	754 (38.57%)	724 (37.03%)	276 (14.12%)
评审过程	71 (3.63%)	122 (6.24%)	759 (38.82%)	715 (36.57%)	288 (14.73%)
评审结果	58 (2.97%)	91 (4.65%)	753 (38.52%)	758 (38.77%)	295 (15.09%)
奖金发放与使用	47 (2.4%)	73 (3.73%)	772 (39.49%)	761 (38.93%)	302 (15.45%)

表 8-6 研究生国家奖学金政策执行满意度测评分值统计

要素	非常不满意	比较不满意	一般	比较满意	非常满意	总分	均值	满意度排名
奖励名额	92	286	2274	2764	1355	6771	3.46	6
奖金额度	45	156	1734	3512	1880	7327	3.75	2
政策宣传	70	362	2391	2596	1290	6709	3.43	7
评审标准	72	258	2262	2896	1380	6868	3.51	5
评审过程	71	244	2277	2860	1440	6892	3.53	4
评审结果	58	182	2259	3032	1975	7506	3.84	1
奖金发放与使用	47	146	2316	3044	1510	7063	3.61	3

1. 学生对政策制定的满意度调查

在对“奖励名额”满意度的回答中，38.77%的被试认为“一般”，占比最高。感觉“比较满意”（35.35%）和“非常满意”（13.86%）的被试占比接近于50%，即有一半的学生对此持认同态度。当然，也存在7.31%的被试对此持“比较不满意”的态度，更有4.71%的被试表现出“非常不满意”。值得注意的是，在改进国家奖学金政策建议的统计中，不少被试表达出一种“增加名额”的想法，如“适当放宽名额，缩小名次间奖金的差距，鼓励学子一起奋进”“增加种类和类别，让所有人都有机会获得，最高额度不要太高，最低不要太低”“名额多点，让更多人利益均沾”。由于奖金高、名额少，硕士研究生国家奖学金的名额分配一直受到学生的质疑，问卷所反映的“班干部几乎都能拿到”“德育分不合理”等问题即是最好的证明。如何合理分配名额，是惠及众多普通优秀学生，还是集中资源重点奖励优秀学生，是今后需要进行深入思考的命题。

在对“奖金额度”满意度的回答中，44.91%的被试选择了“比较满意”，占比最高；其次，有29.57%的被试选择“一般”；位列第三的选项为“非常满意”（19.23%）。与前述问题类似的是，仍有少量的被试表现出不满意的态度，占总体的6.29%。此项需要与“奖励名额”结合起来观察，多数被试希望能够对奖金额度进行调整，以覆盖更多的学生，呈现出“分级分类”。也有少数被试直接表示，希望额度能够进一步提高，但总体上并没有特别强烈的反对声音出现。

2. 学生对政策宣传的满意度调查

在对“政策宣传”满意度的回答中，40.77%的被试选择了“一般”，占比最高；其次，有33.2%的被试选择了“比较满意”；表示“非常满意”的被试仅占总数的13.2%。除此之外，还有9.26%的被

试认为“比较不满意”以及3.58%的被试选择了“非常不满意”。总体而言，绝大多数的被试对有关硕士研究生国家奖学金政策的宣传持有正面印象。调查结果显示，校方在政策宣传上还存在一些问题，有学生表示“在研一时就应该把国奖的要求列出来，当时不知道还能有国奖”。还有人表示“应该加强新生宣传”。总括而言，新生被广泛认为是国奖政策宣传的薄弱环节，今后应当重视起来，更早地激发学生的学习动力。

3. 学生对政策评审的满意度调查

在对“评审标准”满意度的回答中，选择“一般”（38.57%）与选择“比较满意”（37.03%）的被试人数接近；其次，有14.12%的被试选择了“非常满意”，而表示“非常不满意”的被试仅占总数的3.68%。除此之外，还有6.6%的被试认为“比较不满意”。总体而言，绝大多数的被试对此持有平淡的观点，未表现出强烈的同意或反对态度。根据41题的回答，评审标准是问题较为突出的地方，“文理评比不平衡”“德育分不合理，分数不能等同于道德”“过于重视科研，造假泛滥”等类似说法较为普遍，甚至有学生表示“恨死德育分了”。可见，现行的评审标准并不能真正地筛选出符合条件的优秀学生，反而使得很多人弄虚作假、拉帮结派，在学生群体间产生了消极影响，有悖于奖项设立的初衷。如何更加全面、真实地对学生进行考核成为当下亟须解决的重要问题之一。

在对“评审过程”满意度的回答中，选择“一般”（38.82%）与选择“比较满意”（36.57%）的被试人数接近；其次，有14.73%的被试选择了“非常满意”，而表示“非常不满意”的被试仅占总数的3.63%。除此之外，还有6.24%的被试认为“比较不满意”。总体而言，绝大多数的被试对此持有中立或认可的态度，反对声不高。调查结果显示，“评审过程不公开”是大家普遍的心声，学生仅仅被告知结果，至于如何评审、谁来评审等一系列问题无人知晓。即使过程公平公正，也易导致学生对结果产生怀疑。因此，规范流程、公开透明应成为今后改革的重要内容。

在对“评审结果”满意度的回答中，选择“一般”（38.52%）与选择“比较满意”（38.77%）的被试人数近乎一致；其次，有15.09%的被试选择了“非常满意”。除此之外，还有4.65%的被试认为“比较不满意”以及2.97%的被试选择了“非常不满意”，二者占比总和尚不足10%。总体而言，绝大多数的被试对有关硕士研究生国家奖学金政策的宣传持有较为正面的印象。由于对评审标准、评审过程不甚满意，存在一些质疑评审结果的现象，但总体上涉及评审结果的回答不多，更多的是聚焦于前述几个问题。

4. 学生对政策监督管理的满意度调查

在对“奖金发放与使用”满意度的回答中，39.49%的被试选择了“一般”，占比最高；其次，有38.93%的被试选择了“比较满意”；表示“非常满意”的被试仅占总数的15.45%。除此之外，还有3.73%的被试认为“比较不满意”以及2.4%的被试选择了“非常不满意”。总体而言，该项目的不满意声音在7个问题中属于最低，仅为6.13%。根据41题的回答，“加强监管”凸显而出，但“具体使用”并未过多涉及。也有被试表示，“希望能够早日发放，不要总等到元旦”。这与学生的生活费相关，如果能尽早发放，学生的经济负担会有所缓解，属于情理之中的要求。

除上述分析之外，笔者还通过Excel对各项要素数据进行分值统计，得出问卷中各项指标的总分、均值及满意度排名，试图对满意度的有关信息进行深入挖掘，数据结果如表8-6所示。总体满意度用7项要素值相加，累计得出1955位调查者的评价总分为49136分，平均值为25.13分，由于满分设置为35分，故研究生国家奖学

金政策满意度达到71.8%。其中，“评审结果”的满意度位列第一，“奖金额度”紧随其后，排在第三位的是“奖金发放与使用”。与此同时，“政策宣传”的满意度最低，排在第七位。由此可见，研究生对我国高校国家奖学金政策执行的总体满意度较高。

三　研究生国家奖学金政策执行存在的问题

（一）政策宣传效果未得到认可

调查结果显示，“辅导员通知或班干部、同学告知”成为被试获取政策信息的最主要途径，其次为“新生入学手册”和“学校官方网站”。三项途径均与学生的学习生活联系较为紧密，不同之处在于第一项属于被动告知，后两项属于主动获取。因此，学生在政策信息获取上更依赖于校方主动宣传，校方宣传途径与方式越多，学生对政策的熟知度越高。具体而言，高校国家奖学金政策宣传存在如下问题：第一，“举行颁奖典礼”“召开主题班会”“举办经验交流会”是高校开展政策宣传的主要方式，但政策宣传效果并未得到学生的有效认可，学生仍表示对评审标准等政策内容缺乏了解。第二，仍有部分学生表示“未见任何宣传活动”，表明部分学校的政策宣传工作存在缺失，不利于政策的有效执行。

（二）忽视分类考核评价机制

硕士研究生与本专科生的区别不仅表现在培养目标上，还体现于培养类型之中，即研究生被进一步划分为专业型学位与学术型学位两种类型，需要分情况讨论。在政策执行实践过程中，高校往往对学术型研究生和专业型研究生的国家奖学金评审并未加以有效区分，而是采用相同标准开展评审。另外，由于学术型研究生科研成果产出较高，在国家奖学金的评审过程中占据优势，引发专业型硕士研究生的不满。“一刀切”考核机制并不适用于目前研究生特色培养的要求，容易导致人才培养的趋同化以及专业人才培养的学术化。[①]

（三）过于注重科研成绩考核

通过前文的分析可以看出，我国高校研究生国家奖学金评审对于科研的重视程度较高。毋庸置疑，研究生科研能力的培养的确是区别于本科生培养的一项重要内容，研究生是创新知识和科研实践的工作者，是增强国家科研和创新实力的关键人才。但过分注重科研考核容易引发培养模式的学术化、高校定位的趋同化、研究生就业定位的僵化，极易导致科研动机不纯、成果虚假繁荣、学术道德失范、学术潜规则盛行等恶劣现象。极端追求科研成果，既忽视了研究生人才培养规律，容易形成“得科研者得天下”的学习氛围，又容易使研究生在科研过程中形成急功近利的心态，导致科研功利化色彩浓厚，出现买“版面”等不当行为。从问卷调查分析中也可以看出，这种过分注重科研的做法极易催生论文买卖与代写的恶劣现象，从而与研究生国家奖学金育人为本的培养目标背道而驰，诱发激励机制的负效应。因此研究生国家奖学金评审应当更加多元化，与学习成绩、社会实践等考核指标相结合，避免评审维度过分单一。[②]

（四）评审人员构成的民主性不足

在对评审人员构成进行调查的过程中发现，学生代表实际上处于边缘化的地位，实质化的民主性并未得到彰显。由前文可知，认为“评审人员构成合理”的被试仅占半数，其他被试或持中立态度或持反对态度。虽然赞同人数在数量上具有优势，但比较而言，仍未达到合理的满意度。由于学生处于相对弱势地位或根本未被纳入

---

① 本部分内容已作为课题成果发表：刘佩琪：《研究生国家奖学金评审问题研究——以山东省为例》，硕士学位论文，山东师范大学，2019 年。

② 本部分内容已作为课题成果发表：刘佩琪：《研究生国家奖学金评审问题研究——以山东省为例》，硕士学位论文，山东师范大学，2019 年。

评审小组中，教师及行政领导对国家奖学金的评选握有相当大的决定权。这种情况可能会导致两个问题：一是利益寻租空间增大，评审结果的公平性受损；二是评审人员对学生了解不充分，仅靠申请材料难以准确地对申请者进行判断，致使评审结果的准确性受损。因此，评审成员构成在民主性上的缺乏将直接影响到最终结果，需要对此予以警惕。

（五）公开评审过程呼声强烈

在对评审过程的公平规范性与计分操作科学性的回答统计中，均有50%左右的被试对此持有支持意见，还有30%的被试表示“一般”，以及超过10%的反对声音。这种占比分布与前几项要素的调查结果分布相似，都体现为“支持过半、部分中立、少量反对”的散布格局。实际上，这种情形并不能粗显地归纳为“整体合格”，需要在对不认同声音进行研究的同时，重点关注中立人群，深入探求隐藏在平静态度下的问题，避免由中立倒向反对的情况发生。在此前提下，结合“是否有必要公开评审”的问题，对被试的真实想法再次进行了调查。结果表明被试对公开评审的呼声强烈，占比超过80%，公开内容涉及“参评人员名单”“学生成果信息”以及“答辩过程”等方面。通过前后两组数据的对比可以推测，持有中立态度的被试对于“公开评审”方面有所想法，如学校确实设有公开流程，但更多的是流于形式或半开半闭，学生无法得知真实的评审过程。这种情况无法简单地进行评分选择，只能选择态度不够鲜明的“一般”。因此，评审的封闭性使得学生无法广泛参与到整个过程中，影响监督等权力的有效行使，各种利益争夺交杂其中，进而引发学生群体不满并影响政策满意度。

（六）评审结果的申诉认同堪忧

调查结果显示，仅有半数的被试表示其所在院校设有便捷的申诉机制，申诉困难的情况时有发生。申诉机制设立的目的在于为评审结果的公平公正性添加保障。然而目前仍存在一定数量的高校并未设立合理便捷的申诉机制，或者申诉处于形式化阶段，对于可能存在异议的结果不能起到修正作用。比“申诉机制不完善”更值得警觉的是，大量被试对申诉这一形式并不认同。具体而言，即使各院校设立了便捷合理的申诉机制，但学生多是从利益考量，或自身态度消极，出于各种原因会主动放弃申诉渠道，对有问题的结果选择沉默。这种情况需要被严肃对待，同时也为问题分析提供了新的视角，即可以从学生的心理进行考量，不仅仅局限于机制的缺陷。

（七）政策监督管理手段较为松弛

调查结果表明部分学生表示国家奖学金的发放存在不同程度的延迟情况，这与国家政策中“高等学校于每年11月30日前将当年研究生国家奖学金一次性发放给获奖学生”的规定相违背，而且在实践中，这一行为并未受到惩处。此外，根据统计结果显示，在“一次性发放”的问题上存在个别违规行为。虽然发放时间与发放次数看似属于不甚重要的细节，但折射出的是政策执行的扭曲。同时，松弛的管理手段也进一步将政策置于执行变形的高风险之下。根据统计结果，对国家奖学金政策的监督管理并未在学生群体中取得理想满意度，可能原因有二：一是该项政策极具含金量，研究生对其重视程度较高，需求呈现出多元化，从而对政策监督管理提出了更高要求；二是国家奖学金的奖励金额相对较高，对于多数学生而言是一笔“巨款”，使得大家对奖金的监督管理抱有更高的期望。

除此之外，调查结果表明奖金的使用问题尤为突出，也反映出政策监督管理的不足，仅有半数被试对奖金的规范合理使用表示“符合”及以上的态度。与此同时，“用少量奖金请客吃饭”这一选项也得到了50%左右的被试支持。可以看出，被试对于奖

金的使用存在一定程度的不满。根据进一步调查可知，部分高校早期甚至出现过严重违反规定的行为，即将奖金（部分）交给导师、学院等利益相关者。《研究生国家奖学金管理暂行办法》（财教〔2012〕342号）中明确规定“必须严格执行国家相关财经法规和本办法的规定，对研究生国家奖学金资金加强管理，专款专用，不得截留、挤占、挪用，并接受财政、审计、纪检监察等部门的检查和监督”。此举是通过监督手段来切实保障奖金使用的正当性，而更重要的意义在于保证学生权益的同时捍卫政策的尊严。表面看来奖金确实被发放到学生手中，但在表象之下存在严重违反政策精神的替换式执行现象。此种情形也再次佐证了学生力量的式微以及政策执行偏差的存在，而在此过程中，监督的设置并未发挥出应有的作用。

四　研究生国家奖学金政策执行的优化对策

（一）树立加强政策宣传理念，创新政策宣传方式

首先，树立重视国家奖学金政策宣传的理念。调查结果显示部分高校存在“未做任何宣传”的现象，反映出宣传理念淡薄甚至缺失的问题。实际上，这种“轻宣传”的情形广泛存在于各类政策执行中，多数执行者更关注的是具体执行过程中可能遇到的困难，而忽视了前期的准备工作。因此，有必要从强调理念入手，让高校绷起政策宣传这根弦，努力营造出良好的政策氛围。必须强调的是，政策宣传不仅仅存在于具体执行行为之前，而是应当贯穿整个执行过程，或者至少应从帮助学生了解国家奖学金政策开始，至获奖人物事例的宣讲结束。此处对根植理念的强调不仅仅是因为现存的较低满意度，还受到学生信息获取方式的影响，即依据统计结果观察，被试多采用“被动告知”的方式来获取国家奖学金政策的有关信息，并呈现出显著依赖性，因此，在现行模式下，高校需要充分发挥主动性，做好政策宣传

工作以保障学生的知情权。

其次，积极创新政策宣传方式，拓宽信息传播渠道，最大范围覆盖所有学生。树立宣传理念并不能完全确保政策宣传工作的顺利完成，还需要其他措施的配合执行，在此强调的是对政策宣传方式的改进。在未来的政策宣传中，要积极挖掘出更好的宣传手段，确保政策信息准确地传达给学生，充分发挥国家奖学金政策潜在的激励作用。可以借助高校的信息化建设，针对不同的宣传内容采取有所差异的手段，以丰富多样的宣传方式来满足学生多元的需求，进而提高政策宣传的满意度。总之，政策宣传是高校国家奖学金政策执行的短板所在，需要重点予以改进。

最后，及时开展获奖宣传与经验交流。评选后及时对获得国家奖学金的学生进行获奖事迹宣传，可通过举办经验交流会、分享会等形式宣传获奖者的事迹，让获奖的学生走入到同学中，特别是走入到新生中去，面对面地分享获奖经验，鼓励低年级同学寻找自己的不足点，找到学习及科研进步的突破点。研究生可以从优秀学生的分享中学习经验，争取取得更好的成绩。看到身边的同学作为被表彰和学习的榜样，也可破除研究生认为国家奖学金遥不可及的想法，充分有效地发挥获奖同学的榜样示范作用。这种做法不仅可以使学生更加了解国家奖学金政策，也可在一定程度上加强榜样的带动力量，营造良好评审氛围。此外，高校可组织获奖学生观看奖学金使用规范的宣传片，树立科学消费观，避免请客吃饭现象蔚然成风。①

（二）健全分类考核评价机制，增强评审过程的公开性

首先，健全分类考核评价机制，针对学术型硕士与专业型硕

① 本部分内容已作为课题成果发表：刘佩琪：《研究生国家奖学金评审问题研究——以山东省为例》，硕士学位论文，山东师范大学，2019 年。

士设立不同的评审标准。就实际情况而言，多数专业型研究生与学术型研究生一同竞争国家奖学金，且遵循同一套评审规则。但必须直面的是，专业型研究生的培养方式更侧重于实践，往往在科研上投入较少，学术型研究生则恰恰相反。因此，在具体评审中，专业型硕士便处于显著劣势，且在现行标准下难以逆转。实际上，专业型研究生与学术型研究生在地位上理应平等，对于国家奖学金名额的竞争也应当在一个相对公平的场域中进行。研究生国家奖学金作为研究生奖学金制度中具有普遍意义的最高荣誉，应当奖励给研究生群体中的最优个体，其评选标准应当是全面、科学且最能体现当代研究生精神面貌的指标，不同学历层次和培养类型的研究生，其评审标准应当是不同的。因此需要设计分类评价机制，根据学术型与专业学位研究生，乃至不同学科专业研究生的特点与培养目标，建立健全分类考核评价机制，实施差别化评价以推动政策育人目标及研究生特色培养目标的实现。在制定评奖标准时也要适当倾向于专业型硕士，把社会实践与重要比赛获奖作为评选指标纳入评选中。[①] 因此，评审标准的制定者应当在正视学位类型存在差异性的同时，立足于培养目标等客观因素，分类设定评审标准，各有侧重，以进一步筛选出多元的优秀学生，而非仅依赖于科研成绩，造成专业型研究生强烈抗议的局面。

其次，设置多元化评选指标体系，避免“唯科研马首是瞻”。国家奖学金评选需要通过全面多元化的指标体系，评选出全方位发展的优秀研究生并充分发挥其榜样带头作用以引导学生全面发展。部分高校在评选过程中仅仅关注研究生的学术成果或学习成绩，忽视了研究生的思想品德与社会实践活动情况，不仅影响了

---

① 本部分内容已作为课题成果发表：刘佩琪：《研究生国家奖学金评审问题研究——以山东省为例》，硕士学位论文，山东师范大学，2019 年。

评选的全面性，也不符合国家政策文本对国家奖学金申请者的要求。院级单位可以考虑针对专业的独特性来增加评选指标以推动多元化评选指标的构建。对于一些“偏才怪才”或在某方面具备特长的学生则可为其颁发专项或单项奖学金，若将其选拔为国家奖学金获得者会引起其他研究生盲目跟风。除了设置多元化评选指标体系外，还应该避免研究生为获得奖金而出现学术不端行为。在指标体系中明确规定国家奖学金的评选与论文的质量有关，而非发表论文的数量。①

最后，推进评审过程的公开透明度，保障学生的知情权和参与权。其一，鼓励高校采用有助于人才培养模式创新的竞赛、公开答辩等透明评审方式进行评选。一方面有助于帮助评审委员充分了解获奖候选人的综合素质能力，考验候选人对自身科研成果的参与了解程度；另一方面可以带动其他研究生参与到学生事务管理环节中来，既能够起到有效监督候选人的答辩过程及科研成果的作用，又能够使其他研究生了解获奖同学的综合实力，以便产生有效的榜样示范作用。其二，针对评审人员构成不明确的问题，高校与学院应当明确评审人员构成及相关责任人，将具体责任明确到个人并在评选细则中公示人员姓名，避免推脱扯皮、徇私舞弊的现象。其三，还应明确公示形式、公示内容及公示时间等信息，并严格按照细则要求实施公示。公示内容应当包括具体的评奖过程、获奖者与参评者的资质以及各项目的得分数。其四，可采取材料复核和答辩旁听等手段，对评审过程中的决策进行监督，并形成监督记录以提高评选的公开透明度。② 其五，扩大学生参与范围，提高学生代表

---

① 本部分内容已作为课题成果发表：刘佩琪：《研究生国家奖学金评审问题研究——以山东省为例》，硕士学位论文，山东师范大学，2019 年。

② 本部分内容已作为课题成果发表：刘佩琪：《研究生国家奖学金评审问题研究——以山东省为例》，硕士学位论文，山东师范大学，2019 年。

的话语权。从评审委员的构成来看，学生实际上处于较为弱势的地位，因此需要扩大参与评审的学生范围，可在学生群体中进行民主投票等活动，以初步筛选出学生心目中的优秀代表。应充分保障学生的表达权利，可采取匿名打分等形式，将领导、教师、学生等代表的票混合在一起计分，避免出现“以领导意见为准”的情形，在增强评审结果公正性的同时，减少学生对领导和教师意见依附的可能性，进而表达出真实的意见。因此，需要在评审过程中积极吸纳学生力量，公开评审过程，让学生知道“谁去评”“怎么评”等信息流程。结合“论文造假”“成绩放水”等乱象可以推断，正是由于公开评审过程工作的缺失，监督作用旁落，致使利益寻租空间较大，评审结果的客观性与公平性受到严重冲击，并引起学生的不满。

（三）加强政策执行监督，建立健全申诉反馈机制

首先，全方位加强政策执行的监督力度。就目前状况而言，部分高校仍存在不同程度的政策执行违规行为，例如奖金延迟发放、分期发放及评审人员构成不合理等问题，说明相关政府部门的审查和监督工作不够到位，从而折射出部分高校政策监督管理的弱化与松弛。其一，从政府层面而言，有关部门需进一步加强监督工作，强化教育行政部门的监督审核职能，并设置相关投诉系统，使同学们能够充分享受自己的合法权利。其二，高校层面应启动国家奖学金发放的核查工作，使相关核查工作能够在平时开展，形成核查工作常态化。同时，高校还应结合学生资助工作，建立起定期专项检查制度和专项审计制度，推进奖助学金的发放公开透明，接受群众和师生监督，坚决防止和严肃查处任何违纪违规行为。其三，加强学生的监督维权及申诉意识，增强参与学生资助管理工作的积极性，有效维护自身权益。

其次，促进主动申诉理念的转变，建立健全申诉反馈机制。国

家奖学金的申诉机制是保障评审程序公正性的重要环节，也是尊重学生评审参与人主体地位与价值的重要体现，是对高校管理中学生处在相对弱势地位的适度扭转。学生通过获得申诉权，破除学校始终占据优势地位的传统，使其具有了对评审问题提出异议的机会和能力，因此，申诉权成为国家奖学金政策执行的重要监督和规范力量。解决申诉问题的关键在于扭转学生的申诉理念，从制度上削弱师生利益关系的捆绑，促进学生“敢于发声”。无论是评审过程的民主性还是公开性的改进，其最终目的的实现应当建立在“学生真实表达”的基础之上。从前文的统计结果观察，大量被试对现有的申诉机制不信任，担心申诉会损害自身的利益，这种理念显然无助于监督权利的行使，也将评审结果置于高风险之中。尽管如此，不能将责任完全归咎于学生，还需要考虑大环境对理念塑造的影响。在现行制度下，学生的利益被紧握于辅导员和领导手中，若想在各类奖学金评审中获得优异成绩首先需要获得他们的认可和支持。因此多数学生并不敢违逆其意见，甚至会主动讨好，申诉自然无从谈起。所以，学生的申诉理念亟须转变，但与此同时需要注重环境改进，将学生利益与领导和教师的权力松绑，为他们创造一个“敢于发声”的宽松空间。

第二节　研究生国家奖学金政策育人实证分析①

国家奖学金政策是面向高校全日制学生的一种激励手段，其目的是通过物质与精神的双重奖励，促进学生努力学习和全面发展，

① 本节内容已作为课题成果发表：陈萍：《研究生国家奖学金政策的育人效果研究——以H大学为例》，硕士学位论文，山东师范大学，2019年。

引导学生将国家与社会发展需求作为自己的价值追求，不断提升专业知识学习、参加社会实践锻炼、产出创新成果，提高人才培养的社会贡献率与教育资源的使用率。在综合了解了高校国家奖学金政策执行与落实情况的基础上，本节以研究生国家奖学金政策为例，结合文献与政策文本内容构建国家奖学金政策育人评估指标体系，以了解国家奖学金政策实施以来取得的育人成效，剖析政策实施过程中产生的育人问题，并从国家、高校及学生三方利益相关主体的不同视角出发，提出具体可行的对策建议，以期有效提升高校国家奖学金政策的育人水平，推动高等教育人才强国建设战略的有效实施，助力我国高校“双一流”建设，实现高等教育内涵式发展。

一　研究生国家奖学金政策育人评估指标体系的构建

（一）指标体系构建的相关要素分析

本书结合政策框架体系、管理工作流程和相关利益主体的需求来构建系统完整的评估指标要素群以供后续筛选。基于对研究生国家奖学金政策文本和现有文献当中相关研究的梳理、总结发现，研究生国家奖学金政策的实施对研究生成长成才的影响体现在多个方面。研究生国家奖学金政策具有战略遵从、引导激励、科研主导与育人为本等价值取向，它指引着高校奖学金评审细则的制定与育人工作的开展，确定了研究生在校学业和生活的追求方向。政策文本中的评审原则、评审标准、基本申请条件等对研究生的学习成绩、科研、创新能力等提出要求，引导着研究生内在心理与外在行为的变化。本书结合政策文本与已有相关文献，分析得出与育人评估相关的若干因素并提取出关键指标，拟构建“学业成就、心理行为、能力素质、毕业发展”四个维度为一级指标，“学习、科研、心理健康、思想行为、实践能力、创新能力、批判能力、考博、就业”

为二级指标，其下又设置若干个测量变量的三级指标体系，其初稿如表 8 – 7 所示。

表 8 – 7 研究生国家奖学金政策育人评估指标体系（初稿）

一级指标	二级指标	三级指标
学业成就 B_1	学习积极性 C_{11}	激励用功学习 D_{111}
	科研积极性 C_{12}	激励撰写发表论文 D_{121}
		激励参与课题研究 D_{122}
		提高毕业论文质量 D_{123}
心理行为 B_2	心理健康 C_{21}	产生焦虑忧郁感 D_{211}
	思想行为 C_{22}	产生嫉妒攀比心理 D_{212}
		产生自负虚荣感 D_{213}
		产生挫败感 D_{214}
		提升品德修养 D_{221}
		规范道德行为 D_{222}
		人际关系紧张 D_{223}
能力素质 B_3	实践能力 C_{31}	培养实践活动能力 D_{311}
	创新能力 C_{32}	培养创新创造能力 D_{321}
	批判能力 C_{33}	培养批判能力 D_{331}
毕业发展 B_4	考博 C_{41}	促进考博深造 D_{411}
	就业 C_{42}	促进求职与就业发展 D_{421}

（二）指标体系构建的专家评议筛选

本书将理论筛选得出的指标按照重要程度划分为五个等级并分别赋分：很重要（5 分）、重要（4 分）、一般（3 分）、次要（2 分）、很次要（1 分），然后制成专家打分表，请专家进行打

分。问卷回收后，通过计算专家赋值的平均值发现，一级指标与二级指标得分均在 3 分以上，三级指标中的提高毕业论文质量和产生挫败感两项指标的平均值在 3 分以下（见表 8－8），因此删除两项指标，最终确定了由 4 项一级指标、9 项二级指标和 14 项三级指标组成的研究生国家奖学金政策育人评估指标体系（见表 8－9）。

表 8－8　　指标得分情况

一级指标	得分	二级指标	得分	三级指标	得分
学业成就 B_1	4.8	学习积极性 C_{11}	4.4	激励用功学习 D_{111}	4.4
		科研积极性 C_{12}	4.8	激励撰写发表论文 D_{121}	4.8
				激励参与课题研究 D_{122}	4.8
				提高毕业论文质量 D_{123}	2.7
心理行为 B_2	3.6	心理健康 C_{21}	3.2	产生焦虑忧郁感 D_{211}	4
				产生嫉妒攀比心理 D_{212}	4
				产生自负虚荣感 D_{213}	4
				产生挫败感 D_{214}	2.9
		思想行为 C_{22}	4	提升品德修养 D_{221}	4.1
				规范道德行为 D_{222}	4.1
				人际关系紧张 D_{223}	4
能力素质 B_3	4.6	实践能力 C_{31}	3.8	培养实践活动能力 D_{311}	3.8
		创新能力 C_{32}	4.8	培养创新创造能力 D_{321}	4.8
		批判能力 C_{33}	4	培养批判能力 D_{331}	4
毕业发展 B_4	4.2	考博 C_{41}	4.2	促进考博深造 D_{411}	4.2
		就业 C_{42}	3.6	促进求职与就业发展 D_{421}	3.6

表 8－9　　研究生国家奖学金政策育人评估指标体系

评价目标	一级指标	二级指标	三级指标
研究生国家奖学金政策育人评估 A	学业成就 B_1	学习积极性 C_{11}	激励用功学习 D_{111}
		科研积极性 C_{12}	激励撰写发表论文 D_{121}
			激励参与课题研究 D_{122}
	心理行为 B_2	心理健康 C_{21}	产生焦虑忧郁感 D_{211}
			产生嫉妒攀比心理 D_{212}
			产生自负虚荣感 D_{213}
		思想行为 C_{22}	提升品德修养 D_{221}
			规范道德行为 D_{222}
			人际关系紧张 D_{223}
	能力素质 B_3	实践能力 C_{31}	培养实践活动能力 D_{311}
		创新能力 C_{32}	培养创新创造能力 D_{321}
		批判能力 C_{33}	培养批判能力 D_{331}
	毕业发展 B_4	考博 C_{41}	促进考博深造 D_{411}
		就业 C_{42}	促进求职与就业发展 D_{421}

（三）指标体系的建立及权重赋值

本书采用层次分析法，按照相应步骤确定研究生国家奖学金政策育人评估指标体系中各级指标的权重。

1. 层次分析法基本原理

运用层次分析法进行决策分析，首先要将问题分解为元素，使其系统化、层次化，然后利用元素之间的关系构建层次递阶模型。模型可分为三层：最高层（目标层）、中间层（准则层、子准则层）、最底层（方案层）。按照该模型，将研究生国家奖学金育人评估指标体系分为三层：目标层为研究生国家奖学金政策育人评估这一总目标A，准则层包括学业成就、思想行为、能力素质、毕业发展共 4 项一级指标，子准则层包括学习、科研、思想、行为、实践能力、创新能力、批判能力、考博、就业共 9 项二级指标，方案层包括撰写发表论

文、参与课题研究、焦虑忧郁、嫉妒攀比、自负虚荣、品德修养、道德行为、人际关系等多项指标。

利用判断矩阵，可以定量描述任意两个方案相对于同一个准则的优越程度。Saaty 等建议引用 1—9 这 9 个数字作为评比的数量标度。表 8 - 10 列出了 1—9 标度的含义。

表 8 - 10　　判断矩阵比例标度表

标度	因素 i 重要性相比因素 j 重要性
1	同样重要
3	稍微重要
5	明显重要
7	强烈重要
9	极端重要
2，4，6，8	相邻标度中值

通过两两比较可得出矩阵 A：

$$A = \begin{bmatrix} a_{11} & a_{12} & \cdots & a_{1n} \\ a_{21} & a_{22} & \cdots & a_{2n} \\ \vdots & \vdots & \ddots & \vdots \\ a_{n1} & a_{n2} & \cdots & a_{nn} \end{bmatrix}$$

其中，$a_{ij} = \frac{1}{a_{ji}}$是要素 i 与要素 j 的重要性相对比得到结果。

运用合积法计算出判断矩阵的特征向量，然后计算出各级指标的相对权重。其步骤如下：

第一步：对矩阵 A 的各列求和。

第二步：对矩阵 A 每一列按照公式进行归一化处理得到矩阵 B，其中，$B_{ij} = \frac{A_{ij}}{\sum A_{ij}}(i,j = 1,2,\cdots,n)$。

第三步：对矩阵 B 的每一行进行求和即得到特征向量。

第四步：对特征向量进行归一化处理，得出指标权重，其中，$W=\frac{B_j}{\sum B_j}$。

T. L. Saaty 等将 $CI=\frac{\lambda-n}{n-1}$ 定义为一致性检验的指标，CI 值越小，表明一致性越大，CI 值越大，表明一致性越小。其中，n 为判断矩阵的阶数，n 越小，CI 值便越小；n 越大，CI 值便越大。CI 与 RI（同阶平均随机一致性指标）的比值为随机一致性比例 CR（Consistency Ratio）：

$$CR=\frac{CI}{RI}$$

若 $CR<0.10$，则判断矩阵通过一致性检验。其中，平均随机一致性指标 RI 与矩阵阶数有关，其对应关系如表 8－11 所示：

表 8－11　　RI 取值（n 为矩阵阶数）

n	1	2	3	4	5	6	7	8	9	10
RI	0	0	0.58	0.90	1.12	1.24	1.32	1.41	1.46	1.49

2. 指标权重的确定

在制定判断矩阵问卷的基础上，组织 7 人专家团队进行填答，其中包括 2 名高等教育政策研究领域教授，4 名研究学者，1 名高校奖学金管理工作者，问卷回收后，利用 Excel 将多名专家的打分进行汇总计算，这里主要采用几何平均数对专家的打分进行汇总计算，最后将各位专家的打分汇总形成综合判断矩阵。下面以一级指标的计算为例，如表 8－12 所示：

表 8－12　　一级指标对目标层的重要性等级列表 A－B

A	B_1	B_2	B_3	B_4
学业成就 B_1	1	4.8	3.6	2.6
心理行为 B_2	1/4.8	1	0.9	1
能力素质 B_3	1/3.6	1/0.9	1	1.7
毕业发展 B_4	1/2.6	1	1/1.7	1

根据该表格即可得到矩阵 A：

$$A = \begin{bmatrix} 1 & 4.8 & 3.6 & 2.6 \\ 1/4.8 & 1 & 0.9 & 1 \\ 1/3.6 & 1/0.9 & 1 & 1.7 \\ 1/2.6 & 1 & 1/1.7 & 1 \end{bmatrix}$$

然后运用合积法，通过计算得到一级指标的权重系数：

$$B \rightarrow \begin{bmatrix} 0.5263 & 0.6076 & 0.5902 & 0.4127 \\ 0.1053 & 0.1266 & 0.1475 & 0.1587 \\ 0.1579 & 0.1392 & 0.1639 & 0.2698 \\ 0.2105 & 0.1266 & 0.0984 & 0.1587 \end{bmatrix} \rightarrow \begin{bmatrix} 2.1368 \\ 0.5381 \\ 0.7309 \\ 0.5942 \end{bmatrix}$$

$$W = \begin{bmatrix} 0.5342 \\ 0.1345 \\ 0.1827 \\ 0.1485 \end{bmatrix}$$

通过计算得出其最大特征根：

$$A \times W = \begin{bmatrix} 1 & 4.8 & 3.6 & 2.6 \\ 1/4.8 & 1 & 0.9 & 1 \\ 1/3.6 & 1/0.9 & 1 & 1.7 \\ 1/2.6 & 1 & 1/1.7 & 1 \end{bmatrix} \times \begin{bmatrix} 0.5342 \\ 0.1345 \\ 0.1827 \\ 0.1485 \end{bmatrix} = \begin{bmatrix} 2.2240 \\ 0.5544 \\ 0.7435 \\ 0.6064 \end{bmatrix}$$

$$\lambda_{max} = \frac{1}{n}\sum_{i} \frac{(A \times W)_i}{W_i} = \frac{1}{4}\left(\frac{2.2240}{0.5342} + \frac{0.5544}{0.1345} + \frac{0.7435}{0.1827} + \frac{0.6464}{0.1485}\right) = 4.1088$$

然后通过一致性指标公式检验两两判断矩阵的一致性：

$CI = \frac{\lambda_{max} - n}{n - 1} = \frac{4.1088 - 4}{4 - 1} = 0.0363$，已知当 $n = 4$ 时，RI 取值为0.9，所以，

随机一致性比例 $CR = \frac{CI}{RI} = \frac{0.0363}{0.9} = 0.0403 < 0.1$

可见，一级指标判断矩阵满足一致性的要求。

按照同样的方法，可以得到二级指标、三级指标的指标权重值，计算结果如表 8－13 至表 8－19 所示：

表 8－13　　　**二级指标的重要性判断 $B_i - C_j$（学业成就）**

一级指标	二级指标	C_{11}	C_{12}	W
学业成就 B_1	学习积极性 C_{11}	1	0.5	0.3333
	科研积极性 C_{12}	1/0.5	1	0.6667
	$\lambda_{max}=2$　CI = 0　CR = 0 < 0.1			

表 8－14　　　**二级指标的重要性判断 $B_i - C_j$（心理行为）**

一级指标	二级指标	C_{21}	C_{22}	W
思想行为 B_2	心理健康 C_{21}	1	1/1.3	0.4396
	思想行为 C_{22}	1.3	1	0.5604
	$\lambda_{max}=2$　CI = 0　CR = 0 < 0.1			

表 8-15　二级指标的重要性判断 $B_i - C_j$（能力素质）

一级指标	二级指标	C_{31}	C_{32}	C_{33}	W
能力素质 B_3	实践能力 C_{31}	1	0.3	0.8	0.1889
	创新能力 C_{32}	1/0.3	1	1.7	0.5355
	批判能力 C_{33}	1/0.8	1/1.7	1	0.2756
	$\lambda_{max}=3.0264$　CI = 0.0132　CR = 0.0228 < 0.1				

表 8-16　二级指标的重要性判断 $B_i - C_j$（毕业发展）

一级指标	二级指标	C_{41}	C_{42}	W
毕业发展 B_4	考博 C_{41}	1	1.5	0.5941
	就业 C_{42}	1/1.5	1	0.4059
	$\lambda_{max}=2$　CI = 0　CR = 0 < 0.1			

表 8-17　三级指标的重要性判断 $C_i - D_j$（科研）

二级指标	三级指标	D_{121}	D_{122}	W
科研积极性 C_{12}	激励撰写发表论文 D_{121}	1	2.5	0.7143
	激励参与课题研究 D_{122}	1/2.5	1	0.2857
	$\lambda_{max}=2$　CI = 0　CR = 0 < 0.1			

表 8-18　三级指标的重要性判断 $C_i - D_j$（心理健康）

二级指标	三级指标	D_{211}	D_{212}	D_{213}	W
心理健康 C_{21}	产生焦虑忧郁感 D_{211}	1	1/0.5	0.4	0.1818
	产生嫉妒攀比感 D_{212}	1/0.5	1	0.8	0.3636
	产生自负虚荣感 D_{213}	1/0.4	1/0.8	1	0.4545
	$\lambda_{max}=3$　CI = 0　CR = 0 < 0.1				

表 8-19　　三级指标的重要性判断 $C_i - D_j$（思想行为）

二级指标	三级指标	D_{221}	D_{222}	D_{223}	W
思想行为 C_{22}	提升品德修养 D_{221}	1	1/2.8	1/0.6	0.2768
	规范道德行为 D_{222}	2.8	1	1/0.6	0.4987
	人际关系紧张 D_{223}	0.6	0.6	1	0.2245
	$\lambda_{max}=3.1083$　CI = 0.0542　CR = 0.0943 < 0.1				

最后，汇总得出所有层级指标的权重，如表 8-20 所示：

表 8-20　　研究生国家奖学金政策育人评估指标体系及其权重

一级指标	权重	二级指标	权重	三级指标	权重
学业成就 B_1	53.42%	学习积极性 C_{11}	17.8%	激励用功学习 D_{111}	17.80%
		科研积极性 C_{12}	35.62%	激励撰写发表论文 D_{121}	25.44%
				激励参与课题研究 D_{122}	10.18%
心理行为 B_2	13.45%	心理健康 C_{21}	5.91%	产生焦虑忧郁感 D_{211}	1.07%
				产生嫉妒攀比心理 D_{212}	2.15%
				产生自负虚荣感 D_{213}	2.69%
		思想行为 C_{22}	7.54%	提升品德修养 D_{221}	2.09%
				规范道德行为 D_{222}	3.76%
				人际关系紧张 D_{223}	1.69%
能力素质 B_3	18.27%	实践能力 C_{31}	3.45%	培养实践活动能力 D_{311}	3.45%
		创新能力 C_{32}	9.78%	培养创新创造能力 D_{321}	9.78%
		批判能力 C_{33}	5.04%	培养批判能力 D_{331}	5.04%
毕业发展 B_4	14.85%	考博 C_{41}	8.82%	促进考博深造 D_{411}	8.82%
		就业 C_{42}	6.03%	促进求职与就业发展 D_{421}	6.03%

二　研究生国家奖学金政策育人评估过程与结果

（一）研究对象的选取与问卷设计

1. 研究对象选择

为确保数据的可得性与有效性，本书将实证调查范围设定为Z高校的在校硕士研究生，其中包括未参与国家奖学金申请的研究生、申请并获奖的研究生以及申请但未获奖的研究生三大类。访谈对象包括部分院系领导、辅导员、导师、学院助理和部分在校生。

2. 问卷设计

问卷主要依据育人指标的设计分为学业成就、心理行为、能力素质和毕业发展四个方面，共设置14个问题，利用李克特五级量表将选项设计为“非常不符合、不太符合、一般、符合、非常符合”五个等级。第三部分为政策在育人过程中存在的问题调查。问卷具体题目设置数量及分布如表8－21所示：

表8－21　调查问卷设计

问卷分类			题目	数量
第一部分	个人基本信息		1—5	5
第二部分	政策育人评估调查	学业成就	6—8	3
		心理行为	9—14	6
		能力素质	15—17	3
		毕业发展	18—19	2
第三部分	政策育人问题调查		20—24	5

（二）问卷信度与效度检测

本书运用SPSS17.0统计软件包，对“政策育人评估”等关键题项获取的数据进行信度分析，得到 α 系数为 0.870，显示本书调查问卷有较高信度。同时，利用因子分析法对问卷进行结构效度分析，得到 KMO 值为 0.880，表明本书调查问卷具有较高的结构效度。检测结果如表 8－22 所示。

表 8－22　**调查问卷信度和效度检测**

SPSS 统计分析	可靠性统计量	KMO 和 Bartlett 的检验				
	Cronbach's Alpha	项数	取样足够度的 Kaiser-Meyer-Olkin 度量	Bartlett 的球形度检验近似卡方	df	Sig.
政策育人评估	0.870	14	0.880	12540.669	91	0.000

（三）问卷发放与回收

Z 高校是一所师范类高校，在校的全日制硕士研究生文理比例为 1.52∶1，因此，本书在Z 高校的 22 个培养单位中，共发放 800 份问卷，按照文理 1.5∶1 的比例，利用简单随机抽样的方法，在文科学院确定了 480 名参与调查的学生，在理科学院确定了 320 名参与调查的学生，采取线上与线下相结合的方式进行问卷调查，共收回问卷 794 份，其中有效问卷 787 份，问卷有效回收率为 98.4%，达到 70% 以上的学术问卷调查标准。将收回的问卷进行统计，各指标等级分布情况统计结果如表 8－23 所示。

表 8－23　**研究生国家奖学金政策育人评估调查问卷统计结果**

评价对象	评价指标	统计结果				
		非常不符合	不太符合	一般	符合	非常符合
学业成就	激励用功学习	24	32	161	320	250
	激励撰写发表论文	20	31	164	312	260
	激励参与课题研究	21	27	166	319	254

续表

评价对象	评价指标	统计结果				
		非常不符合	不太符合	一般	符合	非常符合
心理行为	产生忧郁焦虑感	144	153	296	134	60
	产生嫉妒攀比心理	123	159	275	156	74
	产生自负虚荣感	140	170	286	125	66
	提升品德修养	39	59	248	286	155
	规范道德行为	40	56	259	275	157
	人际关系紧张	118	174	265	149	81
能力素质	培养实践活动能力	33	45	202	298	209
	培养创新创造能力	30	37	198	286	236
	培养批判能力	26	44	195	289	233
毕业发展	促进考博深造	28	28	183	284	264
	促进求职与就业发展	24	43	182	290	248

（四）评估结果的统计分析

李克特量表的五点计分法要求依次赋予五个等级 1 分、2 分、3 分、4 分、5 分，对应每项指标的得分，由此得出各项指标的初始分数。结合前文计算得出的研究生国家奖学金政策育人评估指标权重，采用百分制原则依据五点计分法，将五个等级依次赋予其所在指标权重的 0%、25%、50%、75%、100% 的分值，由此计算出各项指标的得分，其中，心理健康指标下的三项三级指标以及思想行为下的人际关系指标为反向题，采用反向计分方式计算得分，各项指标得分越高表明研究生国家奖学金政策的育人效果越好。利用 SPSS17.0 将收回的问卷进行调查结果统计分析，得出各指标得分统计结果如下：

1. 整体育人效果处于中等偏上水平

Z 高校研究生国家奖学金政策的整体育人得分为 76.89 分，表明目前研究生国家奖学金政策的育人水平达到了本书中对政策预期育人效果的 76.89%，完成度处于中等偏上水平。图 8－21 为整体育人水平的分布直方图，频数分布的高峰向右偏移，长尾向左延伸，呈负偏态，峰值位于 79 分左右。据统计，得分在 80 分以上的频数共计 314，占总体数量的 39.9%。因此，该项政策的实施对于学生综合发展起到了较好的激励促进作用，但距离育人目标仍存在一定的差距。表 8－24 显示四项一级指标的育人水平由高到低分别为：学业成就、毕业发展、能力素质、心理行为。就变异系数而言，心理行为指标项的变异系数值在四项指标中最小，表明国家奖学金政策对学生心理行为的影响与其他三项指标相比较为集中。为进一步了解政策的具体育人情况，下文对各项一级指标得分做具体分析。

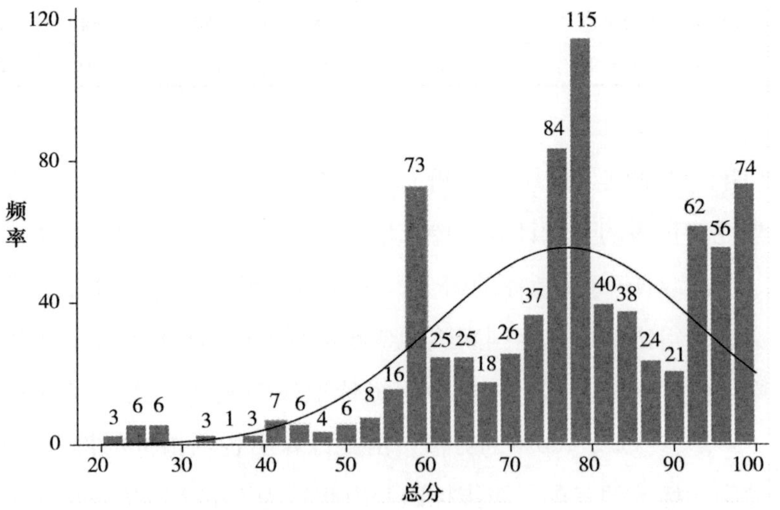

图 8－21　研究生国家奖学金政策整体育人得分直方图

表 8－24　　Z 高校研究生国家奖学金政策育人得分统计结果

维度	权重（%）	个数	标准差	均值	变异系数（%）	效果水平（%）
学业成就	53.42	787	10.11	42.28	23.92	79.15
心理行为	13.45	787	2.04	9.03	22.59	67.14

续表

维度	权重（%）	个数	标准差	均值	变异系数（%）	效果水平（%）
能力素质	18.27	787	3.49	13.98	24.98	76.52
毕业发展	14.85	787	2.85	11.61	24.54	78.18
整体育人得分	100	787	16.18	76.89	21.05	76.89

2. 科研相较于学习的激励作用更显著

学业成就指标项均值为 42.28 分，达到该项指标预期效果的 79.15%。图 8－22 为学业成就得分直方图，与整体得分的分布情况一致，学业成就得分同样呈负偏态，峰值位于 42.73 分，表明学业成就水平分布较为分散。表 8－25 为学业成就下三项三级指标的得分情况，其中，撰写发表论文指标项均值为 20.18 分，达到该项指标预期效果的 79.32%，参与课题研究指标项均值为 8.07 分，达到该项指标预期效果的 79.27%，努力用功学习指标项均值为 14.03 分，达到该项指标预期效果的 78.82%，可见相较于学习而言，研究生国家奖学金政策的科研激励效果相对较好，特别是激励学生撰写发表论文的效果在三项指标中领先。但在激励用功学习、激励撰写发表论文、激励参与课题研究三项指标当中，仍分别有 27.6%、27.3%、27.2% 的学生认为国家奖学金的激励作用在“一般”以下，因此，三项指标的育人水平有待进一步优化。

表 8－25　研究生国家奖学金政策学业成就三级指标得分统计结果

维度	权重（%）	均值	效果水平（%）
努力用功学习	17.80	14.03	78.82
撰写发表论文	25.44	20.18	79.32
参与课题研究	10.18	8.07	79.27
学业成就	53.42	42.28	79.15

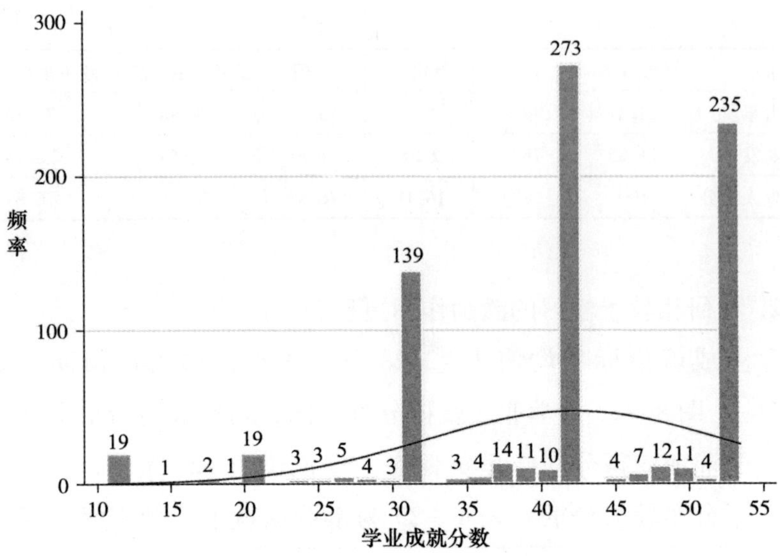

图 8－22　研究生国家奖学金政策学业成就育人得分直方图

3. 心理健康及人际关系的培育作用较弱

心理行为指标项均值为 9.03 分，达到该项指标预期效果的 67.14%，得分在四项一级指标中最低，表明研究生国家奖学金政策对学生心理行为的培育作用与其他方面相比而言偏弱。图 8－23 为心理行为得分直方图，与整体育人水平和学业成就相比而言，更接近正态分布，分值更为集中，峰值位于均值附近。表 8－26 为心理行为下六项三级指标的得分情况，表明研究生国家奖学金政策对于学生注重提升品德修养、规范道德行为的培育作用优于其他四项指标，提示研究生国家奖学金政策对研究生心理健康及人际关系的培育作用较弱，激励政策在研究生群体中产生了一定的负面影响，特别是产生嫉妒攀比心理和形成不良人际关系两项指标得分最低，需要进一步加大宣传教育力度，以加强对研究生思想行为的引导。

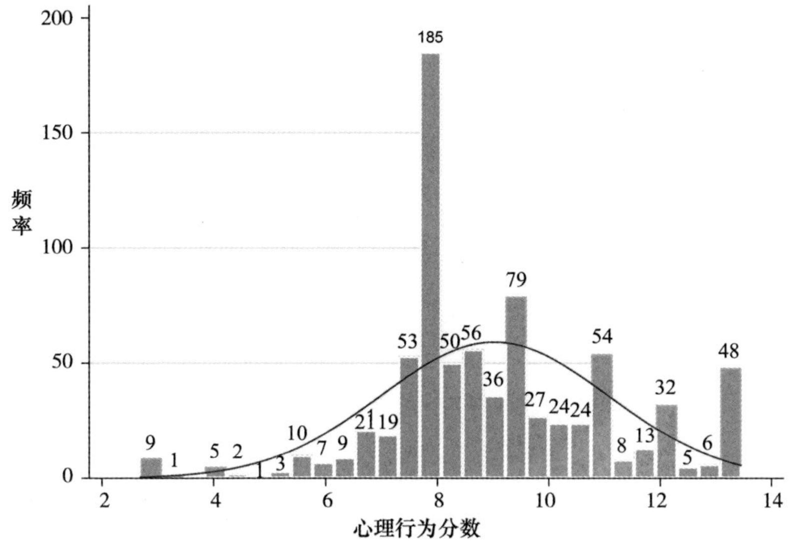

图 8－23　研究生国家奖学金政策心理行为育人得分直方图

表 8－26　研究生国家奖学金政策心理行为三级指标得分统计结果

维度	权重（%）	均值	效果水平（%）
产生焦虑忧郁感	1.07	0.69	64.49
产生嫉妒攀比心理	2.15	1.35	62.79
产生自负虚荣感	2.69	1.74	64.68
提升品德修养	2.09	1.50	71.77
规范道德行为	3.76	2.69	71.54
人际关系紧张	1.69	1.06	62.72
心理行为	13.45	9.03	67.14

4. 培育创新和批判能力的成效优于实践活动能力

能力素质均值为 13.98 分，达到预期效果的 76.52%，表明研究生国家奖学金政策对研究生能力素质的培育作用在中等偏上水平。图 8－24为能力素质得分直方图，呈负偏态，峰值位于 14.61 分。据统计，能力素质指标效果完成度在60%以上的频数为703，占比为89.33%。表8－27为能力素质下三项三级指标的得分情况，其中，培养创新创造能力指标项均值为7.51分，达到该项指标预期效果的76.79%，培养批判能力指标项均值为3.87分，达到该项指标预期效果的76.79%，培养实践活动能力指标项均值为2.60分，达到该项指标预期效果的75.36%，表明研究生国家奖学金政策培养学生的创新创造能力和批判能力的作用较优于实践活动能力的培养。

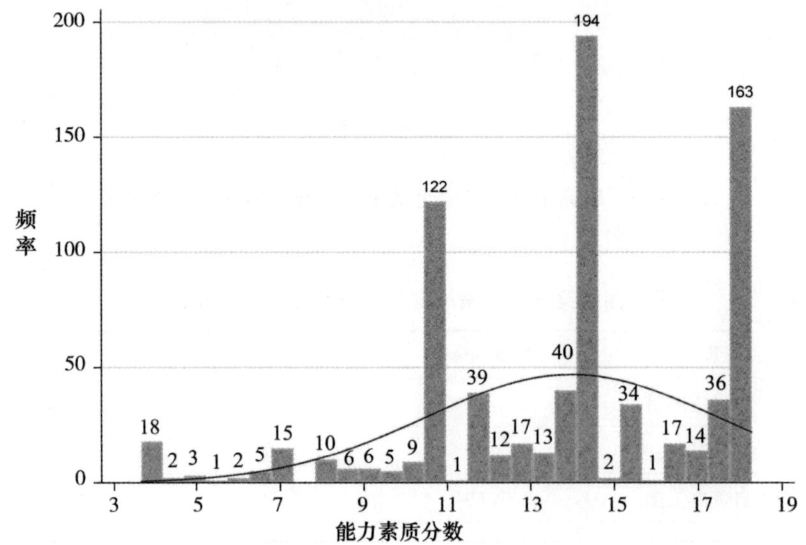

图8－24　研究生国家奖学金政策能力素质育人得分直方图

表8－27　研究生国家奖学金政策能力素质三级指标得分统计结果

维度	权重（%）	均值	效果水平（%）
培养实践活动能力	3.45	2.60	75.36
培养创新创造能力	9.78	7.51	76.79
培养批判能力	5.04	3.87	76.79
能力素质	18.27	13.98	76.52

5. 助于考博深造的成效优于就业

毕业发展均值为 11.61 分，达到该项指标预期效果的 78.18%，表明研究生国家奖学金政策对Z 高校研究生毕业发展具有重要的促进作用。通过表 8－28 可以看出，促进考博深造指标项均值为 6.92 分，达到该项指标预期效果的 78.46%，而促进求职与就业发展指标项均值为 4.68 分，达到该项指标预期效果的 77.61%，因此，国家奖学金政策对于硕士研究生考博深造的培育作用优于促进求职与就业发展的作用。图 8－25 为毕业发展得分直方图，呈负偏态，峰值位于 11.88 分。据统计，毕业发展指标完成度在 60% 以上的频数为 717，占比为 91.1%，表明毕业发展指标培育作用较好。

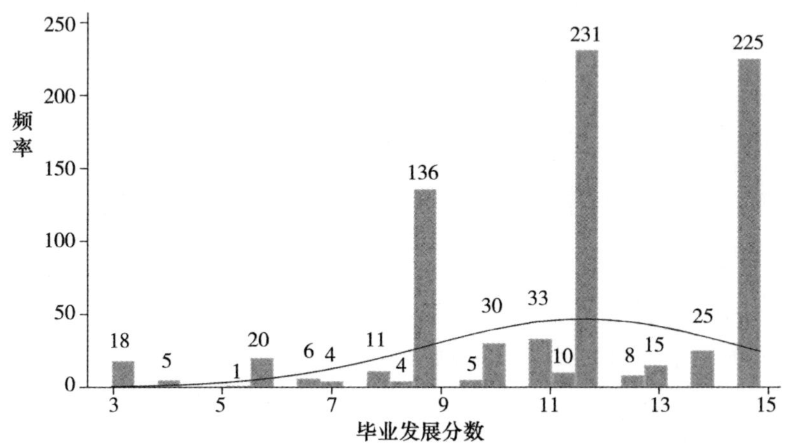

图 8－25　研究生国家奖学金政策毕业发展育人得分直方图

表 8－28　研究生国家奖学金政策毕业发展三级指标得分统计结果

维度	权重（%）	均值	效果水平（%）
促进考博深造	8.82	6.92	78.46
促进求职与就业发展	6.03	4.68	77.61
毕业发展	14.85	11.61	78.18

三　研究生国家奖学金政策育人的基本成效

通过实证研究发现，我国研究生国家奖学金政策实施以来在Z高校取得了良好育人成效，但整体育人效果距离政策目标还存在一定的差距，政策实施产生的负面效应影响着育人水平的进一步提高。本章结合问卷结果与访谈记录，总结在Z高校中政策实施的育人成效，并进一步探讨政策育人问题及其原因，以期为提升政策的育人水平提出有针对性的对策建议。

1. 整体育人效果呈中等偏上水平

实证调查结果显示，在Z高校，研究生国家奖学金政策育人的整体水平为76.89%，处于中等偏上水平，表明在“人才强国”“科教兴国”等国家战略指引下，研究生国家奖学金政策以奖促优、以优促效的激励引导和育人等功能得到有效发挥，激发了学生的内在潜力，使研究生的学习科研、创新批判、人际交往等能力得到不同程度的提高，政策的实施对提高Z高校研究生培养质量起到良好促进作用。

2. 对研究生的学业成就激励效应显著

美国心理学家维康、詹姆斯在研究中发现，受到正确而充分激励的人，能够发挥自身能力的80%—90%，甚至更高，而没有受到激励的人，仅能发挥其能力的20%—30%。实证研究表明，学业成就指标项均值为42.28分，达到该项指标预期效果的79.15%，说明政策的实施对Z高校研究生的学业成就激励效应显著。一方面，研究生国家奖学金作为一种高额奖励资金，有效减轻了获奖者的经济压力，使其将更多的时间和精力投入到学习与科研活动当中，激发内心努力积极向上的动机，积极主动地进行理论知识的学习，促进学习成绩的提高；另一方面，研究生国家奖学金政策将“科研能力显著”列为基本申请条件，在Z高校的国家奖学金评定实践工作中，是否在专业领域内较高级别刊物上发表论文成为研究生参与评选的硬指标，通过其导

向机制作用的发挥，充分挖掘研究生的潜力，使研究生积极潜心于学术研究，增加创新性科研产出成果。

3. 对研究生的能力素质培育成效良好

能力素质指标项均值为 13.98 分，达到该项指标预期效果的 76.52%，说明研究生国家奖学金政策对Z 高校研究生的能力素质培育作用良好。Z 高校要求参评者有一定的科研成果和学术贡献，在专业和职业领域研究或实践中取得创新成果，在学科领域内有较高影响力的学术期刊上发表高水平学术论文或取得其他较高学术价值或应用价值的科研成果，积极参与国际性、全国性的学术文化与科技竞赛活动，因此极大提高了研究生的实践能力与科研能力。此外，在参与各种实践活动和科研活动的过程中，研究生需要学会协调处理好与导师、辅导员或其他同学的关系，处理好科研学习、工作与生活的关系，因而使研究生统筹、沟通、合作等人际交往能力与时间管理、平衡、适应等工作能力得到提升。

4. 对研究生的毕业发展推动作用明显

毕业发展指标项达到预期效果的 78.18%，表明研究生国家奖学金政策对Z 高校研究生毕业发展的引领推动作用明显。研究生国家奖学金政策对研究生的科研能力提出较高要求，为研究生读博深造奠定了良好的科研基础。同时，高额度奖学金极大减轻了研究生的经济负担，减少生活压力，使其专心学习，不断提高自身科学文化素质与创新创业实践能力，从而为今后读博深造或顺利进入就业岗位打下坚实的基础，在一定程度上增加了就业选择机会，提高了研究生的就业水平。

四　研究生国家奖学金政策育人存在的问题

（一）学术功利化倾向严重

在四项一级指标中，学业成就指标得分最高，育人效果相对来说最好，但是政策的实施也造成了研究生存在一定程度的功利主义倾向。一方面，研究生作为政策实施的受益主体，对国家奖学金政策的认知不到位，学术追求功利化现象严重。学生对国家奖学金政策的了解局限于奖励金额、评奖次数和对论文的发表要求等，而对政策价值取向及其奖优精神认识不足，过分追求自身利益与眼前利益，将金钱和个人荣誉作为争取国家奖学金的出发点和落脚点，违背了政策奖励育人的初衷。另一方面，由于研究生国家奖学金需要经过评审考核才能获得，往往会使部分学生产生急功近利心理，为达到评审指标体系的要求而采取作假、钻空子、投机取巧等不良短视行为，以虚假繁荣局面骗取个人利益。也有的研究生为了达到论文发表要求，伪造实验数据，抄袭他人已发表的学术观点，花钱雇人代写论文，不惜花费高额版面费发表论文，这不仅不能为其他研究生树立良好的榜样，还影响了高校科研论文的质量及创新水平，严重败坏了学院乃至整个学校良好的学术风气。

（二）参与评选积极性不高

通过各级指标得分统计结果可以看到，所有指标项的育人得分都未达到 80%，表明政策在调动学生的积极主动性、提高学生的参与度上仍需进一步提升。通过调查与访谈了解到，尽管国家奖学金的奖励金额高且象征的荣誉级别高，但是仍有很多学生不愿意参与竞争，积极性主动性不高，使得国家奖学金的育人效果距离政策育人目标存在一定的差距。在了解研究生是否申请国家奖学金，申请或没有申请的原因时，有的学生的回答是："没有申请。因为国家奖学金的名额太少了，竞争太激烈，付出相同的努力不如学业奖学金更容易获得，所以更愿意努力提高考试分数去获得学业奖学金。"有学生认为："国奖政策设立的标准过于严苛，科研成绩所占比重过高，是专门为那些导师能力强、能帮助发表论文的学生设立的，即使自己积极参与也难以在竞争中取胜。"因而参与积极性下降。有 14.7% 的研究生认为国家

奖学金与自己关系不大，因而持冷漠或佛系态度，重视程度低，参与积极性不高。

（三）心理行为负效应明显

首先，政策实施使一些获奖学生产生自负与虚荣心理，没有起到良好的表率与榜样作用。访谈发现，部分学生仅仅将国家奖学金作为自己努力学习、辛苦付出的回报，认为国家奖学金是自己应得的，自己有任意使用这笔金钱的权力，因而没有将获得的高额奖励用于学习或科研等更有意义的地方，将国家奖学金的获得作为一种炫耀的资本，随意挥霍与浪费。调查显示，将奖学金用于请客吃饭、购买电脑和手机等电子设备等现象时有发生，这与国家设立奖学金的初衷背道而驰，获奖者不仅没有承担起先进带动后进和树立榜样模范的作用，履行一些应尽的责任与义务，还在研究生群体当中产生负面影响，不利于学生励志和成才。

其次，国家奖学金政策的实施造成人际关系不适，产生不良竞争。通过访谈了解到，有的学生“为了争取奖学金名额拉拢人心，想尽各种办法讨好辅导员、导师和同学”，破坏了公平竞争秩序，造成人际关系紧张甚至恶化。有的学生“为了获得高额奖学金，在日常生活中百般讨好导师、辅导员，达到目的后便渐渐减少对老师的帮助，甚至消失得无影无踪”。这种做法不仅使导师寒心，不利于建立良好的师生关系，也无法获得同学的认可，使其他研究生对国家奖学金评定的公平公正信任度降低，最终影响研究生国家奖学金政策的育人效果。另外，部分研究生片面地认为学业成绩和科研成绩是获得国家奖学金的必要条件，因此将精力全部投入到学习与科研当中，缺乏实践活动的参与和人际关系的沟通，造成成长路径的扭曲。

（四）榜样示范作用不显著

研究生国家奖学金对于学生个体的学业成就、心理行为、能力素质和毕业发展起到了一定的激励促进作用，但是对其他学生群体的榜样示范作用不显著。国家奖学金政策育人作用的发挥局限于个人学业成就、能力素质等的提高，缺少先进带动后进的榜样示范作用。另外，因不同学院的人才培养质量存在较大差异，导致不同学院竞争激烈程度不同，竞争难度较小的获奖者，很难成为其他学院学生的标杆，甚至会因这种差异使其他学院学生产生不公平感和被剥夺感，因而阻碍了国家奖学金育人成效的提升。

五　研究生国家奖学金政策育人问题的原因分析

（一）制度内容设计不完备

我国研究生国家奖学金名额分配方案依据自上而下的原则确立，即由教育部、财政部参照各高校研究生培养规格与数量以及上一年名额分配情况来确定，然后按照程序层层下达至各高校，因此每年的名额数量和分配结构没有明显变化，随着研究生招生数量的不断增多，国家奖学金竞争越来越激烈，相对其他类型的奖学金更难获得，因而降低了研究生对国家奖学金的期望值，激励力量减弱，学生的参与积极性、主动性下降。同时，该种分配方案也难以充分调动Z高校组织评选的积极性，学校以完成任务为目标来展开评审工作，缺少对研究生正确价值观的教育引导，使研究生在参与国家奖学金的评选中产生不良竞争，造成人际关系紧张，出现心理行为偏差。

Z高校在制定名额分配方案时缺乏对研究生国家奖学金政策的战略遵从价值取向的深远理解，仅仅按照各培养单位的研究生数量这一单一的标准去划分，在分配不同学院、专业的奖励名额时，出现平均主义和一刀切现象，既未向国家亟须和基础学科（专业）倾斜，也未能按照学院人才培养质量分配，导致不同学院之间条件相当的学生参评结果不同，而获奖者之间也存在较大差距，降低了评定结果的说服力，使部分学生产生“被剥夺感”，榜样示范作用弱化。同时，研究生国家奖学金的战略导向作用得不到发挥，造成学生对国家奖学金的

价值认识不到位，学术追求功利化倾向严重。

在Z高校各学院的具体实践中，由于研究生之间学习成绩差距较小，思想道德品质素质等难以量化评价，科研主导的价值取向便被曲解为“唯科研论”，在国家奖学金的组织评审中过分追求学术性科研成果的产出，仅按照科研单一指标组织学生的申报与评定，不仅忽视了研究生人才培养的教育规律，而且容易将研究生引入急功近利做科研的误区，导致人才培养功利化的扭曲现象出现。国家政策文本规定研一新生可以按照本科成绩与科研成果、考研成绩等参与国家奖学金的评定，但高校在制定评审细则时则规定只有研二、研三才能参与评定，将研一排除在奖学金的育人体系之外，而奖学金政策的大力度宣传通常在研一入学，这样就极大降低了宣传的效果，降低了一部分学生的参与积极性。

（二）宣传教育工作不到位

由于政府将国家奖学金的组织评审与管理工作授权于各高校，政府对国家奖学金的宣传仅局限于制度法规的颁布、通知的下达等方面，较少联合媒体等对获奖者事迹进行广泛的表彰报道，且政府对国家奖学金政策的宣传局限于教育领域，政策宣传形式与范围单一，这使得除教育领域外的社会各界对国家奖学金政策价值意义的理解局限于金钱奖励方面，缺少对国家奖学金政策承载的社会价值和获奖者的创新、实践、科研等能力的价值认识，难以形成统一的共识，所以削弱了国家奖学金这一高级荣誉的影响力，国家奖学金对于促进学生就业的助推力减弱，使得学生参与国家奖学金申请的积极性下降。

通过访谈了解到，Z高校对国家奖学金政策的宣传较少且形式单一，高校在政策执行过程中，宣传流于形式、宣传等同于通知等不规范性操作使得研究生对国家奖学金政策的评选条件、评选标准和评审流程等缺乏了解，申请动机减弱，同时学生难以根据政策内容制定学习与科研计划，参与度明显降低，使得国家奖学金的激励作用难以充分发挥。由于学校乃至学院对国家奖学金政策价值意义的宣传工作较少，未能将育人理念贯穿到宣传工作当中，只重视物质奖励而轻视精神培育，因而使学生对政策的价值取向和奖优精神认识不足，学术追求功利化，过分注重金钱和个人荣誉，使国家奖学金仅起到保健因素的作用，成为学生投入学习科研、提高素质能力等的外在动机，未能激发其内在动机力量，难以保持持久的努力。由于缺少正面的教育引导，获奖学生责任意识、感恩意识淡薄产生自负虚荣等心理行为偏差，不能形成良好的表率与榜样作用。

在奖学金评定结束后，由于宣传教育工作不到位，缺少对研究生获奖经历的分享和对落选者的人文关怀，难以激励获奖者继续保持前进的动力，在已取得的成就基础上创造更多创新性成果，使部分心理素质较差的学生难以及时走出失败阴影，产生焦虑忧郁甚至自暴自弃心理。由于缺少宣传教育长效机制，研究生国家奖学金政策激励作用的发挥往往局限在评选期间，对一部分学生产生影响，而在评选结束后便失去应有的价值，其他未获奖者对研究生国家奖学金政策的关注度也随之降低，因而难以发挥榜样的激励示范效应。

（三）监督管理体制不完善

一方面，国家奖学金政策文本虽然对奖学金的评审监督做出了相关规定，但是监督作用仅局限于强调高校应接受财政、纪检监察和审计等相关部门的监督等文字约束，Z 高校在实际操作过程中尚未建立起完善的监督管理体制，加之缺乏对各学院的考核机制和责任追究制度，使得各学院对国家奖学金评定和资金管理的重视程度不足，学院拥有过多自由操作的空间，评审过程中出现“功利化”的熟人关系现象，为部分学生的投机取巧行为创造了条件，不良竞争造成人际关系紧张，使国家奖学金产生激励负面效应；另一方面，对获奖同学的资金使用状况进行后续的监督和管理，是增强育人效果的必要程序和手段，但是目前Z 高校只注重奖学金评定与发放工作，缺乏相配套的评

价监督机制和信息反馈渠道，缺少对获奖者的资金使用状况的跟踪分析与引导，使得资金的投入效益缺乏有效监管，出现享乐主义和拜金主义的行为，不仅对获奖者的心理健康产生不利影响，对其他未获奖者也未能树立起良好的榜样，使国家奖学金政策的育人作用得不到有效发挥。

（四）绩效评估机制不健全

由于缺乏科学合理的绩效评估机制，政策实施效果得不到及时、全面、正确的反馈，导致学生产生的心理行为偏差得不到及时纠正。Z 高校将国家奖学金政策的组织实施作为工作的中心，具体的评选与操作权力下放给各级学院，忽视评审过后对各学院实施情况的评估，校级评审小组既不了解国家奖学金对学生产生的影响，也不了解评审和发放过程中存在哪些问题，如研究生是否将物质奖励作为科研动机，导致在读研期间过分注重学习成绩和论文发表，因而忽略综合能力的培养；在竞争奖学金名额时是否出现给领导送礼、挤兑甚至抹黑竞争者等问题，是否造成人际关系紧张局面的出现；为了获得评选名额，是否有学生只注重论文数量而不重视论文质量，短期内交稿投稿，甚至不惜花重金发表论文，存在诚信意识和责任意识严重匮乏等问题。

六　研究生国家奖学金政策育人的优化对策

研究生国家奖学金政策的颁布与实施旨在提高研究生培养质量，促进研究生成长成才。通过实证研究发现，在Z 高校，研究生国家奖学金政策在育人方面取得了一定成效，但也存在若干问题，导致政策实施的育人水平有待进一步提升。本部分依据国家奖学金政策在育人方面存在的问题及原因，结合Z 高校的具体实践，提出相应的对策建议，使其更加切合实际，满足研究生成长成才的需要。

（一）进一步修订完善国家政策文本与高校实施细则

首先，修订完善奖金名额分配方案。教育部财政部颁布的国家奖学金政策文本对各高校具体评审工作具有方向性的引导作用。一方面，政府应在政策文本中明确界定目前国家亟须学科与基础学科，使高校在国家名额分配中向重点学科倾斜，引导高校的学科专业调整与建设，增加考研学生对基础学科和国家亟须学科专业的关注度，充分调动这些学科专业的在校生积极努力学习，不断增加科研产出，满足国家发展战略需求。另外，政府应根据研究生数量的增长调整国家奖学金的名额数量，打破自上而下的单一分配模式，鼓励符合条件的高校积极进行申报，调整高校间的名额分配结构，增强研究生国家奖学金的激励育人功能；另一方面，Z 高校在开展奖学金评选工作之前，应广泛开展调查，收集相关信息和材料，了解不同学院的学生人数、科研情况、学科专业发展情况等，改变以往按照各学院学生数量的多少进行名额比例分配的方法，在掌握各学科专业尤其是基础学科、重点学科和国家急需学科（专业）的申报人数与成果质量的基础上，合理统筹规划具体的分配名额，将研一新生按照国家奖学金政策文本的要求纳入评选考核范围之中，激励不同学段、不同专业领域的优秀研究生潜心钻研，为国家亟须的学科专业领域培养更多的创新型人才。

其次，增强评选标准的科学合理性。作为政策实施主体，Z 高校领导者与教育管理者应明确人才培养目标，将国家奖学金激励政策与研究生资助育人、国家发展战略有效结合，构建科学全面的评定标准。为避免奖学金评定操作中科研所占评选指标权重绝对化，导致“唯科研论”带来的负面影响，在制定具体评定细则时，高校应遵循不同专业、学科的特点，构建多元的研究生国家奖学金评价体系，以考查研究生的综合素质。其一，应根据研究生的学位层次、学科领域、培养规格的差异来确定国家奖学金的评定标准与权重，文科侧重学术成果、理科侧重科学研究、工科侧重专利研发、艺术侧重专业实践等。利用期刊等级将科研成果进行分类评价，严格把关学术成果质量，以激励研究生提高科研产出质量，促进教育资源使用效益的提

升。其二，应建立量化评定表，对思想道德、社会实践等指标进行量化考核，分别制定德育成绩、学习成绩、科研论文发表期刊等级、获奖级别等各部分在评定标准中的占比。针对德育成绩的考核，可列出重点考查的项目，如参与院级、校级、市级、省级等不同级别的公益、讲座、实践活动，具体的评分则由高校制定具体评分细则，为各学院学生德育的衡量与考核划定一个统一的标准，减少参与者的不当操作行为。

（二）加大国家奖学金政策宣传力度

首先，营造政策宣传氛围。政府应围绕“希望研究生了解的政策内容”与“研究生希望了解的政策内容”两个重点，及时宣传报道研究生国家奖学金的组织评审工作，引导高校把握政策宣传方向，努力提高研究生国家奖学金的影响力。一方面，教育相关部门和高校可利用网络媒体进行消息推介，推送国家奖学金评选通知、各高校获奖者名单公示、部分高校获奖者典型优秀事迹等，通过有影响力的公众平台进行国家奖学金政策的宣传，不断提高学生群体参与国家奖学金评选的积极性，增加社会群体对国家奖学金的认知度，扩大其影响范围；另一方面，政府应充分发挥舆论导向作用，在全社会形成支持、关注和监督研究生国家奖学金组织工作的良好局面，同时可借助新浪、澎湃等新闻媒体增加对获奖者优秀事迹的报道，使获奖者的标杆示范与激励作用的发挥不仅仅局限于获奖者所在高校，而是将作用扩大到全社会，为不同学段、不同学校、不同专业的学生树立良好的榜样。

其次，丰富政策宣传形式。学校及院系在政策执行过程中应采取多元化的宣传模式，拓宽宣传渠道，做好研究生国家奖学金政策内容与获奖者优秀事迹表彰的宣传工作。一方面，应综合利用多种媒介拓宽研究生国家奖学金政策的宣传途径。结合传统宣讲与现代媒体信息传播等方式，如借助新生入学手册、学校官方网站、校园广播、校报、宣传栏、辅导员通知等，向广大研究生解读国家奖学金政策的内容，包括评选标准、评定流程等，扩大政策影响力，使研究生能够了解并正确认识国家奖学金的价值导向，鼓励其脚踏实地、积极进取；另一方面，国家奖学金评审结束后，除为获奖者颁发荣誉证书之外，应利用多种宣传形式对获奖者的优秀典型事迹进行表彰宣传。例如，召开主题班会、举办经验交流会、成立获奖学生宣讲团、学校网站报道、专题演讲等来激励获奖者将外在的荣誉内化为自我前进的动力，多方面督促和完善自己，同时为其他未获奖者树立榜样，感召与激发其内在潜力，通过对比不断缩小与获奖者之间的差距，共同营造追求卓越、勇于创新和勤于实践的良好氛围。

（三）建立健全绩效评估机制和监督管理体制

首先，构建科学合理的绩效评估机制。完善的绩效评估机制有助于了解国家奖学金政策的实施效果，在此基础上改进和完善制度设计，更好地指导研究生成长成才。为此，学校内部应成立研究生国家奖学金政策实施绩效评估小组，借鉴教学评估的方法，对研究生国家奖学金评审过程的规范性、评审标准的合理性、评审流程的公正公开性、研究生参与积极性等进行线上与线下调查，结合学生学业成绩、学术与专利成果等综合评价政策实施成效，检验研究生国家奖学金政策是否符合政策颁布的初衷，预防或纠正政策实施所造成的育人偏差。

其次，完善政策执行的监督管理机制。政府应建立健全高校对国家奖学金政策执行的监督考核机制，完善责任追究制度，提高高校的政策实施效率，确保政策育人成效。一方面，应在国家政策文本当中明确相关责任部门加强对高校政策执行的管理和监督，并专门成立调研小组，在国家奖学金评审前了解不同高校参与申报情况，在评审过程中抽查部分高校组织实施的公平公正情况，在评审结束后听取高校奖学金组织评审情况的汇报，追踪了解高校的奖学金管理、发放情况

以及学生的资金使用情况；另一方面，应制定通报和警告等相应处罚措施，畅通监督举报沟通渠道，加大对高校人员在奖学金评选过程中的暗箱操作、挪用占用、受贿等行为的惩处力度，以保障申请者的权益。

Z 高校应加强对各学院操作评定的管理监督，并及时反馈给上级相关部门。一方面，通过定期回访获奖者或者让同学和老师留心观察获奖者的日常消费状况，督促他们合理使用奖学金，预防或及时制止拜金主义、享乐主义行为的发生。发现有滥用资金者应及时对其进行批评教育，若有铺张浪费且屡劝不改者，或后期发现有学术不端或思想行为不端者，可追回其获奖荣誉与奖励资金，剥夺其国家奖学金参评资格，借此增强研究生的诚信意识，引导研究生树立正确价值观，形成勤俭节约的良好习惯；另一方面，应成立国家奖学金专项督导小组，对各学院的组织评审工作、奖学金的发放工作进行过程的把控与监督，减少学院暗箱操作行为，增强奖学金评定的公平与公正。此外，学院评审委员会可邀请部分研究生代表参与国家奖学金评审细则的制定与实施，让研究生对评审标准、评定程序等政策内容与政策文本精神有更深入的了解，增强对政策执行过程的监督，从而提高广大研究生群体参与奖学金评选的积极性，使政策的激励价值得到有效发挥。

（四）加强对研究生思想行为的正确引导

首先，引导研究生正确认识政策初衷。研究生作为政策受益主体，要引导他们不断提高自己的思想认识高度，自觉践行研究生国家奖学金政策的战略遵从取向。一方面，应引导研究生积极主动地了解国家奖学金政策的内容，领会其战略意义，将个人利益诉求与国家利益实现相结合，把对研究生国家奖学金的追求作为自身成长成才与国家社会发展的桥梁，避免学术追求的功利化倾向；另一方面，要引导研究生认识到国家奖学金作为一种国家级荣誉的象征，不仅能够增强自身荣誉感与成就感，满足自我实现的精神需要，还能感染与熏陶其他未获奖学生，为他们树立榜样与标杆，激发其他研究生群体的探索欲与创新欲，形成良好的学习与学术研究风气，使每一位有参评资质的研究生积极参与到奖学金的评选当中。

其次，加强研究生思想道德品质教育。高校辅导员和导师要加强对研究生的思想品德与心理健康教育，引导研究生树立公平竞争观念，增强诚信意识、责任意识和感恩意识。其一，在研究生培养过程中，应引导研究生积极关注学科领域的热点、难点问题，了解专业发展瓶颈，争取在这些方面取得突破性进展成果来作为国家奖学金的参评与竞争资格，以回归研究生国家奖学金的价值追求本真；其二，通过国家奖学金政策内容的宣传引导研究生明白应该做什么、不应该做什么和应该怎么做，在日常生活和学习过程中规范自己的言行举止，不断提高自身道德品质，形成良好的行为作风和行为习惯，坚持正确的政治方向，自觉抵制学术不端行为，凭借良好的口碑和真实的能力本领来争取国家奖学金的竞争名额；其三，应鼓励研究生加强相互约束与监督，如若发现同学有弄虚作假、学术不端或拉帮结派等行为，及时向导师或辅导员汇报，减少国家奖学金评选中的不正之风；其四，通过强化研究生的责任意识、感恩意识，引导研究生将获得的奖学金用在“刀刃”上，杜绝浪费与挥霍现象的发生。要积极鼓励获奖者将奖金用于购买书籍、论文查重、实践调研等方面的开支，将更多的时间和精力投入到学习与科研活动当中，激发研究生努力积极向上的内在动机，加强专业理论知识的学习，不断提高自身科学文化素质与创新创业实践能力，为今后读博深造或顺利进入就业岗位打下坚实的基础，从而为社会发展做出更多的贡献。同时，要教育引导研究生虚心接受同学或导师给予的建议或意见，加强自律与自我监督，为研究生群体树立良好的榜样，从而充分发挥获奖者的朋辈示范效应，促进研究生培养质量的提高。

附录 1

研究生国家奖学金政策执行调查问卷

亲爱的同学：

您好！为深入了解硕士研究生国家奖学金政策（不包括励志奖学金）的执行情况，山东师范大学国家奖学金课题调研小组进行此次问卷调查。本次问卷调查对象为国内 2010 年及以后入学的全日制硕士研究生，已毕业或继续深造者均在调查范围内，请注意填答硕士就读期间的情况。此次调查采取不记名方式，您的回答将成为本书的重要依据，我们期待倾听您的真实想法与建议，衷心感谢您的支持与配合！

答题说明：请在合适的选项前做出您的选择，也可在__________上填写相关文字，无特别说明均为单选。

山东师范大学国家社科基金青年项目课题组

一、您的个人基本信息

1. 您的性别：○男　　○女

2. 您的民族：○汉族　　○少数民族

3. 您的硕士就读高校名称：______________________________（请填写完整学校名称）

4. 您的硕士入学年份为：○2010　　○2011　　○2012

○2013　○2014　○2015　○2016　○2017　○2018

5. 您硕士就读高校所在的省份：

○北京　○山东　○湖北　○江西　○广东　○重庆　○安徽　○福建　○广西　○河北　○河南　○湖南　○黑龙江　○江苏　○天津　○浙江　○吉林　○辽宁　○上海　○山西　○陕西　○四川　○内蒙古　○甘肃　○贵州　○海南　○云南　○宁夏　○青海　○西藏　○新疆

6. 您的硕士培养类型：○学术型研究生　○专业型研究生

7. 您硕士就读专业类别：○教育研究生　○经济研究生　○管理研究生　○工学研究生　○理学研究生　○文学　○法学研究生　○历史研究生　○哲学研究生　○农学研究生　○医学研究生　○艺术研究生　○军事

8. 您硕士期间的政治面貌：○群众 ○共青团员 ○中共党员 ○民主党派

9. 您硕士期间的干部经验［多选题］：○无干部经验研究生　○班级干部研究生　○院级干部研究生　○校级干部

10. 您目前：○博士毕业工作研究生　○硕士毕业工作研究生　○在职读博研究生　○全日制读博中研究生　○待业　○研三研究生　○研二研究生　○研一研究生

11. 若您已工作，您从事的职业类别：（未工作者可跳过此题）

○在家务农　○外出打工　○个体户　○企业单位　○事业单位　○公务员　○其他

12. 您硕士期间家庭所在地：○农村　○乡镇　○县城　○中小城市　○省会城市及直辖市

13. 您硕士期间家庭年收入：○3 万元以下　○3 万—8 万元　○8 万—15 万元　○15 万—80 万元　○80 万—200 万元　○200 万—500 万元　○500 万元以上

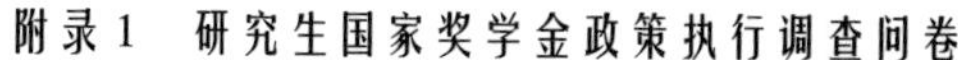

14. 您硕士期间父母的政治面貌	群众	中共党员	民主党派
父亲	○	○	○
母亲	○	○	○

15. 您硕士期间父母受教育程度	小学以下	小学	初中	普通高中	中专	大专	本科	研究生
父亲	○	○	○	○	○	○	○	○
母亲	○	○	○	○	○	○	○	○

16. 您硕士期间父母职业类别	在家务农	外出务工	个体户	企业单位	事业单位	公务员	其他
父亲	○	○	○	○	○	○	○
母亲	○	○	○	○	○	○	○

二、硕士研究生国家奖学金政策实施评价（“1”表示“非常不符合”，“2”表示“不符合”，“3”表示“一般”，“4”表示“符合”，“5”表示“非常符合”。）

17. 硕士国家奖学金政策制定	1	2	3	4	5
1 > 我认为国奖奖金 2 万元科学合理	○	○	○	○	○
2 > 我认为院系间国奖名额分配科学合理	○	○	○	○	○
3 > 我所在学院国奖评审标准区分学术型和专业学位研究生而有所不同	○	○	○	○	○
4 > 我认为所在学院评审指标在科研、学习、德育等方面的比重分配科学合理	○	○	○	○	○
5 > 我所在学院规定研一、研二、研三均可申请国家奖学金	○	○	○	○	○

18. 硕士国家奖学金政策宣传	1	2	3	4	5
1 > 我所在的学院国奖政策宣传方式多样，宣传效果非常好	○	○	○	○	○
2 > 我对所在学院的国奖评选标准等要求非常了解	○	○	○	○	○
3 > 我所在的学院会通过网络媒体等对获奖学生的学习、科研等进行宣传报道	○	○	○	○	○

19. 硕士国家奖学金政策评审	1	2	3	4	5
1 > 我认为所在学院的国奖评审人员构成合理	○	○	○	○	○
2 > 我所在学院的国奖评审人员包括学生代表	○	○	○	○	○
3 > 我认为所在学院国奖评审过程公平规范	○	○	○	○	○
4 > 我认为所在学院在评审计分时各项加分操作科学合理	○	○	○	○	○
5 > 我所在学院及学校确定获奖学生后会进行公示	○	○	○	○	○
6 > 若对评审结果持有异议，学院设有便捷有效的申诉机制	○	○	○	○	○

20. 硕士国家奖学金发放与使用	1	2	3	4	5
1 > 我校国奖会在每年 11 月 30 日前将奖金发放给获奖学生	○	○	○	○	○
2 > 我校国奖会一次性发放给获奖学生，不存在分批发放	○	○	○	○	○
3 > 我认为国奖获得者对奖金的使用非常规范合理	○	○	○	○	○
4 > 我认为国奖获得者用少部分奖金请同学或导师吃饭合乎人情，可以接受	○	○	○	○	○

21. 国奖对研究生心理品德的影响	1	2	3	4	5
1 > 会让人产生焦虑、忧郁感	○	○	○	○	○
2 > 会让人产生嫉妒、攀比心理	○	○	○	○	○
3 > 会让人产生自卑或自负或虚荣等自我认知问题	○	○	○	○	○
4 > 会导致人际关系不适，产生不良竞争	○	○	○	○	○
5 > 有助于督促自己注重品德修养	○	○	○	○	○
6 > 有助于约束自己注重道德行为规范	○	○	○	○	○

22. 国奖对研究生学习科研活动的影响	1	2	3	4	5
1 > 有助于激发自己的学习动机，努力用功学习	○	○	○	○	○
2 > 有助于激发自己的科研动机，积极撰写发表论文	○	○	○	○	○
3 > 有助于激发自己的科研动机，积极参与课题研究	○	○	○	○	○
4 > 有助于激励自己参与社会实践活动	○	○	○	○	○

23. 国奖对研究生未来发展的影响	1	2	3	4	5
1 > 有助于自己考博深造	○	○	○	○	○
2 > 有助于自己求职与就业发展	○	○	○	○	○
3 > 有助于培养创造性思维能力，思维活动更具创造意识和创新精神	○	○	○	○	○
4 > 有助于培养批判性思维能力，思维活动更具求真性、系统性、分析性等	○	○	○	○	○

三、硕士国家奖学金政策的实施过程调查

24. 您硕士期间通过哪些途径了解国家奖学金：[多选题]

○新生入学手册　○学校官方网站　○校园广播、校报、宣传栏

○辅导员通知或班干部、同学告知　○自己主动多方咨询

○其他__________

25. 您认为有些同学不了解国家奖学金的原因是：[多选题]

○宣传力度不够，不够重视　○个人问题，不知从何了解

○评选难度太大，放弃了解　○不关心

26. 您对硕士国奖的重视程度：

○完全不重视，佛系态度，无所谓

○不太重视，努力也未必会得到　○一般重视

○比较重视，努力争取　○非常重视，志在必得

27. 您硕士期间国奖的申请情况：

○申请过且获过奖　　○申请过但未获奖

○未申请但准备申请　○未申请且不准备申请

28. 您认为自己或其他同学追求硕士国奖的动机：［多选题］

○获得荣誉证明自己　　○改善提高自己的能力

○奖金额度高　　○对考博或就业有帮助

○导师鼓励期盼　　○家人鼓励期盼

○其他__________

29. 若你申请并获奖，您有何心理感受：［多选题］

○感恩　○自豪、光荣　○成就感、满足感　○自傲、不屑

○压力倍增　○不劳而获感　○其他__________

30. 若您申请过但未获奖，您有何种心理感受：［多选题］

○当下会有挫败感、打击感，过后恢复如常

○打击感、挫败感持久，消极堕落

○以获奖同学为榜样，继续努力

○羡慕嫉妒获奖同学，认为他们凭什么获奖

○无所谓，对自己没什么影响

31. 您认为所在院系或学校的硕士国奖评选存在哪些问题：［多选题］

○标准制定模糊，可操作性差　　○过分注重科研

○花钱发表论文或科研成果造假　○贿赂巴结辅导员、学院领导

○竞争致同学关系紧张　○院领导权力过大　○导师权力过大

○忽视学生建议　　○不存在问题　　○其他__________

32. 您所在学院硕士国奖评选考核哪些指标：［多选题］

○科研成绩　○学习成绩　○思想品德

○社会实践　○荣誉称号　○创新能力

33. 您认为硕士国奖评选时下列内容重要性程度应如何：（从 1 到 5，重要性程度逐渐提高。）	1	2	3	4	5
科研成绩	○	○	○	○	○
学习成绩	○	○	○	○	○
思想品德	○	○	○	○	○
社会实践	○	○	○	○	○
荣誉称号	○	○	○	○	○
创新能力	○	○	○	○	○

34. 您对硕士国奖评审中德育测评的看法："1" 表示 "非常不符合"，"5" 表示 "非常符合"。	1	2	3	4	5
1 > 我认为国奖评审有必要对学生的思想品德进行测评	○	○	○	○	○
2 > 我认为思想品德的量化测评能够很好地反映学生的思想品德状况	○	○	○	○	○
3 > 我认为思想品德评价应当坚持定量与定性评价相结合	○	○	○	○	○
4 > 我认为德育测评容易使学生功利化，学生会为加分而参加某些活动	○	○	○	○	○
5 > 我认为德育测评容易使学生倾向于为辅导员或学院工作服务	○	○	○	○	○

35. 您认为学院应当公开评审过程的哪些方面：[多选题]

○不必要公开　○公开评审过程　○公开答辩过程　○公开参评学生成果信息　○公开参评人员名单　○其他__________

36. 若您对硕士国奖评选工作不满意或有所质疑，是否会向学院反映：[多选题]

○会直接反映　○不会，因为不知道向谁反映　○不会，因为说

了也没用 ○不会，无所谓，犯不着 ○不会，担心辅导员或院领导因此对自己产生不好印象 ○其他__________

37. 您所在学校如何宣传硕士国奖获奖情况：[多选题]

○举行颁奖典礼 ○召开主题班会 ○举办经验交流会

○校园媒体报道 ○未见任何宣传活动

38. 据您所知，硕士国奖获得者主要将奖金用于哪些消费？[多选题]

○学习费用 ○日常生活费用 ○请客吃饭庆祝 ○购买电脑、手机等电子设备 ○（部分）交给父母补贴家用 ○（部分）交给导师 ○（部分）在专业或师门内分摊 ○（部分）交给学院或辅导员 ○其他__________

39. 您对国奖政策的满意度	非常不满意	比较不满意	一般	比较满意	非常满意
1 > 奖励名额	○	○	○	○	○
2 > 奖金额度	○	○	○	○	○
3 > 政策宣传	○	○	○	○	○
4 > 评审标准	○	○	○	○	○
5 > 评审过程	○	○	○	○	○
6 > 评审结果	○	○	○	○	○
7 > 奖金使用	○	○	○	○	○

40. 您认为我国硕士国家奖学金政策在哪些方面仍需改进？对此，您有何建议？

____

附录 2

研究生国家奖学金政策育人评估指标体系打分表

尊敬的专家：

您好！

该指标体系等级评定是国家社会科学基金青年项目《我国高校国家奖学金奖励政策执行研究》中政策育人实证研究的关键环节，需要对各级指标进行量化测评，确定各项评估指标的有效性权重，以使计算更接近实际。得知您在此方面有极高的专业造诣，且实践经验丰富，真诚地恳求您抽出宝贵的时间对研究生国家奖学金政策育人效果评价指标进行评价打分，在您认为的那一栏目画“√”。您的意见将对我们的研究有极大的帮助！衷心感谢您的支持！

山东师范大学国家社科基金青年项目课题组

研究生国家奖学金政策育人评估指标体系

一级指标	二级指标	三级指标	等级评定				
			很重要	重要	一般	次要	很次要
学业成就	学习积极性	激励用功学习					
	科研积极性	激励撰写发表论文					
		激励参与课题研究					
		提高毕业论文质量					

续表

一级指标	二级指标	三级指标	等级评定				
			很重要	重要	一般	次要	很次要
心理行为	心理健康	产生焦虑忧郁感					
		产生嫉妒攀比心理					
		产生自负虚荣感					
		产生挫败感					
	思想行为	提升品德修养					
		规范道德行为					
		人际关系紧张					
能力素质	实践能力	培养实践活动能力					
	创新能力	培养创新创造能力					
	批判能力	培养批判能力					
毕业发展	考博	促进考博深造					
	就业	促进求职与就业发展					

谢谢您的合作!

附录 3

研究生国家奖学金政策育人评估指标权重专家调查表

尊敬的专家:

您好!

该指标体系等级评定是国家社会科学基金青年项目《我国高校国家奖学金奖励政策执行研究》中政策育人实证研究的关键环节，需要对相关指标进行量化测评，拟采用网络层次分析法（AHP）进行权重计算，希望使计算更接近实际。得知您在此方面有极高的专业造诣，且实践经验丰富，真诚地恳求您抽出宝贵的时间参照例表填写。您的意见将对我们的研究有极大的帮助！衷心感谢您的支持!

山东师范大学国家社科基金青年项目课题组

例表 **标度方法及含义**

序号	重要性等级	C_{ij}赋值
1	i，j 两元素同等重要	1
2	i 元素比 j 元素稍微重要	3
3	i 元素比 j 元素明显重要	5
4	i 元素比 j 元素强烈重要	7
5	i 元素比 j 元素极端重要	9
6	i 元素比 j 元素稍微不重要	1/3

续表

序号	重要性等级	C_{ij}赋值
7	i 元素比 j 元素明显不重要	1/5
8	i 元素比 j 元素强烈不重要	1/7
9	i 元素比 j 元素极端不重要	1/9

填表说明：

例如，对于一级指标中学业成就（i）和思想行为（j）的判定，如果您认为学业成就（i）和思想行为（j）同等重要，在表格空白处赋值1；学业成就（i）比思想行为（j）稍微重要，赋值3；学业成就（i）比思想行为（j）明显重要，赋值5；学业成就（i）比思想行为（j）强烈重要，赋值7；学业成就（i）比思想行为（j）极端重要，赋值9；学业成就（i）比思想行为（j）稍微不重要，赋值1/3；学业成就（i）比思想行为（j）明显不重要，赋值1/5；学业成就（i）比思想行为（j）强烈不重要，赋值1/7；学业成就（i）比思想行为（j）极端不重要，赋值1/9。

表1　　**关于一级指标判断矩阵**

j \ i	学业成就	心理行为	能力素质	毕业发展
学业成就	1	—	—	—
心理行为		1	—	—
能力素质			1	—
毕业发展				1

表2　　**二级指标——学业成就判断矩阵**

j \ i	学习积极性	科研积极性
学习积极性	1	—
科研积极性		1

表3 二级指标——心理行为判断矩阵

i / j	心理健康	思想行为
心理健康	1	—
思想行为		1

表4 二级指标——能力素质判断矩阵

i / j	实践能力	创新能力	批判能力
实践能力	1	—	—
创新能力		1	—
批判能力			1

表5 二级指标——毕业发展判断矩阵

i / j	考博	就业
考博	1	—
就业		1

表6 三级指标——对科研的影响判断矩阵

i / j	激励撰写发表论文	激励参与课题研究
激励撰写发表论文	1	—
激励参与课题研究		1

表7　　三级指标——对心理健康的影响判断矩阵

j \ i	产生焦虑忧郁感	产生嫉妒攀比心理	产生自负虚荣感
产生焦虑忧郁感	1	—	—
产生嫉妒攀比心理		1	—
产生自负虚荣感			1

表8　　三级指标——对思想行为的影响判断矩阵

j \ i	提升品德修养	规范道德行为	人际关系紧张
提升品德修养	1	—	—
规范道德行为		1	—
人际关系紧张			1

谢谢您的合作!

参考文献

一　经典文献

习近平：《习近平谈治国理政》（第2卷），外文出版社2017年版。

中国社会科学院语言研究所词典编辑室：《现代汉语词典》，商务印书馆2012年版。

二　中文专著

陈绵水、付剑茹、施文艺等：《国家奖助学金资助制度绩效评价》，经济科学出版社2013年版。

陈庆云：《公共政策分析》（第二版），北京大学出版社2011年版。

韩东平：《财务控制契约理论及应用》，中国财政经济出版社2003年版。

何自力：《比较制度经济学》，高等教育出版社2007年版。

瞿保奎：《教育学文集·教育评价》，人民教育出版社1989年版。

曲绍卫、刘晶、范晓婷：《中国高校大学生资助绩效评估研究》，中国社会科学出版社2016年版。

涂艳国：《教育评价》，高等教育出版社2007年版。

王世忠：《大学生资助政策执行效果评估研究》，中国社会科学出版社2014年版。

武彦民：《财政学》，中国财政经济出版社2004年版。

夏征农、陈至立：《辞海》（1999 年缩印版），上海辞书出版社 2000 年版。

赵恩超、燕波涛：《组织行为学》，机械工业出版社 2009 年版。

张航、陈怡：《高等教育人才培养目标的时代变迁与路径选择》，江苏高教出版社 2019 年版。

三 中文译著

[德] 柯武刚、史漫飞：《制度经济学：社会秩序与公共政策》，韩朝华译，商务印书馆 2000 年版。

[法] 布尔迪厄：《文化资本与社会炼金术》，包亚明译，上海人民出版社 1997 年版。

[美] 伯顿·克拉克：《探究的场所——现代大学的科研和研究生教育》，王承绪译，浙江大学出版社 2003 年版。

[美] 布什：《科学——没有止境的前沿》，范岱年译，商务印书馆 2004 年版。

四 期刊

包海芹：《教育政策执行中的委托代理问题》，《江苏高教》2004 年第 3 期。

曹雷、邢蓉、张喜臣等：《研究生国家奖学金的价值取向、评定原则及制度探究——H 大学研究生国家奖学金评定的实践》，《学位与研究生教育》2014 年第 8 期。

陈艳华：《研究生国家奖学金政策执行状况探究——基于江西省内六所高校调研情况》，《江西科技师范大学学报》2015 年第 5 期。

程化琴、魏戈、庄明科、何瑾、叶初阳：《他们何以如此优秀？——国家奖学金获得者能力素质结构研究》，《教育学术月刊》2016 年第 3 期。

冯涛、陆根书、柳一斌：《硕士研究生国家奖学金绩效实证研究》，《黑龙江高教研究》2017 年第 3 期。

冯涛、杨一斌、万明：《拔尖创新人才培养影响因素与对策——基于陕西省 2012 年研究生国家奖学金获得者的实证研究》，《研究生教育研究》2014 年第 3 期。

冯永刚、高斐：《美国研究生资助制度及启示》，《学位与研究生教育》2017 年第 3 期。

葛玉良、谢羚、应中正：《研究生国家奖学金评审程序的公正性研究——基于程序公正性理论》，《思想教育研究》2015 年第 2 期。

龚玉霞、滕秀仪、塞尔沃：《专业学位研究生培养模式创新研究》，《黑龙江高教研究》2017 年第 12 期。

郭静虹、苏佩尧：《研究生国家奖学金评定的问题及思考——以福州某高校为样本》，《长春工业大学学报》（高教研究版）2014 年第 2 期。

郭文凤：《关注研究生奖学金制度激励作用》，《科技信息》（科学教研）2008 年第 19 期。

韩晓雨：《浅谈奖学金的教育功能及评审中存在的问题》，《长春教育学院学报》2012 年第 11 期。

洪柳：《我国研究生国家奖学金制度现存问题研究——以美国科学基金会研究生国家奖学金为借鉴》，《学位与研究生教育》2018 年第 12 期。

洪柳：《中美国家级研究生奖学金制度比较》，《现代教育管理》2018 年第 9 期。

胡元林、郑大俊：《论国家奖助学金的育人功能》，《江苏高教》2015 年第 3 期。

贾生华、陈宏辉、田传浩：《基于利益相关者理论的企业绩效评价——一个分析框架和应用研究》，《科研管理》2003 年第 4 期。

贾越：《我国高校国家奖学金评定制度的问题及完善策略》，《教书育人》（高教论坛）2019 年第 8 期。

蒋笑莉、李琦芬、董宏、王健：《改革奖学金制度　促进研究生教育收费制度的顺利实施》，《学位与研究生教育》2001 年第 5 期。

孔丽丹、顾晓峰、徐黛岩：《研究生全面收费和研究生奖学金制度改革的思考》，《江南大学学报》（教育科学版）2008 年第 2 期。

李凤玮、周川：《江苏高校一流学科的优势累积效应及存在问题》，《江苏高教》2018 年第 6 期。

李文道、孙云晓、赵霞：《中国大学生国家奖学金获奖者的性别差异研究》，《青年研究》2009 年第 6 期。

李玉文、张晶晶：《国家奖学金获得者能力素养的模型构建与实践理路——基于“双一流”高校评审条件的扎根理论分析》，《扬州大学学报》（高教研究版）2020 年第 4 期。

廖志丹：《对研究生奖学金制度改革的思考》，《教育探索》2009 年第 7 期。

刘朝刚、罗丽萍、卢卫仪、李志：《广东省创新方法工作机制研究》，《科技管理研究》2011 年第 17 期。

刘红熠：《教育政策评估范式选择问题研究》，《当代教育科学》2013 年第 3 期。

刘佳：《从学术行为视角探讨博士生国家奖学金的评选标准问题》，《上海教育评估研究》2019 年第 3 期。

刘晶、范晓婷：《我国本科生奖学金制度实施中的问题及优化策略》，《当代教育科学》2017 年第 7 期。

刘文政：《重庆市国家奖学金实施状况的调查分析》，《中国青年研究》2006 年第 3 期。

刘以安、陈海明：《委托代理理论与我国国有企业代理机制述评》，《江海学刊》2003 年第 3 期。

刘有贵、蒋年云：《委托代理理论述评》，《学术界》2006 年第 1 期。

马红梅：《研究生奖学金制度改革博弈生成求解——以华东师范大学为个案》，《中国高等教育评估》2008 年第 4 期。

马世洪：《研究生国家奖学金的价值导向、现实错位及改进对策探析》，《当代教育科学》2017 年第 2 期。

马艳艳：《委托代理理论下高校国家奖学金、助学金的激励机制思考》，《内蒙古科技与经济》2011 年第 6 期。

欧旭理、罗方禄：《高校奖学金评定中的马太效应分析及其规避对策》，《思想教育研究》2011 年第 8 期。

潘红祥、黄艳：《实质平等视域下国家奖学金评审机制的完善》，《中南民族大学学报》（人文社会科学版）2019 年第 2 期。

潘米乐、徐山朱、聂蓉、祁春华：《新时代高职教育人才培养目标及其践行路径探究》，《当代教育实践与教学研究》2019 年第 24 期。

潘玉驹、嵇小怡：《高校学生奖学金制度的改革与思考》，《现代教育科学》2002 年第 1 期。

谯利平：《新时代本科生国家奖学金评审策略探析》，《西华师范大学学》（哲学社会科学版）2020 年第 4 期。

任勇、李晓光：《委托代理理论：模型、对策及评析》，《经济问题》2007 年第 7 期。

苏伟刚：《高校国家奖助学金育人功能探析》，《贵州师范大学学报》（社会科学版）2015 年第 3 期。

滕明荣、丁磊：《高等学校国家奖学金、助学金评定争议解决途径探究》，《宁夏大学学报》（人文社会科学版）2010 年第 6 期。

王爱芝、王晶英、崔玉红：《多层次综合定量评价研究生国家奖学金体系的建立与实践——以东北林业大学生命科学学院为例》，《高教论坛》2015 年第 12 期。

王管：《国家奖助学金受益群体激励与参与机制探究》，《教育理论与实践》2015 年第 9 期。

王光大：《试论高校奖学金制度的实施效果及改进策略》，《中国轻工教育》2011 年第 3 期。

王华、王光荣：《目标设置理论对学生学习动机激发的启示》，《沈阳教育学院学报》2005 年第 1 期。

王俊：《我国高校奖学金制度运行研究——以激励为核心的合作育人视角》，《思想理论教育》2018 年第 10 期。

王梅、毛广：《“只要努力、人皆可得”的高校奖学金制度设计》，《现代教育科学》2011 年第 7 期。

王新燕：《我国高校研究生奖学金制度：演进与完善》，《现代教育管理》2014 年第 3 期。

王宣淇：《国家奖学金实施过程中存在的问题及对策分析》，《现代教育》2011 年第 3 期。

王战军、李明磊：《研究生质量评估：模型与框架》，《高等教育研究》2012 年第 3 期。

韦丽红、陈志庆：《论新国家奖助学金制度对大学生思想的影响及其对策》，《高教论坛》2008 年第 6 期。

魏红梅、邓黎颜：《我国研究生奖助制度：问题与改进——基于美国的经验》，《教育发展研究》2014 年第 9 期。

邢晓英：《现行研究生奖学金制度的利弊与发展趋势》，《教育教学论坛》2015 年第 23 期。

徐瑞、郭兴举：《文化资本理论视阈中的教育公平研究》，《教育学报》2011 年第 2 期。

徐伟、吕佳慧、庞瑀锡：《研究生国家奖学金实施情况及效果调研分析——以北京市 15 所高校为例》，《北京教育》（高教）2018 年第 12 期。

徐刚、马海波：《研究生学业奖学金实施过程中几个问题的思考》，

《学位与研究生教育》2015 年第 12 期。

杨玉兰：《我国研究生教育民族招生政策的执行困境及其破解——基于委托代理理论视角》，《中南民族大学学报》（人文社会科学版）2018 年第 3 期。

易雪媛：《价值多元化视阈下大学生榜样示范教育研究》，《学校党建与思想教育》2019 年第 5 期。

尹晓东、高岩：《博士研究生科研创新能力培养主要影响因素的调查分析——以西南大学首届博士研究生国家奖学金获得者为例》，《西南师范大学学报》（自然科学版）2014 年第 3 期。

于忠海、谢亚悦：《高校奖学金评定制度转型：从分配公平到关系正义》，《黑龙江高教研究》2015 年第 4 期。

余春玲：《基于平衡记分卡的高校贫困学生资助评价体系》，《江苏高教》2009 年第 1 期。

张航、陈怡：《高等教育人才培养目标的时代变迁与路径选择》，《高教管理》2019 年第 9 期。

张茂聪、陈萍、范晓婷：《我国研究生国家奖学金政策的价值取向分析：应然、异化及回归之道》，《学位与研究生教育》2018 年第 12 期。

张庆杰、申兵、汪阳红、袁朱、贾若祥、欧阳慧：《推动区域协调发展的管理体制及机制研究》，《宏观经济研究》2009 年第 7 期。

张淑敏、刘军：《委托代理理论与中国国有企业改革模式构建》，《财经问题研究》2006 年第 6 期。

张万朋、薛天祥：《试论我国公立高等学校中的委托代理问题》，《复旦教育论坛》2003 年第 5 期。

张伟、张茂聪：《我国高校一流大学建设的校际经验——基于 6 所高校一流大学建设方案的文本分析》，《中国高教研究》2018 年第 5 期。

张兄武、陆丽、唐忠明:《中国大学本科人才培养目标的历史演进与发展趋势》,《现代教育管理》2011 年第 4 期。

张颖伟、鹿雪文:《我国研究生培养模式的改革与创新》,《中国高等教育》2016 年第 20 期。

赵小芳:《高校研究生院管理制度改革与院系学术权力的发挥》,《理工高教研究》2006 年第 3 期。

郑安波:《高校奖学金制度的德育功能研究》,《黑龙江科技信息》2010 年第 25 期。

钟远绩、姚蕾、夏远:《中美地方政府高校奖学金政策比较研究及其启示》,《当代教育科学》2017 年第 2 期。

周长春、王莉:《高职人才培养目标的价值取向:从工具理性到价值理性》,《黑龙江高教研究》2013 年第 3 期。

周莉、陈润华、游跃:《我国高校国家奖学金评选制度探析》,《发展研究》2010 年第 4 期。

周佳玲、石龙:《中南财经政法大学研究生培养机制改革绩效评价——以学业奖学金制度为例》,《高等教育评论》2013 年第 1 期。

周阳、汪勇:《研究生国家奖学金评审中的公平问题及对策研究》,《黑龙江高教研究》2016 年第 7 期。

左显兰:《对新时期我国高校奖学金制度改革的思考》,《黑龙江高教研究》2000 年第 6 期。

五 外文文献

(一) 英文专著

C. E. Van Horn and D. S. Meter, "The Implementation of Intergovernmental", in C. O. Jones (ed.), *Public Policy Making in a Federal System*, Beverly Hills, CA: Sage Publications, 1976.

Charles O. Jones, *An Introduction to the Study of Public Policy*, 2nd ed,

North Scituate, Mass: Duxbury Press, 1977.

（二）英文期刊

B. R. Curs and C. E. Harper, "Financial Aid and First-year Collegiate GPA: a Regression Discontinuity approach", *The Review of Higher Education*, Vol. 4, 2012.

Christopher Cornwell, David B. Mustard and Deepa J. Sridhar, "The Enrollment Effects of Merit-Based Financial Aid: Evidence from Georgia's HOPE Program", *Journal of Labor Econmics*, Vol. 4, 2006.

Jeffrey Groen, George H. Jakubson, Ronald G. Ehrenberg, Scott Condie and Albert Yung-Hsu Liu, "Program Design and Student Outcomes in Graduate Education", *Economics of Education Review*, Vol. 27, 2008.

Gururaj S., Heiling J. and Somers P., "Graduate Student Persistence: Evidence from Three Decades", *Journal of Student Financial Aid*, Vol. 1, 2010.

Mark Stater, "The Impact of Financial Aid on College GPA at Three Flagship Public Institutions", *American Educational Research Journal*, Vol. 46, 2009.

Sarah Earl-Novell, "Determining the Extent to Which Program Structure Features and Integration Mechanisms Facilitate or Impede Doctoral Student Persistence in Mathematics", *International Journal of Doctoral Studies*, Vol. 1, 2006.

Zhang L. and Ness E. C., "Does State Merit-Based Aid Stem Brain Drain", *Educational Evaluation and Policy Analysis*, Vol. 6, 2010.

后　　记

本著作是我2016年申报的全国教育科学规划青年课题“我国高校国家奖学金奖励政策执行研究”（项目批准号：CIA160222）的最终研究成果，该成果于2021年12月被全国教育科学规划领导小组办公室鉴定为良好等级予以结项。学生资助政策是我攻读博士研究生之后开始接触的崭新研究领域，读博期间跟随导师曲绍卫教授开展学生资助管理绩效评估研究，感谢导师将我引领到学生资助政策的研究领域。读博期间我发表了《高校大学生资助管理绩效评估研究——基于中央直属120所高校的实证分析》《经济新常态下全国高校学生资助经费管理研究——基于2007—2013年学生资助发展报告统计数据分析》等多篇学术论文，并以第二作者出版著作1部。在前期研究成果的基础上，我申报了全国教育科学规划青年课题并顺利立项。立项后，我对高校国家奖学金奖励政策进行了全面系统的深入思考，对课题研究确立了完整的框架结构，将核心观点撰写成基础性文稿，最终与团队成员共同发表6篇北大中文核心期刊和5篇CSSCI来源期刊作为课题结题成果。另外，全程指导2名硕士研究生陈萍和刘佩琪完成硕士学位论文并作为本课题阶段性研究成果，其学位论文选题、文本资料、评估指标体系、调查问卷及数据结果均来源于本课题，因而本书第八章内容部分涉及此成果。在此基础上，将课题的核心研究成果梳理成为一本逻辑体系更为完善的专著。

高校国家奖学金政策作为我国高校学生资助政策体系中的一大主体，是党和国家为建设人力资源强国，坚持教育优先发展，实现教育公平而采取的推动高校人才培养的一项重大举措。自 2002 年起，国家相关部门先后出台多项政策文件，国家奖学金政策体系得以逐步建立健全。2002 年 4 月，财政部、教育部印发《国家奖学金管理办法》（财教〔2002〕33 号）；2007 年 6 月，财政部、教育部印发《普通本科高校、高等职业学校国家奖学金管理暂行办法》（财教〔2007〕90 号）和《国家奖学金评审办法》（教财〔2007〕24 号）；2012 年印发《研究生国家奖学金管理暂行办法》（财教〔2012〕342 号），至此逐渐构建起覆盖专科生、本科生及研究生的国家奖学金政策体系。本著作将国家奖学金资助政策作为一个相对独立的奖励系统进行专项研究，将国家奖学金与其他资助政策区别开来从而凸显出国家奖学金政策的激励、奖优功能。另外，国家奖学金政策和国家励志奖学金政策是两个不同类型的资助政策，国家奖学金政策用于奖励特别优秀的全日制普通高校本专科生和研究生，而国家励志奖学金政策则主要面向奖励资助品学兼优、家庭经济困难的全日制普通高校本专科生。尽管两种资助政策出发点均在于奖励品学兼优的高校学生从而调动学生的学习积极性，然而其关注点和落脚点有所不同。本著作围绕国家奖学金政策执行情况展开研究，基于学生视角调查高校国家奖学金政策的执行过程与育人效果，掌握高校国家奖学金政策在研究生教育阶段的执行成效与执行偏差，在总结国家奖学金政策落实成绩的同时探究政策执行过程中潜在的问题，针对问题提出破解路径以期提高国家奖学金政策的执行效益。研究中参考了大量国内外专家学者们的文献，在此一并表示敬意和感谢。本专著的研究仅是初步探索，还有大量的研究工作有待后期继续深入开展，著作中尚且存在的不足，恳望同行批评指正。

最后，我作为课题主持人要特别感谢“我国高校国家奖学金奖励政策执行研究”课题组成员在课题申报、课题研究过程中所做出的贡献；特别感谢山东师范大学张茂聪教授对课题申报与研究不遗余力的全程指导帮助；感谢冯永刚教授、乔翠霞教授、宁静波教授多年来的支持帮助和鞭策；也要感谢先期协助查找文献资料、开展数据分析、修订文稿的陈萍硕士、刘佩琪硕士、王宁硕士、范晓彤硕士、张梦琦硕士、陈倩硕士；感谢帮助发放、回收调查问卷的山东师范大学韩国良教授、杜文静教授、侯洁教授、慕绣如教授、李甜甜教授、张海玲教授、董艳艳博士、郑伟博士、李玉真博士，临沂大学的张伟教授，江苏第二师范学院的胡伟教授，山东女子学院的王录平教授，江西理工大学的钟远绩教授，山东管理学院的董艳艳教授，北京教育科学研究院的纪效珲研究员，北京科技大学的陈怡凌老师、王卓琳老师等人；更要感谢此著作的责任编辑中国社会科学出版社刘艳女士的精心策划、编辑！

范晓峥

2022 年 1 月于山东师范大学